D1984366

Kohlhammer

Christentum heute

Herausgegeben von
Matthias von Kriegstein

Band 4

In Predigten, Liturgien, Bibelarbeiten, Meditationen, szenischen Darstellungen äußern sich die Autorinnen und Autoren der Reihe „Christentum heute“ zu zentralen Themen unserer Zeit: Trost und Vertrauen, Gerechtigkeit und globale Gemeinschaft, Identität und Biographie, Gemeinde und Kirche, Spiritualität und weltweite Ökumene, Diakonie und gesellschaftliche Konflikte, Arbeit und Ökologie, Konziliarer Prozess für Gerechtigkeit, Frieden und die Bewahrung der Schöpfung.

Glauben und Denken werden so aufeinander bezogen, dass auch alltägliche Situationen und gelingendes Leben nachvollziehbar in den Blick kommen. Dabei spielen die Biographien und Kontexte der Autorinnen und Autoren eine wichtige Rolle.

Jeder Band enthält jeweils eine Ausarbeitung zu Psalm 23 und zu den Arbeitern im Weinberg (Matthäus 20).

Die einzelnen Darstellungen sind von Laien gegengelesen und daraufhin überarbeitet.

In alle Bände der Reihe ist ein „Enzyklopädisches Stichwort“ aufgenommen, in dem die Autorinnen und Autoren ihren jeweiligen Arbeitsschwerpunkt zusammenhängend beschreiben.

Dr. Matthias von Kriegstein ist Pfarrer der Evangelischen Französisch-reformierten Gemeinde Frankfurt am Main, Studienbegleiter am Theologischen Konvikt der Evangelischen Kirche in Hessen und Nassau und Honorarprofessor für Praktische Theologie an der Johann Wolfgang Goethe-Universität Frankfurt am Main.

Margot Käßmann

Kirche in gesellschaftlichen Konflikten

Kirchenleitende Predigten

Verlag W. Kohlhammer

Alle Rechte vorbehalten
© 2003 W. Kohlhammer GmbH Stuttgart
Umschlag: Gestaltungskonzept Peter Horlacher
Gesamtherstellung:
W. Kohlhammer Druckerei GmbH + Co. Stuttgart
Printed in Germany
ISBN 3-17-017901-2

Inhalt

Einleitung

Wer im Bischofsamt predigt, ist in einer anderen Situation als der Pastor oder die Pastorin vor Ort. Das liegt zuallererst daran, dass der Bischof bzw. die Bischöfin jeden Sonntag in einer anderen Gemeinde auf die Kanzel geht. Das heißt, es gibt nicht den engen Bezug zu den einzelnen Predigthörerinnen und -hörern, den ich aus meiner Zeit als Gemeindepastorin kenne. Die Situation der Gemeinde ist mir in der Regel durch ein Anschreiben des Kirchenvorstandes, die Einladung, bekannt. Manches Mal kommt wenige Wochen vor der Predigt ein kleines Päckchen mit Gemeindebriefen, Festschriften zur Orientierung und Anmerkungen des Pastors oder der Pastorin.
Immer wieder erfahre ich die Erwartung, dass in der bischöflichen Predigt Grundsätzliches zum Ausdruck kommt. Dies bezieht sich sehr oft auf gesellschaftliche Konflikte und die Erwartung einer Orientierung in diesen Konflikten. Wie sieht sie aus, eine christliche Haltung zu den Fragen der Gentechnologie? Was tun wir im Konflikt in Lüchow-Dannenberg? Können wir die aktive Sterbehilfe akzeptieren? Wie reagieren wir auf den 11. September 2001? So gibt es oft Einladungen in solche Konfliktsituationen hinein.
Zum anderen wird in bischöflichen Predigten von vielen Orientierung in der Lehre erwartet. Die 10 Gebote heute, wie können wir sie für uns wahrnehmen? Bedeuten uns die Seligpreisungen etwas? Wie können wir heute beten?
Der dritte Kasus ist das Fest, das Jubiläum, das landeskirchliche Ereignis. Hier hat die bischöfliche Predigt die Chance, eine Festgemeinde zu versammeln, die nicht nur die Kerngemeinde darstellt, sondern auch die Honoratioren des Ortes, Menschen aus Politik, Kunst, Kultur und Wirtschaft, die vielleicht lange Zeit nicht in einer Kirche waren. Kirchengemeinde und Bürgergemeinde überschneiden sich, und es entsteht die Möglichkeit, christliche Grundüberzeugung mitten in die Zeit zu sagen.
Persönlich erlebe ich die Predigttätigkeit im Bischofsamt intensiv. Nach sieben Jahren in einer Ortsgemeinde war ich insgesamt sieben Jahre in Akademie bzw. Kirchentag in funktionalen Diensten tätig. Dort spielte die eigene Predigt in der beruflichen Existenz eine untergeordnete Rolle, sie fand eher hier und da am Rande statt. Im Bischofsamt steht die Predigt im Mittelpunkt, und die Erwartung an die Predigt ist hoch. Deshalb will ich Predigt als Chance begreifen und nicht als Mühe oder Last. Der Predigtvorbereitung wird daher auch intensive Zeit gewidmet. Sie stellt einen zentralen Punkt der eigenen Arbeit dar und lässt manchen Text ganz neu lebendig werden.

Kirchenleitende Predigten

1 Predigten in Bereichen gesellschaftlicher Auseinandersetzung

Dieser erste Teil der zusammengestellten Predigten entstand jeweils aus Anlass des Jubiläums eines gesellschaftlich relevanten Ereignisses, einer akuten Situation oder der Einladung zu einer thematischen Schwerpunktsetzung.

10 Jahre Grenzöffnung
Bergen Dumme, 09.11.1999

Bergen-Dumme ist eine kleine Gemeinde unserer Landeskirche, die wahrhaftig „am Rande“ liegt. Bei der Grenzöffnung am 9. November 1989 wurde sie plötzlich zum Zentrum. Alle Anwesenden im Gottesdienst hatten jene Tage in lebhafter Erinnerung. In der Bank des Ortes gab es eine Fotoausstellung, die zeigte, wie plötzlich Trabbis die Hauptstraße eroberten, Jubel, Begrüßung, Freude und Dank an der Tagesordnung waren. Der Pastor von heute war auch damals schon im Amt, er hat die Höhen und Tiefen mit seiner Gemeinde erlebt. Die Predigt musste also einen Bogen schlagen zwischen damals, als die Mauer gebaut wurde, damals, als die Mauer fiel, und dem Heute, in dem viele desillusioniert sind, manche Enttäuschung zu verarbeiten ist.

Liebe Gemeinde,
die Losung des heutigen Tages stammt aus dem Buch des Propheten Jesaja (und ich beginne zwei Verse zuvor):

> Jes 60,1–3[1]
> *1 Mache dich auf, werde licht; denn dein Licht kommt, und die Herrlichkeit des HERRN geht auf über dir! 2 Denn siehe, Finsternis bedeckt das Erdreich und Dunkel die Völker; aber über dir geht auf der HERR,*

---

1 Hier und im Folgenden gilt: Die eingezogenen und kursiv gesetzten Bibeltexte sind, wenn nicht ausdrücklich anders angegeben, zitiert nach der Lutherbibel, revidierter Text 1984, durchgesehene Ausgabe in neuer Rechtschreibung, © 1999 Deutsche Bibelgesellschaft Stuttgart.

und seine Herrlichkeit erscheint über dir. 3 Und die Heiden werden zu deinem Lichte ziehen und die Könige zum Glanz, der über dir aufgeht.

Jesaja schreibt in einer für das Volk Israel bedrängenden Situation. 40 Jahre Exilszeit liegen hinter ihm – 40 Jahre. In diesen Jahren war die Heimkehr der nach Babel Exilierten die große Hoffnung, das große Ziel. Nun aber sind sie tatsächlich zurückgekehrt und die Lage ist kritisch. Einige bereichern sich rücksichtslos, andere sind bettelarm, ohne Obdach. Nach 40 Jahren sind die Landbesitzfragen ungeklärt – wem gehören die Häuser? Fastentage und Volkstrauertage halten die Erinnerung an die Katastrophe, an die Zerstörung Jerusalems wach. Gott wird angerufen, gebeten, doch endlich bessere Zeiten zu bringen.
Ich muss nicht mit dem Zaunpfahl winken, um bei Ihnen Parallelen zu unserer Situation heute wachzurufen, oder? Mich hat das fast verblüfft, als ich den Hintergrund nachschlug. In welcher Lage befinden wir uns denn, zehn Jahre nach der Wende? Jahrzehntelang haben wir im Westen den 17. Juni gefeiert, immer künstlicher, immer verhaltener, weil die wenigsten noch an die Wiedervereinigung geglaubt haben. Als eine, die drei Jahre vor dem Mauerbau geboren wurde, mit der Mauer aufwuchs, habe ich jedenfalls nicht daran geglaubt. Ich kannte die DDR aus den Besuchen, die uns in Osthessen im Rahmen des kleinen Grenzverkehrs möglich waren. Kirchliche Partnerschaften habe ich wahrgenommen, aber manchmal waren sie dann doch Patenschaften, bei denen es darum ging, wie viel Jacobs Krönung wir mitnahmen. Im Konziliaren Prozess für Gerechtigkeit, Frieden und Bewahrung der Schöpfung schließlich habe ich Freundinnen und Freunde gefunden in der DDR. Ich habe ihren Mut und ihre Gradlinigkeit bewundert und mich in der ökumenischen Bewegung gefragt, ob sie nicht die klareren Christenmenschen, die besseren Deutschen sind. Und die deutsche Teilung, die habe ich als Sühne verstanden für die Schuld der Deutschen im Nationalsozialismus, im Zweiten Weltkrieg. Das kann ich im Nachhinein kritisch sehen und hinterfragen, aber ich will es nicht beschönigen.
Und dann das Wunder. Denn anders ist das doch wohl kaum zu bezeichnen. Gott hat da ein Wunder geschenkt. Selbst Menschen, die sonst jede Form des Wunderglaubens weit von sich weisen, haben die Öffnung der Mauer als Wunder erlebt. Gorbatschow – Ungarn – Gewaltfreiheit – Mut und auch Verwirrung – das alles können Menschen so gar nicht planen! Dieser unbändige Jubel, den wir uns in diesen Tagen im Fernsehen immer wieder ansehen können … Wir sind das Volk! Respekt vor „denen da drüben“, die die erste gewaltfreie Revolution der Deutschen bewerkstelligt haben. Freude über das Zusammenfinden. Geschmierte Brote auch hier in Bergen Dumme, im Pfarramt. Ein großes Gefühl der Freude, eine tiefe Dankbarkeit.
Aber bald die Zweifel. Schon in ihrem Gemeindebrief vom Dezember 1989 sind sie nachzulesen: Wir sind ein Volk – tatsächlich? Nach dem Wunder die Realität der Ebene, des Alltags. Entzauberung der Gemeinschaft. Erste Witze über Ossis und Wessis: „Warum lächeln die Chinesen – weil sie ihre Mauer noch haben!“

Und später: Die Mehrzahl der Ostdeutschen glaubt, in der DDR besser gelebt zu haben. Die PDS wird in manchen Regionen zur zweitstärksten Partei. Die Westdeutschen jammern über den Solidaritätszuschlag. Die Entfremdung steigt. Aber es gibt auch Hoffnungsschimmer: Das Lebensgefühl der jüngeren Generation scheint sich anzugleichen. Meine Töchter lernen in der Schule die Bundesländer und ihre Hauptstädte: Hessen/Wiesbaden, Sachsen/ Dresden, Bayern/München, Thüringen/Erfurt. Und sie wüssten kaum, was da Westen und Osten ist.
Als ich den Predigttext las, dachte ich nicht nur: welche Parallelen, sondern auch: welch ein Korrektiv! Mache dich auf, das könnte natürlich ein schöner Anklang an die Zeit vor zehn Jahren sein. Aber unser Text für heute ist komplizierter. Sobald wir fragen, wer denn da aufstehen soll. Das Jesajabuch spricht von Jerusalem! Sie, die geliebte Stadt Gottes, sie soll hell werden, leuchten. Um eine Vision handelt es sich in der Tat. Das gilt sowohl für die Zeit, als der Text geschrieben wurde, als auch für heute. Damals war kein Leuchten in der Stadt, die aus dem Exil Zurückgekehrten, sie waren enttäuscht über die Armut und Ungerechtigkeit. Und heute, heute steht Jerusalem fast als Symbol für die Zerrissenheit der Völker und der Glaubensgemeinschaft. Terror und Leid stehen uns vor Augen, wenn wir an Jerusalem denken. Vielleicht kann das Bild gerade deshalb heute wieder zur Vision werden: Jerusalem wird ja nicht von selbst erneuert, sondern weil Gottes Ehrenschein über der Stadt erstrahlt. Sie wird Licht, weil sie angeleuchtet wird, das ist die Zukunftshoffnung.
Der Text redet von der Zukunftshoffnung aber nicht in Naivität. Finsternis bedeckt die Erde, heißt es. Oh ja, liebe Gemeinde, davon wissen wir auch heute ein Lied zu singen. Die Menschen ertrinken in Vietnam, sie verhungern im Sudan und werden niedergebombt in Tschetschenien. Terror tobt in Südafrika, in Israel. Die Schuldenkrise knechtet die Völker Südamerikas. Militärdiktaturen unterdrücken in Burma und Indonesien. Frauen werden versklavt in Afghanistan, zur Prostitution verschleppt in Osteuropa, geschlagen in der ganzen Welt. Der Rüstungswettlauf hält an. 22 Millionen Menschen befinden sich auf der Flucht. In Deutschland gibt es mehr als vier Millionen Arbeitslose. Fremde leben in Angst in diesem Land. Flüchtlinge werden abgewiesen. „Aber über dir geht auf der HERR." Gottes Ehrenschein will sich sehen lassen mitten im Dunkel, das die Völker bedeckt.
Gottes Licht, das über dem Zion aufstrahlt, lässt uns die Finsternis erst richtig erkennen. Als Christinnen und Christen haben wir Anteil an diesem Licht, weil Jesus Christus uns den Zugang zum Gott Israels ermöglicht hat. Wir werden ermutigt, die Finsternis ans Licht zu bringen, genau hinzusehen. Gerade weil wir Gottes Licht, die Zusagen des Lebens, das kommende Licht glauben, müssen wir vor der Dunkelheit nicht flüchten. Wir wenden uns nicht ab von der Welt, um einen heilen Glauben in der Abgeschiedenheit leben zu können. Und wir müssen nicht verzweifeln an der Welt mit all dem Elend und Leid. Nein, Gottes Licht ermutigt uns gerade, mitten hineinzugehen in diese Welt und, selbst angestrahlt, Strahlen weiterzugeben.

Die Völker werden nach Jerusalem ziehen. Der Glanz Jerusalems wird anziehend sein. Das zeigt noch einmal die ganze Bewegung unseres Textes, liebe Gemeinde. Weil Gott über ihr erstrahlt, kann Jerusalem strahlen. Weil Gottes Ehrenschein sichtbar wird, bleibt die Finsternis nicht finster. Menschen richten sich auf, weil Gott sie aufrichtet. Wie oft hat Jesus das gezeigt, wenn er Kranke heilte, zu den Ausgestoßenen ging.
Aber damit nicht genug. Gott ist kein Wesen, das irgendwie außerhalb bleibt, ein wenig strahlt, damit es heller wird. Davon spricht unser Text nicht, und davon spricht auch die Geschichte von Jesus Christus nicht. Gerade im Leiden war Gott anwesend und hat gelitten. Gott ist ein Wesen in Beziehung zu den Menschen. Gott macht die Menschen zu Mitschöpferinnen und Mitschöpfern. Wenn Menschen Gottes Strahlen aufnehmen, dann wiederum wird Gott erhellt.
Im November 1989 haben wir einen Vorgeschmack dessen bekommen, was in Gottes Zukunft möglich sein wird: Unterdrückung hat ein Ende. Vormals Fremde werden zu Freundinnen und Freunden. Frieden und Gerechtigkeit sind greifbar nahe. In eine Hoffnungsgeschichte sind wir gestellt. Eine Hoffnungsgeschichte, die durch alle Dunkelheit, alles Elend dieser Welt hindurch weitergesagt wird. Die aufstrahlt inmitten aller Finsternis, immer da, wo Menschen sich von Gottes Ehrenschein anstrahlen lassen.
Ich kann an diesem 9. November nicht reden von vor zehn Jahren, ohne den 9. November 1938 zu erinnern. Sollte nicht eigentlich dieser Tag unser nationaler Gedenktag sein, das habe ich mich bei der Predigtvorbereitung gefragt. Zumal auch noch am 9. November 1918 Philip Scheidemann in Berlin die Republik ausrief. Eine solche Überschneidung. Die Zerstörung der jüdischen Synagogen 1938 hat auf grausame Weise den Terror und die Menschenverachtung des Nationalsozialismus sichtbar gemacht. Das deutsche Volk wird sich dieser Geschichte immer wieder zu stellen haben. Wir müssen uns fragen, wie denn die christliche Lehre so pervertiert werden konnte, dass dieses möglich war, ohne dass die vielen Christinnen und Christen im Land laut und tatkräftig eingeschritten sind. Es ist das himmlische Jerusalem, von dem der jüdische Prophet Jesaja spricht und das in der Offenbarung des Johannes in jüdischer Tradition aufgenommen ist. An jedem 9. November erinnern wir uns fassungslos dieser Schuld, der Völkervernichtung, die ja unser eigenes Land zerstört hat, die jüdische Kultur Deutschlands und Europas zerstört hat.
Wir blicken heute zurück auf die Finsternis. Das Wissen um die Finsternis, um die Schuld. Und wir blicken auch zurück auf das Licht in großer Dankbarkeit. Der Herr der Geschichte führt uns beides mahnend vor Augen. Und er führt uns die Vision vor Augen, dass es nicht nur um Kurzfristiges geht, sondern auch um Langfristiges, in den Verfehlungen und Hoffnungen unserer Zeit um die Ewigkeit Gottes. Von ihr haben wir in Jesus Christus eine Ahnung erhalten. Im ersten Johannesbrief heißt es – und das ist der Lehrtext des heutigen Tages: „Die Finsternis vergeht, und das wahre Licht scheint jetzt (2,8). Lassen Sie uns das Zusage und Mahnung sein. Sie entfaltet Gottes Zuspruch und Gottes Anspruch auf unser

ganzes Leben, wie es die Barmer Theologische Erklärung sagt. Gott gibt uns einen Vorgeschmack auf das zukünftige Leben. Gott zeigt uns die Finsternis, die wir verschulden, aber auch das Licht, das sichtbar werden kann. In Jesus Christus können wir erkennen, dass die Herrlichkeit Gottes, das Licht, längst vorhanden ist. Wir müssen sie nur ergreifen.
Liebe Gemeinde, das sind keine theologischen Richtigkeiten, das ist eine so erfüllte Hoffnung, dass unsere kleinen Probleme miteinander hier und da nichtig erscheinen. Das Licht scheint in der Finsternis! Lassen sie uns dieses Licht ergreifen, auf Gottes Zukunft schauen und Zeichen dieses Lichtes setzen.

Und der Friede Gottes, der höher ist als alle unsere Vernunft, bewahre unsere Herzen und Sinne in Christus Jesus. Amen.

Buß- und Bettagsgottesdienst Marktkirche Hannover, 17.11.1999

Er ist gesetzlich abgeschafft, der Buß- und Bettag. Viele Protestanten empfinden das als Schmach, hat ihre Kirche doch allzu sehr darauf vertraut, dass die Politik ihn nicht antasten würde. Und nun haben viele das Gefühl: Das wäre der römisch-katholischen Kirche nicht passiert. Der Gottesdienstbesuch am Buß- und Bettag ist beträchtlich gestiegen – vielleicht ein Zeichen für die Protestkultur der Evangelischen?
In die Marktkirche kommen an einem solchen Tag viele, denen an Grundsätzlichem liegt. Die Gemeinde als solche wohnt meist nicht in der Innenstadt Hannovers, Menschen lassen sich zu ihr umpfarren oder kommen, weil hier ein Wahrzeichen der Stadt einlädt zur Gemeinschaft im Gottesdienst. Sie ist de facto City-Kirche und macht auch gute City-Kirchen-Arbeit. Es musste also darum gehen, den Bußtag selbst zum Thema zu machen. Gleichzeitig habe ich in den vergangenen Jahren wahrgenommen, dass vielen die liturgische Präsenz an einem solchen Tag besonders wichtig ist. Die Bischöfin soll die Absolution erteilen, in aller Form und Würde mit den traditionellen Worten: „los, ledig und frei".

Liebe Gemeinde,
gestern Abend habe ich den Bundeskanzler getroffen – wir sollten über soziale Gerechtigkeit diskutieren –, und ich habe erzählt, dass ich am Buß- und Bettag predigen müsste. „War das gestern?", hat er gefragt und ich habe gesagt: „Der ist morgen, und wir feiern ihn weiter." „Wozu das denn, ich denke, der ist abgeschafft?", sagte ein anderer. Der nächste: „Da kommt dann wohl wieder mal die ganze Griesgrämigkeit des Protestantismus zutage, was?" Und der Kanzler frotzelte: „Früher haben wir immer Buß- und Bett-tag gesagt." Ich habe zurückgefrotzelt: „Dieses Missverständnis wenigstens hat die Rechtschreibreform ausgeräumt, das würde heute mit drei ‚t' geschrieben."
Aber im Ernst: Wozu Buß- und Bettag? Der Begriff der Buße spielt ja eine ganz große Rolle für uns Evangelische. An diesem Begriff begann die Auseinandersetzung. In der ersten seiner 95 Thesen, die er an die Wittenberger Schlosskirche schlug, sagte Martin Luther: „Da unser Herr und Meister Jesus Christus spricht: ‚Tut Buße', hat er gewollt, dass das ganze Leben der Gläubigen Buße sein sollte."
Luther betont: Buße geschieht von Gott her, Buße ist für Evangelische kein Sakrament. Sie ist Rückgriff auf die Taufe, auf Gottes Wort. Luther sagt, sie ist nicht eine „zweite Planke nach dem Schiffbruch", als wäre das Schiff der Taufe je gesunken. Die Buße ist nicht Leistung des Menschen, mit der er sich selbst rehabilitieren kann, sondern Gottes Werk. Es geht nicht um Selbstquälerei, sondern

um erschrockenes Gewissen und Glaube, die uns ermöglichen, uns auf die positiven Aufgaben des christlichen Lebens auszurichten.
Bußtage gab es deshalb für die Evangelischen von Anfang an, staatlich ausgerufen oder wie es in einem Lüneburger Edikt von 1527 heißt, kirchlich angeordnet, „für Fälle allgemeiner Not". Später führt Martin Bucer regelmäßige Bußtage ein. Schon 1546 findet sich in Frankfurt der Bußtag mittwochs als Predigtgottesdienst mit erweitertem Gebet. Schlicht soll er sein, der Gottesdienst, sich unterscheiden vom Sonntagsgottesdienst. 1878 gab es in 28 deutschen Ländern 47 verschiedene Bußtage an 24 verschiedenen Tagen. Im 18. Jahrhundert entwickelte sich der jährliche Bußtag, 1852 schlug schließlich die Eisenacher Konferenz den Mittwoch vor dem letzten Sonntag des Kirchenjahres als letzten Termin dafür vor.
„Ja nun, will sie uns eine Geschichte des Bußtags liefern heute?", werden Sie fragen. Nein, nicht die ganze, aber sich diese Geschichte bewusst machen, das ist schon wichtig und spannend, denke ich. Wir sind heute dabei, viele Traditionen leichtfertig über Bord zu werfen. Und gleichzeitig wird gejammert, die Werte gingen verloren. Da besteht doch ein Zusammenhang. Das gilt für den Bußtag wie für die Sonntage, die völlige Kommerzialisierung von Weihnachten – dass in dieser Stadt vor dem Ewigkeitssonntag sich die Adventsbeleuchtung breit macht, das betont das nur.
Auch wenn der Buß- und Bettag heute ein rein kirchlicher Tag ist, hat er doch einen öffentlichen Anspruch. Die Kirche hat der Welt, die in der Gefahr ist, Gottes Gebot zu vergessen, die Botschaft auszurichten, dass das Leben von Staat und Volk in der Verantwortung vor Gott steht. Der Bußtag erinnert die Kirche an diesen Dienst. Es entspricht Gottes Willen, wenn die Sünde auch öffentlich genannt wird. Und die Botschaft von der „Frohen Befreiung aus den gottlosen Bindungen der Welt" unerschrocken verkündet wird.
Der Bußtag hat drei Funktionen

- Fürbittendes Eintreten der Kirche für die Schuld unseres Volkes vor Gott
- Die Kirche soll in besonderer Weise ihr Wächteramt den öffentlichen Institutionen unserer Zeit gegenüber ausüben
- Er ist ein Tag der Gewissensprüfung für den einzelnen vor Gott

Kirche ist Kirche in der Welt. So gilt die Botschaft des Bußtages auch für sie. Jede Überheblichkeit der Welt gegenüber muss gerade am Bußtag ausgeschlossen sein.
Dennoch, Buße – das ist ein schwieriger Begriff in unserer leichtlebigen und von Leichtigkeit faszinierten Zeit: alles immer easy und cool und gut drauf. Wie, bitte schön, soll man denn da von Buße reden? Wer lebt denn in einem Bewusstsein von Schuld, wie Luther das bei seiner Frage nach dem gnädigen Gott tat?
Und da kommt dann unser Predigttext für heute auch noch:

> Mt 12,33–37
> *33 Nehmt an, ein Baum ist gut, so wird auch seine Frucht gut sein; oder nehmt an, ein Baum ist faul, so wird auch seine Frucht faul sein. Denn*

an der Frucht erkennt man den Baum. 34 Ihr Schlangenbrut, wie könnt ihr Gutes reden, die ihr böse seid? Wes das Herz voll ist, des geht der Mund über. 35 Ein guter Mensch bringt Gutes hervor aus dem guten Schatz seines Herzens; und ein böser Mensch bringt Böses hervor aus seinem bösen Schatz. 36 Ich sage euch aber, dass die Menschen Rechenschaft geben müssen am Tage des Gerichts von jedem nichtsnutzigen Wort, das sie geredet haben. 37 Aus deinen Worten wirst du gerechtfertigt werden, und aus deinen Worten wirst du verdammt werden.

Bekannte Bilder sind das! Sie haben sich tief eingeprägt. Aber soll am Bußtag mit dem Gericht gedroht werden? Die Menschen wieder in Angst und Schrecken versetzen, wie die Kirche das ja durchaus getan hat? Von dem Drohen mit erhobenem Zeigefinger halte ich nichts. Das wäre ja wohl eine reine Gesetzespredigt. So sollten wir damit ansetzen, dass Gott den Baum gut macht, dem Baum eine Chance gibt. Aber wir haben auch die Pflicht, uns selbst und anderen immer wieder klar zu machen, dass es in allem Ernst um die Verantwortung für unser Leben geht, um die Früchte unseres Lebens. Gewiss, zuallererst kommt Gottes große Zusage: Du bist geschaffen, gewollt, geliebt. Aber dann kommt auch Gottes Anspruch: Nun gehe rechenschaftspflichtig mit deinem Leben um! Es geht nicht nur darum, das meiste zu raffen, für dich das beste zu kriegen, nach dem Motto: Heil Dir im Siegerkranz – nimm, was du kriegen kannst. Nein.
Wir können die Gerichtsfrage nicht ausklammern. Ich bin rechenschaftspflichtig für das, was ich mit meinem Leben angefangen habe. Das Gute und das Böse werden sich zeigen. Es ist grausam, wie spät viele das merken. Da müssen Menschen erst recht alt werden, dass sie sagen: Das soll alles gewesen sein? Ich hab's doch gar nicht ausgefüllt, ich bin so vielen vieles schuldig geblieben. Ein Gedicht von Kurt Marti drückt das wunderbar aus:

Manchen bin ich einiges,
einigen bin ich vieles schuldig geblieben.
Und die Zeit läuft davon.
Wessen Liebe kann das noch gutmachen?
Die meine nicht
Nein, die meine nicht.[2]

Wir versagen in unserem Leben. Als einzelne. Als Gemeinschaft. Als Volk. Immer wieder. Wir müssen uns dieses Versagen bewusst machen. Und: Wir können dieses Versagen vor Gott bringen. Deshalb ist ja die Buße so unmittelbar mit dem Beten verbunden. Gottes Liebe kann heilen, wo wir versagt haben. Nicht nur auf die Früchte kommt es an, sondern vor allem auf die Verwurzelung in Gott. Jesus will in der Auseinandersetzung mit den Pharisäern ja geradezu herausfordern,

2 K. Marti, Lachen, Weinen, Lieben. Ermutigungen zum Leben, Stuttgart 1989.

dass wir nicht nur die Frucht anschauen, sondern das, was dahinter steckt. Das Leben ist nicht nur schwarz-weiß, gut und böse, es ist komplex, vielfältig. Aber es muss fest verwurzelt sein.
Wie ist das nun mit dem Guten und dem Bösen in einem Volk? Eigentlich haben wir doch ein großartiges Beispiel vor Augen, wir sind ja alle noch erfüllt von den Feiern zum 10. Jahrestag der Maueröffnung. Großes ist da geschehen. Wir waren alle Zeuginnen und Zeugen von Weltgeschichte. Und der Bußtag hat dabei sogar eine Rolle gespielt. Seit 1980 wurde er in den evangelischen Kirchen der DDR als Abschluss der Friedensdekade gefeiert, und wir im Westen haben uns diesem Brauch bald angeschlossen. In der DDR hatte diese Friedensdekade eine ganz entscheidende Rolle, weil hier der Staat offen kritisiert, die Aufrüstung angefragt wurde. Und hier entstand eine intensive Diskussion über die Pflicht der Christinnen und Christen zur Gewalt. Der Ruf „keine Gewalt", der die Wende mitgeprägt hat, er hat in der Friedensdekade eine entscheidende Wurzel. Und die Friedensdekade hatte ihre Wurzeln in einem tiefen Gottvertrauen.
Wahrheit wurde so hörbar. Die faulen Früchte wurden ans Licht gebracht, tiefere Wurzeln wurden erkennbar. Umkehr, Veränderung wurde möglich – und nichts anderes als Umkehr meint ja Buße. Ich glaube, Buße ist ein so wichtiges Element unseres Glaubens, weil sie ein entscheidender Schritt zur Versöhnung ist. Nehmen wir noch ein anderes Beispiel: Südafrika. Die Umkehr des ganzen Volkes wurde möglich, weil die Gottebenbildlichkeit, die gleiche Würde jedes Menschen immer wieder angemahnt wurde. Noch ist Südafrika in einer angespannten Situation. Aber es hat mit der Wahrheits- und Versöhnungskommission der ganzen Welt ein leuchtendes Beispiel für das Wagnis der Umkehr für alle gegeben. Davon können wir lernen, dass Umkehr und Versöhnung nur möglich sind, wenn die Opfer reden dürfen und die Täter hören, ja ihre Schuld sehen. Dann kann Buße der Schritt in die Befreiung sein. Das gilt auch für uns als Deutsche. Erst wenn wir unsere Schuld klar sehen, werden wir frei, weil wir mit ihr umgehen können, sie vor Gott bringen können.
Ich glaube, die Kirchen haben die Pflicht, das anzumahnen. Denn wir werden auch heute schuldig, ob wir wollen oder nicht. Die Familien, sie sind benachteiligt in diesem Land, 28,6% der Familien mit zwei oder mehr Kindern leben unterhalb der Armutsgrenze, 1,1 Millionen Kinder in Haushalten von Sozialhilfeempfängern. Das kann doch nicht Normalität sein. Da ist das Kind, das am Frankfurter Flughafen kaserniert und im Schnellverfahren nach Uganda zurückgeschickt wird. Wer kümmert sich darum? Wer widersteht dem Gerede von der Überflutung durch Flüchtlinge und verteidigt die Menschenrechte jedes Einzelnen? Da sind die Minen aus Europa, die Menschen in aller Welt zerfetzten. Wer wagt es, die Rüstungsindustrie anzufragen, ohne sich von den Arbeitsplatzargumenten abschrecken zu lassen? Aber da ist auch die alte Frau, die mutterseelenallein inmitten der Apparate stirbt. Wer fragt die Unmenschlichkeit der Technisierung und Ökonomisierung der Medizin an? Oder der Mann, der zum Alkohol greift, weil er die Arbeitslosigkeit nicht erträgt. Die Mutter mit drei Kindern, die

nicht rum kommt mit der Sozialhilfe und Schulden macht. Wir sind verstrickt in die Schuld der Welt und können uns nicht allein freisprechen. Stattdessen begeben wir uns hinein in einen großen Ablenkungsapparat, der uns Tag und Nacht betäubt, volldudelt, damit wir bloß nicht auf die Idee kommen, über das Leben nachzudenken. Wenn die Menschen der Talkshowgesellschaft tatsächlich am Tag des Gerichts Rechenschaft abgeben müssen von jedem nichtsnutzigen Wort, das sie geredet haben – da wird alle Hände voll zu tun sein!

Liebe Gemeinde, die Fähigkeit zur Buße kann auch eine Befreiung sein! Gott traut uns Umkehr zu, schenkt uns den Glauben als die Kraft zur Veränderung in unserem Leben. Gott wünscht sich fröhliche Christenmenschen. Wenn die Christen erlöster aussehen würden, sagte Nietzsche, dann würde er ihre Religion auch anziehender finden. Aber für dieses fröhliche und zuversichtliche Christentum brauchen wir den Ernst der Buße, die Rechenschaft über unser Reden und Tun, die Frage nach den Früchten. Und die ist billig im Schlussverkauf nicht zu haben. Da müssen wir schon mal nachdenken, erinnern, überlegen, wo denn Veränderung notwendig wäre. Ob da wenigstens ein Punkt wäre, an dem ich ansetzen kann. Und dafür ist der Bußtag eine gute und wichtige Gelegenheit. Wir bringen unser Verfehlen, das unseres Volkes und unserer Kirche im Gebet vor Gott. Das können wir stellvertretend tun. Seit 1982 wird in der Nikolaikirche in Leipzig Montag für Montag um 17 Uhr das Friedensgebet – bis heute! – gehalten. Es wurde in Zeiten der Not, der Wende, des Golfkrieges oder des Kosovokonflikts von Tausenden besucht. In anderen Zeiten sind es wenige, die beten für andere.

Ich glaube, schon diese Bereitschaft zum klaren Blick auf unsere reale Situation bewirkt Umkehr. Da verändert sich etwas. Da wird sichtbar, wo böse Schätze und böse Herzen sind, wo nichtsnutzige Worte. Die Kraft zur Veränderung erbitten wir im Gebet. Denn: Nur Gott kann den Menschen, die Welt aus dem Todesschlaf wecken, sagt Karl Barth. Gott gibt uns Halt gegenüber der Abwärtsbewegung unseres trägen Wesens. Dagegen steht Gottes Vorwärts, nämlich die Ausrichtung auf den Nächsten und die Verantwortung im öffentlichen Leben. Im Gebet werden meine Wurzeln erkennbar. Gebet ist die stumme oder laute Zwiesprache mit Gott, vor den ich das Gute und das Böse bringen kann. Gebet ist die Hinwendung zu Gott, in der ich meine Rechenschaftspflicht wahrnehmen kann.

Liebe Gemeinde, lassen sie mich zusammenfassen: Bußtage mit Konzentration auf das Gebet haben eine große und wichtige Tradition für uns Evangelische. Wir sind zur Rechenschaftspflicht und zur Mahnung da für uns als Einzelne, für die Kirche, für das Volk. Sie ermutigen zur Umkehr. Sie sind geprägt vom Gebet. Im Gebet bringen wir unsere Schuld vor Gott und finden neue Wege, Wege der Umkehr. Liebe Gemeinde, lassen Sie uns den Bußtag bewusst begehen, wir brauchen ihn.

Und der Friede Gottes, der höher ist als alle unsere Vernunft, bewahre unsere Herzen und Sinne in Christus Jesus. Amen.

Requiem
Marktkirche Hannover, 26.11.2000

Für viele in der Kirche ist AIDS immer noch ein Tabuthema. Das liegt zum einen an dem Tabu Sexualität, zum anderen an dem Streitthema Homosexualität. Ich habe die Predigt in diesem Gottesdienst zugesagt, weil mir bei der Tagung des Ökumenischen Rates der Kirchen 1998 in Simbabwe eindrücklich klar wurde, wie viel die Kirche zur Aufklärung, zur Vorbeugung beitragen kann, wenn sie das Thema offen anspricht. Bei diesem Gottesdienst war für mich besonders eindrücklich, wie viele junge Männer in der Kirche waren. Vor allem während des Einzuges mit einem Pastor unserer Landeskirche, der wegen seiner Homosexualität viele Auseinandersetzungen zu ertragen hatte, wurde mir das sehr bewusst.
Das „normale" Gemeindebild besteht selten aus jungen Männern. In einer ergreifenden Liturgie haben nach der Predigt Trauernde Kerzen für die AIDS-Toten des vergangenen Jahres angezündet, die in vier mit Sand gefüllte Buchstaben – AIDS – gesteckt wurden. Vielen war die Unsicherheit im Kirchenraum abzuspüren, beim Händeschütteln am Ausgang haben manche geweint, viele sich bedankt – der Kirchenraum als Ort für sie war ihnen neu erschlossen worden.

Liebe Gemeinde,
zu einem Requiem kommen wir heute zusammen. Wir gedenken derer, die an den Folgen von AIDS gestorben sind. Wir tun das am Totensonntag, dem Tag am Ende des Kirchenjahres, an dem die Verstorbenen des vergangenen Jahres in den Gemeinden noch einmal namentlich aufgerufen werden. Wir nennen ihre Namen und bringen diese Namen vor Gott, der sie einst bei ihrem Namen gerufen hat. Ein kleines Kind oder auch einen Jugendlichen taufen wir auf den Namen Gottes. Dabei nennen wir den Vornamen des Täuflings, den dieser Mensch ein Leben lang trägt. Mit seinem Tod vertrauen wir den Namen wiederum Gott an und wissen, dass dieser Name im Gedächtnis Gottes erhalten bleibt. Wie und wo, das wissen wir nicht. Wir vertrauen auf Gottes Güte.
Wenn wir heute der Aids-Toten gedenken, wird noch einmal vor Augen geführt, welche grauenvollen Folgen die HIV-Infektion inzwischen hat. Da ist zunächst eine Krankheit, die vor allem im Bereich der Homosexuellen grassierte und diese dadurch zusätzlich stigmatisiert hat. Inzwischen hat sich der Virus ausgebreitet, trifft Homosexuelle und Heterosexuelle, Männer und Frauen, auch Kinder. Während in Deutschland die öffentliche Aufmerksamkeit für AIDS sinkt, gleicht, wie ein Artikel in Business Week es letztes Jahr nannte, die Krankheit einer Neutronenbombe. 22 Millionen Menschen südlich der Sahara sind inzwischen infiziert mit HIV, zusätzlich zu den 11,5 Millionen, die bereits an den Folgen von AIDS

gestorben sind. In Kenia sind 40 Prozent der Frauen zwischen 20 und 29 Jahren infiziert.
Ein eklatantes Beispiel ist auch Simbabwe. Vor genau zwei Jahren war ich dort und habe ein Krankenhaus besucht, in dem AIDS-Kranke unter unvorstellbaren Zuständen dahinvegetieren. Im Jahr 2000 wird mit 2400 AIDS-Toten pro Woche gerechnet, meist junge Erwachsene. 20–26% der 14–45-Jährigen sind infiziert, die Lebenserwartung in Simbabwe ist in den letzten zehn Jahren um 17 Jahre gesunken. 15% aller Kinder sind AIDS-Waisen. Und noch immer sind Regierung und auch Kirchen nicht bereit, Aufklärungsarbeit zu leisten. Statt auf Kondome hinzuweisen, wird hingenommen, dass der Geschlechtsverkehr mit einer Jungfrau laut Volksmund AIDS heilt – mit Folgen, die Sie sich ausmalen können …
Noch immer sind mangelnde Aufklärung und der fehlende Zugang zu Medikamenten ein Drama in Afrika, das die Entwicklung in den Entwicklungsländern noch problematischer macht. Auch ein Impfstoff ist bisher nicht in Sicht. Eine dramatische Situation also, eine Situation, angesichts derer wir uns in Hoffnungslosigkeit stürzen könnten.
Liebe Gemeinde, ja, heute ist berechtigt der Tag der Trauer und der Klage. Wir können unsere Trauer und Klage vor Gott bringen. Unser Weinen um die Toten, unsere Sehnsucht nach Leben. Das sollten wir in Ruhe und mit Würde tun. Ich halte es geradezu für absurd, wie unsere Gesellschaft der Konfrontation mit dem Tod davonzulaufen versucht. Wir brauchen uns nur die Weihnachtsmärkte und Weihnachtsbäume überall in unserer Stadt anzusehen – der Totensonntag wird nicht ausgehalten, ihm wird davongelaufen. Als Christinnen und Christen können wir dem Tod ins Auge schauen. Wir müssen uns nicht vorschnell beschwichtigen lassen nach dem Motto: Alles wird schon gut. Das ist die Kurzatmigkeit des Optimismus. Als Christinnen und Christen haben wir mehr als Optimismus, wir haben mehr Hoffnung, und einen wunderbaren Hoffnungstext gibt uns die Predigtordnung für den heutigen Sonntag vor. Ein Text, den ich geradezu liebe, der in großartigen Bildern zu uns spricht. Sie finden den Text abgedruckt.

> Jesaja 65,17–25
> *17 Denn siehe, ich will einen neuen Himmel und eine neue Erde schaffen, dass man der vorigen nicht mehr gedenken und sie nicht mehr zu Herzen nehmen wird. 18 Freuet euch und seid fröhlich immerdar über das, was ich schaffe. Denn siehe, ich will Jerusalem zur Wonne machen und sein Volk zur Freude, 19 und ich will fröhlich sein über Jerusalem und mich freuen über mein Volk. Man soll in ihm nicht mehr hören die Stimme des Weinens noch die Stimme des Klagens. 20 Es sollen keine Kinder mehr da sein, die nur einige Tage leben, oder Alte, die ihre Jahre nicht erfüllen, sondern als Knabe gilt, wer hundert Jahre alt stirbt, und wer die hundert Jahre nicht erreicht, gilt als verflucht. 21 Sie werden Häuser bauen und bewohnen, sie werden Weinberge pflanzen*

und ihre Früchte essen. 22 Sie sollen nicht bauen, was ein anderer bewohne, und nicht pflanzen, was ein anderer esse. Denn die Tage meines Volks werden sein wie die Tage eines Baumes, und ihrer Hände Werk werden meine Auserwählten genießen. 23 Sie sollen nicht umsonst arbeiten und keine Kinder für einen frühen Tod zeugen; denn sie sind das Geschlecht der Gesegneten des HERRN, und ihre Nachkommen sind bei ihnen. 24 Und es soll geschehen: Ehe sie rufen, will ich antworten; wenn sie noch reden, will ich hören. 25 Wolf und Schaf sollen beieinander weiden; der Löwe wird Stroh fressen wie das Rind, aber die Schlange muss Erde fressen. Sie werden weder Bosheit noch Schaden tun auf meinem ganzen heiligen Berge, spricht der HERR.

Ein neuer Himmel und eine neue Erde. Die Sehnsucht danach, dass alles ganz anders sein könnte. Geht es da eigentlich um ein Jenseits? Um Gottes Zukunft nach dieser Zeit und Welt? Oder geht es um Hoffnungsperspektiven für unsere Welt? Wenn wir uns die Bilder anschauen, sind wir ja zur Freude hier ermutigt. Freuet euch und seid fröhlich! Weil Gott fröhlich sein will und sich freuen will über das Volk, deshalb soll die Stimme des Weinens und des Klagens nicht zu hören sein. Die Bilder, die gemalt werden, sind Bilder der Welt. Keine Kinder, die nur wenige Tage leben. Häuser, in denen wir wohnen können. Weinberge, deren Früchte wir selbst essen. Liebe Gemeinde, das Bild lebt von der Spannung zwischen der Hoffnung für diese Welt und der Hoffnung auf Gottes Welt. Beide sind aber ganz eng miteinander verbunden, ja sie sind verknüpft! Die Hoffnung auf Gottes Zukunft, die großartigen Bilder, dass dort einst der Löwe Stroh frisst, dass Gott bei uns wohnt und uns unmittelbar hört, sobald wir rufen, sie ist ja eine Hoffnung, die Rückwirkungen hat auf den alten Himmel und die alte Erde. Wer solche Hoffnung hat, den werden die Lebensumstände nicht gleichgültig lassen.
Fulbert Steffensky hat einmal vom Luxus der Hoffnungslosigkeit gesprochen. Das ist ja tatsächlich bequem, das Leben hinnehmen, wie es ist, nichts mehr erhoffen, sich vor die Glotze hängen und einfach aufgeben. Da heißt es dann: Lasst doch die Schwärmer mit ihrer Nerverei von Gerechtigkeit, Frieden, von Bewahrung der Schöpfung, lasst doch die, die um Gleichberechtigung ringen, alles viel zu anstrengend und vor allen Dingen aussichtslos. Was soll ich meine Kräfte verschleudern für eine bessere Welt. Die Welt war schon immer so und damit basta. Oh doch, liebe Gemeinde, davon gibt es eine ganze Menge …
Es gehört Mut dazu, das Leben in die Zukunft zu entwerfen, eine starke Hoffnung zu haben, dass sich alles ändern könnte. Ich bin überzeugt, dass wir eine solche Hoffnung nicht aus uns selbst ableiten können. Hoffnung wird uns vorgegeben durch unseren Glauben, durch so großartige Hoffnungstexte wie diesen. Und wenn wir anfangen, uns von dieser Hoffnung inspirieren zu lassen, dann beginnt sie erkennbar zu werden und Boden zu gewinnen. Und wenn wir langen Atem brauchen, Geduld im Hoffen, dann hilft es, die Momente im Leben festzuhalten, wo etwas gelungen ist. Im Moment der Zärtlichkeit. Eine Erfahrung von

Solidarität. Ein Herbstmorgen mit klarem Atem, kalter Luft und offenem Himmel. Hoffnung kann durchtragen auch durch Zeiten, in denen dieses nicht erfahrbar ist. In denen wir nicht die Kraft haben, uns aufzulehnen gegen die Hoffnungslosigkeit. In denen wir das Sterben begleiten müssen und Abschied zu nehmen haben. Hoffnung kann uns aber die Kraft geben, diese Phasen durchzuhalten und uns nicht dem Luxus der Hoffnungslosigkeit hinzugeben.

Liebe Gemeinde, es geht heute nicht um ein Vertrösten auf das Jenseits. Nein. Wir vertrauen unsere Toten Gott an. Wir vertrauen darauf, dass Gott sie hält, ihre Namen fest eingeprägt sind in seinem Gedächtnis. Wie Gottes Zukunft aussehen wird, dafür haben wir immer nur wieder Bilder, die uns auch der Prophet vorgibt. Diese Hoffnungsbilder aber verweisen uns auf die Erde. Die Trauer über das Sterben kann uns nicht abhalten davon, dass wir für eine veränderte Welt eintreten, die sich schon dadurch verändert, dass wir Hoffnung auf Zukunft haben. Wenn wir von Häusern träumen, die wir bauen und bewohnen, Früchten, die wir selbst ernten werden, dann ist das eine Herausforderung an alle, die Häuser anderer zerstören oder enteignen, die Früchte des Lebens der anderen nehmen. Wenn wir von der Hoffnung sprechen, dass niemand jung sterben soll, dann bewirkt das, dass wir uns aufbäumen gegen den allzu frühen Tod so vieler. Wenn wir davon sprechen, dass es weder Bosheit noch Schaden geben soll in Gottes Zukunft, dann werden wir Bosheit und Schaden hier bei uns in Frage stellen.

So lasst uns der Namen der Toten gedenken und sie Gott anvertrauen. Lasst uns aus den Hoffnungsvisionen des Jesaja eine Ermutigung nehmen, das Leben neu zu gestalten, um erfülltes Leben hier und jetzt zu ringen. Lasst uns diesen Tag nutzen, um die AIDS-Frage neu zu thematisieren und uns all derer anzunehmen in Deutschland, aber auch in anderen Regionen der Welt, die unter AIDS leiden. Und lasst uns nicht ablassen, Medizin und Pharmaindustrie aufzufordern, die Forschung nach einem Impfstoff, die Verbreitung der Medikamente, auch an die Armen dieser Welt, voranzutreiben. Und gerade als Christinnen und Christen lasst uns dafür eintreten, dass unsere Kirchen intensiv mitwirken an der Aufklärung über Verhütungsmöglichkeiten. Amen.

Castor-Transport
St. Johannis-Kirche Dannenberg, 27.03.2001

Ein bewegender Gottesdienst! Den ganzen Tag schon hatte ich im Kirchenkreis Dannenberg verbracht. Die Lage war äußerst angespannt. Wegen der eisigen Kälte hatten viele Kirchengemeinden ihre Kirchentüren für Demonstrierende geöffnet. Regierungspräsidium und Polizei sahen das sehr kritisch. Immer wieder versuchten Demonstranten, mit Sandsäcken Straßen zu blockieren. Polizeikräfte räumten frei. Übermüdung, Kälte und das Herannahen des Transportes ließ die Gemüter angespannt sein. Viele konnten wegen der Absperrungen nicht zum Gottesdienst kommen, dennoch war der Kirchenraum völlig überfüllt.
„Der Gewalt gewaltlos widerstehen" – das hatte der Kirchenkreis als Thema gewählt. Und in der Tat sind unsere Pastorinnen und Pastoren, Diakoninnen und Diakone im Konflikt engagiert als Vermittler. Viele haben ein Meditationstraining absolviert. Dieses „dazwischen stehen" ist nicht einfach, leichter wäre es sicher, für eine Seite Position zu beziehen. Aber gerade so nimmt „die Kirche" eine Rolle wahr, die niemand sonst erfüllt. Das kam auch im Gottesdienst zum Ausdruck. Im Eingangsteil sprach ein Vertreter der Bürgerinitiative über seinen Konfirmationsspruch, ein Polizist über sein Erleben, Jugendliche aus Dannenberg über das ihre. Eine Polizistin in Uniform, der Ortsbürgermeister und ein Demonstrant übernahmen Teile des Fürbittengebetes. Deutlich wurde: Christinnen und Christen gibt es unter den Demonstrierenden wie unter den Polizeikräften. Können wir also Gemeinschaft bewahren über diese Auseinandersetzungen hinweg?
An den Gottesdienst schlossen sich heftige Debatten an. Einige Jugendliche beschwerten sich, dass die Polizistin in Uniform aufgetreten sei. Das habe ihnen Angst gemacht. Sie erklärte, dass sei nicht die Einsatzuniform, sondern die Alltagsdienstkleidung, sie sei als Polizistin eingeladen. Einige Polizisten sagten, sie hätten ja nun mit der Kernenergie auch nichts am Hut, aber das wäre nun mal Dienst.
Wir fuhren in der eiskalten Nacht zurück. Im sonst so einsamen Wendland kam uns Mannschaftswagen um Mannschaftswagen entgegen. Der Castor-Transport wurde kurz vor Dannenberg durch an die Schienen angekettete Demonstranten für etliche Stunden gestoppt. Weitere Transporte folgen, die Gemeinden in der Region bleiben angespannt …

Liebe Gemeinde,
die Herrnhuter Losungen geben uns für jeden Tag eine Losung und einen Lehrtext mit auf den Weg. Der Lehrtext für den heutigen Tag stammt aus dem Lukasevangelium:

Lk 8,24f

24 ... Da stand er auf und bedrohte den Wind und die Wogen des Wassers, und sie legten sich und es entstand eine Stille. 25 Er sprach aber zu ihnen: Wo ist euer Glaube? ...

Ach ja, liebe Gemeinde, das kann ich mir gut vorstellen, eine Stillung des Sturms, die hätten wohl viele gern hier in Lüchow-Dannenberg. Das ist ein Sturm, der nun seit 25 Jahren tobt. Ich kann die Angst und den Zorn der Bürgerinnen und Bürger in Lüchow-Dannenberg gut verstehen. Immer wieder haben Gutachten deutlich gemacht, dass der Salzstock in Gorleben nicht geeignet sei als Endlager. Deshalb wurde die Entscheidung der Niedersächsischen Landesregierung von 1977, Gorleben als Standort eines integrierten nationalen Entsorgungszentrums vorzusehen, von Anfang an bekämpft. Es gibt ein Gefühl der Verbitterung und Enttäuschung, ja der Ohnmacht, dass Argumente scheinbar nicht gehört werden und jeder Transport eines Castors neue Fakten schafft. Ein Endlager, das bedeutet schließlich eine Lagerung für mehrere zehntausend Jahre.

Welchen Sturm hat diese stille, friedliche Region, vormals an der Ostgrenze der Bundesrepublik, erlebt? Friedlich war es hier, etwas sehr still vielleicht, kein Sturm, keine Wogen, Bauernland, ökologisches Kleinod.

Liebe Gemeinde, ich möchte schon zunächst auf den Text selbst eingehen. Die Jüngerinnen und Jünger haben Angst. Das ist eine gefährliche Situation, plötzlich allein auf dem Wasser, ohne Rettung in Sicht in einem Boot auf dem See. Das ist Lebensangst. Eine Angst, die den stärksten Mann und die stärkste Frau treffen kann. Jesus hat die Macht, den Sturm zu stillen. Und er fragt: Wo ist euer Glaube?

Wo ist euer Glaube? Das ist heute eine elementare Frage. Die Menschen verlassen sich auf sich selbst. Eine ungeheuere Arroganz entsteht. Wir können alles machen! Ja, wir sind die Schöpfer von uns selbst. Wir können den Menschen machen, wir können den Sterbetermin bestimmen, wir sind nahezu unsterblich, wenn wir uns klonen. Der Glaube an Gott ist dem Glauben an die Technik und die Machbarkeit gewichen. Dabei haben Christinnen und Christen ein sehr realistisches Menschenbild. Das wissen wir schon seit Kain und Abel, dass Menschen zur Gewalt neigen. Wir wissen seit dem Turmbau zu Babel, dass Menschen selbst gerne Gott wären. Und wir wissen seit Adam und Eva, dass Menschen verführbar sind und Fehler machen. Dieses Menschenbild hat unsere Kirche immer wieder kritisch der Atomenergie gegenüberstehen lassen. Sie ist nämlich nicht fehlerfreundlich. Nicht fehlerfreundlich in dem Sinne, dass ein Fehler in der Atomenergie Menschenleben bedeuten kann. Wie grausam haben wir das 1986 erfahren. Was heißt wir! Die Menschen in Tschernobyl haben es erfahren und leiden bis heute darunter. Im letzten Sommer habe ich ein Flugzeug voller Kinder aus Tschernobyl und der Umgebung begrüßt. Bleiche Gestalten, gekennzeichnet von Leukämie, von Missbildungen, blass und krank. Für die Fehlerunfreundlichkeit der Atomenergie zahlen sie (diese Kinder) einen hohen Preis, haben Tausende mit dem Leben bezahlt.

Nein, unser Glaube ist uns nicht abhanden gekommen. Wir glauben an Gott, der die Welt geschaffen hat. Uns die Welt übereignet hat, sie zu bebauen und zu bewahren. Diese Bewahrung heißt, dass wir als Haushalterinnen und Haushalter Gottes die Erde für künftige Generationen erhalten müssen. In politischer Sprache heißt dieses biblische Konzept heute Nachhaltigkeit. Nachhaltigkeit für kommende Generationen. Deshalb fordern wir, dass in regenerative Energien investiert wird, dass Menschen selbst hier in unserem Land sich bereit erklären, Energie zu sparen und für Energiekonzepte eintreten, die regenerativ sind.
Liebe Gemeinde hier in Dannenberg, die Bischöfin kann Ihnen in der Sache nichts Neues sagen. Sie alle sind mehr Expertinnen und mehr Experte in diesen Fragen als ich selbst. Zunächst will ich Ihnen sagen, dass ich außerordentlich dankbar bin, wie Pastorinnen und Pastoren, Diakoninnen und Diakone hier eintreten für Gewaltfreiheit. Seit vielen Jahren bin ich im Rat der Evangelischen Kirchen engagiert und habe mich stark eingesetzt dafür, dass wir eine Ökumenische Dekade „Gewalt überwinden" zu Beginn dieses Jahrhunderts ausrufen. Diese Dekade hat begonnen, und ich sehe die Aktionen unserer Kirche hier in diesem Bereich als Teil dieser Dekade. Seit Jahren und Jahrzehnten treten Sie ein für Gewaltfreiheit und müssen sich dennoch mit dem Gewaltvorwurf auseinandersetzen. Ich will Ihnen sagen: Unsere Kirche ist dankbar für dieses Zeugnis. Ich will Sie ermutigen, diesen Weg der Gewaltfreiheit weiter zu gehen, aufrecht und frei. Der Glaube ist eine bestärkende Kraft, auch wenn ein großer Sturm weht und die Wogen uns bedrohen. Diese Kraft kann, glaube ich, tatsächlich nur der christliche Glaube geben, diese Kraft, auch die Feinde zu lieben. Dabei ist mir wichtig, dass nicht die Polizei der Feind ist. Viele Polizistinnen und Polizisten haben selbst Angst vor dieser Situation. Sie sind vielleicht selbst sogar gegen die Atomkraft und gegen den Castortransport. Sie müssen ihre Aufgabe und ihre Pflicht erfüllen mit *der* Gewalt, die wir als Bürgerinnen und Bürger an sie delegiert haben. Sie befinden sich in einem Zielkonflikt, einerseits den Castor schützen zu müssen, andererseits für die Demonstrationsfreiheit einzutreten. „Keine Gewalt", das ist auch das Motto der Polizei. Auch da versagen Menschen, das weiß ich wohl, genauso wie unter den Demonstrierenden. Für die „Kirchenleute" ist der Grundsatz, „Gewalt überwinden" und dennoch eindeutig zur aktuellen Auseinandersetzung Stellung nehmen, ein wichtiger Beitrag zum Konflikt.
Der Theologe Paul Tillich hat einmal gesagt, die Situation der Kirche sei die Existenz an der Grenze. Die Grenze sei der fruchtbarste Ort der Erkenntnis. Vielleicht können Christinnen und Christen das hier auch leben. An der Grenze sein. Zuhören, verstehen, was die sagen, die erklären: Transporte müssen sein, sie sind Teil unserer vertraglichen Verpflichtungen. Zuhören und verstehen, was die sagen, die in dieser Gegend leben wollen und die Angst haben, dass hier ein Endlager festgelegt wird, bevor geprüft wird, ob nicht andere Möglichkeiten bestehen. An der Grenze zwischen denen, die im Zwischenlager arbeiten und so ihr täglich Brot verdienen, und denen, die anreisen und demonstrieren. An der Grenze, vermittelnd und doch fest gegründet im eigenen Glauben. Ja, der Glaube

hilft in Sturm und Wogen, bei Wind und Wasser. Unsere Kirche, ja, vielleicht unser ganzes Land blickt in diesen Tagen nach Lüchow-Dannenberg. Sensationsjournalismus gibt es vielerorts, Verzweiflung derer, die friedlich bleiben wollen und den Chaoten ausgeliefert sind, die die Situation ausnutzen. Mahnungen derer, die sagen: Wir sind gegen Atomenergie, aber diese Transporte müssen sein. Verzweiflung derer, die sagen: Hier wird das Endlager festgelegt. Liebe Gemeinde, ohne Hoffnung kann der Mensch nicht leben. In der Turmstube der Kirche von Holtorf, gleich hier in der Nähe von Gartow, gibt es eine Inschrift. Das hat mir der Enkel eines Pastors von Holtorf erzählt, unser Landessuperintendent i.R. Walter Meyer-Roscher. Dort steht auf einem Balken: *„L'espoir est notre vie", Corporal Charles Royé*. Die Hoffnung ist unser Leben. Ohne Hoffnung, dass sich etwas ändert, ohne Hoffnung auf Zukunft, ohne Hoffnung für die Kinder und die kommenden Generationen dieser Welt können wir nicht leben. Wir brauchen Hoffnung, damit unser Leben Sinn macht. Sie wissen, dass im Lateinischen *fides* derselbe Begriff ist für Glaube und Hoffnung. Ja, wir brauchen Glauben und Hoffnung. Ich will Sie darin bestärken, als Christinnen und Christen Ihren Weg zu gehen. Ich bin dankbar dafür, wie sehr unsere Kirche hier ein glaubwürdiges Zeugnis abgibt. Sie hat die Kirchen geöffnet für diejenigen, die demonstrieren. Das ist ein richtiges und wichtiges Zeichen. So hat in der DDR die Evangelische Kirche die Türen aufgemacht für die Demonstrierenden. Es gibt ein Recht auf Demonstrationsfreiheit, das auch hier nicht kriminalisiert werden darf.

- Unsere Kirche hat Hoffnung auf Zukunft gemacht, indem sie sagt: Gorleben soll leben. Alles muss geprüft werden, ob dies der richtige Standort ist.
- Unsere Kirche hat Hoffnung aus Glauben heraus gemacht, indem sie das Gespräch zwischen Politik, Polizei, Bürgerinitiativen sucht. Vielleicht ist Kirche tatsächlich der letzte Ort, an dem die Verschiedenen zusammenkommen können. Menschen, die im Salzstock in Gorleben arbeiten, Menschen bei der Polizei und Menschen, die demonstrieren, sind Mitglieder unserer Kirche.

Ich wünsche Ihnen Glauben. Glauben, der fest gegründet ist in der Lebenszusage Gottes. Die Losung für den heutigen Tag steht bei Jeremia 1,8:
„Fürchte dich nicht; denn ich bin bei dir und will dich erretten, spricht der HERR."
Dieses „Fürchte dich nicht" heißt nicht: Nimm alles hin, wie es einfach ist. Es ist aber eine Zusage, dass Gott bei uns ist und uns nicht verlässt. Wir müssen uns nicht fürchten vor Mächten und Gewalten. Gott sagt uns Leben zu. Und das macht uns Mut, uns einzumischen. Das ist keine Politisierung der Kirche, wie sie mir und anderen immer wieder vorgeworfen wird. Nein, das ist Leben aus der Gewissheit, dass Gott diese Welt geschaffen hat und uns verantwortlich macht Wir haben Verantwortung, diese Welt zu gestalten in Freiheit. Diese Verantwortung nehmen wir wahr.
Ich danke Ihnen von Herzen für Ihr Zeugnis, das Sie hier abgeben und will Ihnen zusagen, dass Gott uns begleitet auf unseren Wegen. Nicht alles, was wir tun, ist

richtig. Es gibt Fehler und Verführbarkeit. Darum wissen wir. Aber wir trauen darauf, dass wir uns Gott anvertrauen dürfen in dem, was wir tun und in dem, woran wir scheitern. Dieser Glaube kann uns gründen. Er kann uns tragen, auch wenn Wogen des Wassers und Wind uns bedrohen. Wir sehnen uns nach der großen Stille. Die wird eines Tages sein bei Gott, in Gottes Zukunft, die uns aufnehmen wird und tragen wird. Dann werden wir Rechenschaft ablegen für das, was wir getan haben. In der Hoffnung auf diese Zukunft Gottes gestalten wir unsere Erde in Verantwortung. Amen.

Auferstehung (Sterbehilfe)
Marktkirche Hannover, 22.04.2001

Ungefähr sechs Mal im Jahr predige ich in der Marktkirche in Hannover in einem „normalen" Sonntagsgottesdienst. Es ist der einzige Gottesdienst, in dem ich auch für die gesamte Liturgie verantwortlich bin inklusive gesungenem Abendmahlsteil. Dabei halte ich mich in der Regel an den vorgegebenen Predigttext. *Hier* kommen durchaus Gottesdienstbesucherinnen und -besucher, die ihn vorher lesen! Viele hören sehr kritisch zu, bitten am Montag danach meine Kanzlei um Zusendung der Predigt. Zu meiner Überraschung wurde mir für die folgende Predigt der Predigtpreis des Verlags der deutschen Wirtschaft überreicht. Darüber habe ich mich verständlicherweise gefreut. In der Begründung bei der Verleihung am 25.10.01 heißt es: „Ganz unauffällig kommt sie (diese Predigt) daher. Hält sich ganz unaufgeregt an die Perikopenordnung. Sucht nicht das Besondere und Überspitzte. Verschmäht aber auch nicht das Anekdotische und Ironische. Schielt nicht auf den Hauptstrom der öffentlichen Vorurteile und Klischees, sondern bleibt im Zentrum der neutestamentlichen Botschaft ... Ganz nah am Evangelium. Und bei den Menschen, für die diese Botschaft bestimmt ist."[3]
Ein für mich anrührendes „Predigtlob", wie es öffentlich selten erfolgt. Die Predigt war in der Tat eine ganz normale in der wunderschönen, schlichten Marktkirche in einem Abendmahlsgottesdienst. Nach der Predigt gab es in meiner Kanzlei etliche Anrufe mit der Bitte um Zusendung der christlichen Patientenverfügung ...

Liebe Gemeinde,
kurz nach meinem Dienstantritt wurde ich mit dem Fall eines Pastors konfrontiert, der sich auf der Kanzel rasiert hatte. „Werden Sie ihn disziplinarrechtlich belangen?", war die Frage. Ich habe gesagt: „Er hat sich auf der Kanzel rasiert? Das glaube ich nicht!
Und so kam es zum Gespräch mit dem Pastor, der erklärte, genau das sei doch der Sinn gewesen. Er habe am Sonntagmorgen auf der Kanzel Rasierschaum und Pinsel herausgeholt, sich in Seelenruhe rasiert, in den Spiegel geguckt und dann zur Gemeinde gesagt: „Wenn Sie jetzt nach Hause gehen und *das* erzählen, wird Ihnen jeder sagen: Das glaube ich nicht." Genauso war es an Ostern, als die ersten erzählt haben: „Er ist auferstanden, er ist wahrhaftig auferstanden!"
Bis heute bin ich mir nicht ganz sicher, ob ich das nun für einen hilfreichen Zugang halte oder nicht. Das Rasieren auf der Kanzel und die Auferstehung sind

[3] C. Coenen-Marx, Laudatio für Landesbischöfin Dr. Margot Käßmann, in: www.predigtpreis.de.

denn doch noch zwei verschiedene Paar Schuhe. Aber dennoch hat der Pastor hier einen Punkt erwischt: den Unglauben der ersten Jüngerinnen und Jünger, der bis heute mit Blick auf die Auferstehung uns Menschen prägt. Der Predigttext für den heutigen Sonntag, eine Woche nach Ostern, steht bei Markus im 16. Kapitel. Dort heißt es:

Mk 16,9–15
9 Als aber Jesus auferstanden war früh am ersten Tag der Woche, erschien er zuerst Maria von Magdala, von der er sieben böse Geister ausgetrieben hatte. 10 Und sie ging hin und verkündete es denen, die mit ihm gewesen waren und Leid trugen und weinten. 11 Und als diese hörten, dass er lebe und sei ihr erschienen, glaubten sie es nicht. 12 Danach offenbarte er sich in anderer Gestalt zweien von ihnen unterwegs, als sie über Land gingen. 13 Und die gingen auch hin und verkündeten es den andern. Aber auch denen glaubten sie nicht. 14 Zuletzt, als die Elf zu Tisch saßen, offenbarte er sich ihnen und schalt ihren Unglauben und ihres Herzens Härte, dass sie nicht geglaubt hatten denen, die ihn gesehen hatten als Auferstandenen. 15 Und er sprach zu ihnen: Gehet hin in alle Welt und predigt das Evangelium aller Kreatur.

Liebe Gemeinde,
diese Textpassage wird von Exegeten „der unechte Markusschluss“ genannt. Das ursprüngliche Evangelium, eines der frühesten Zeugnisse der Christenheit, endet mit dem Satz: „Und sie gingen hinaus und flohen von dem Grab; denn Zittern und Entsetzen hatten sie ergriffen. Und sie sagten niemandem etwas; denn sie fürchteten sich.“ So enden die Aufzeichnungen des Markus.
Gut hundert Jahre später wird unser Predigttext als neuer Schluss an das Evangelium angefügt. Mehr als hundert Jahre nach dem Tod Jesu ist deutlich: Es endete eben nicht mit Zittern und Entsetzen. Nein, Neues hat begonnen, die Jüngerinnen und Jünger haben allmählich begriffen: Mit dem Tod Jesu am Kreuz war eben nicht alles zu Ende. Nein, das Sterben Jesu, es ist erst der Anfang des Lebens. Das Evangelium muss weiter geschrieben werden, denn die Osterbotschaft hat schließlich die Jüngerinnen und Jünger überzeugt, ermutigt zum Glauben.
Die Auferstehungsbotschaft ist das Zentrum des Evangeliums. Wir wissen aber auch, dass die Osterbotschaft das Unglaublichste an unserem christlichen Glauben ist. Und das war von Anfang an so. Gerade Maria von Magdala! Eine Frau. Sieben böse Geister hat er ihr ausgetrieben, und die erzählt nun, er sei auferstanden. So ein Unsinn. Verdrängte Liebesgefühle, Verlustängste – ein Psychotherapeut sollte da mal ran.
Zwei sind unterwegs und meinen, ihn getroffen zu haben. Wie soll man denen denn glauben? Halluzinationen. Einen Trauerprozess haben die nötig. Gibt es nicht einen qualifizierten Arzt, der da etwas verschreiben kann?

Von Anfang an gehört zum Glauben der Unglaube, das Bestreiten. Das kann doch nicht sein. Das ist doch naiv. Völlig unwissenschaftlich. Gegen jede Erfahrung, gegen jedes Wissen! Das ist von Gerd Lüdemann gar nicht neu formuliert worden, sondern 2000 Jahre alt. Wie kann er auferstanden sein? Wie soll das möglich sein? Vor drei Tagen habe ich bei einer Diskussionsveranstaltung erklärt: Ohne die Auferstehung gibt es keine Verkündigung des christlichen Glaubens. Hinterher kommentierte jemand: „Na ja, das müssen Sie als Bischöfin natürlich sagen." Ich habe gekontert: „Sie werden lachen, ich glaube das tatsächlich!"
Wir haben es mit Weihnachten da wesentlich leichter. Die großen Gefühle, die Familie, Vater, Mutter und Kind, das sind einfache Assoziationen. Aber Ostern? Kurz vor Ostern bekam ich den Anruf einer Journalistin, die mir sagte: „Wir brauchen noch etwas zu Ostern von Ihnen – aber bitte nichts mit Jesus." Aber Ostern geht nicht ohne Jesus und nicht ohne Auferstehung. Ostern ist eben nicht nur Eier, Häschen, Küken, Osterfeuer und Osterwasser, sondern Ostern ist der Glaube daran, dass Gott unser Leben über den Tod hinaus hält. Wie das aussehen wird, das wissen wir nicht. Und darüber müssen wir auch nicht spekulieren. Aber wir dürfen darauf vertrauen, dass Gott uns bei unserem Namen gerufen hat und dieser Name bei Gott geborgen sein wird, auch wenn wir längst gestorben sind. Gerade das führt Christinnen und Christen nicht zur Weltflucht, sondern gibt uns die Freiheit, uns der Welt und ihren Herausforderungen zuzuwenden.
Liebe Gemeinde, nur von diesem Osterglauben her können wir meines Erachtens den Mut haben, uns ganz offen mit dem Tod auseinander zu setzen. Wir leben ja in einer Zeit, die geradezu panische Angst vor dem Tod hat. Er wird abgeschottet in vermeintlich klinisch saubere Bereiche. Bloß weg aus meinem Gesicht. Bloß keinen Sterbenden zu Hause behalten, das ist ja furchtbar, das kann doch niemand mit ansehen. Jeder möchte schnell und zügig sterben. Und so befürworten 78% der Deutschen Euthanasie. Unter den Christen sagen nur 14% der Evangelischen und 18% der Katholiken: „Über Leben und Tod darf nur Gott entscheiden." Für mich ist das ein Signal dafür, wie groß die Angst vor dem Tod ist, wie wenig Menschen sich mit ihm befassen und wie groß die Distanz zum christlichen Glauben geworden ist.
Vor kurzem habe ich mit Dr. Pieter Admiraal, einem holländischen Arzt, diskutiert, der schon über hundert Menschen aktiv Sterbehilfe geleistet hat. Wir haben heftig miteinander gestritten, weil ich persönlich aktive Sterbehilfe in keiner Weise befürworten kann. Am Ende des Interviews wurden wir beide gefragt, wie wir sterben möchten. Herr Admiraal antwortete: „Ich möchte bei vollem Bewusstsein sterben. Damit ich mich verabschieden kann." „Und dann?", fragte die Journalistin, „kommt dann noch etwas?" „Nichts, gar nichts", sagte Herr Dr. Admiraal. „Es gibt keine Existenz nach dem Tod. Das ist das Ende. Das Leben ist zwecklos und sinnlos."
Ich glaube tatsächlich, dass Lebensmut und Todesmut im positiven Sinne zusammen gehören. Wenn ich glauben kann, dass Gott mein Leben hält und trägt

über den Tod hinaus, dann muss ich dem Tod auch nicht ausweichen. Ich muss keine Furcht vor dem Tod haben. Dass Menschen Angst vor dem Sterben und dem Tod haben, das ist ganz normal. Wir kennen das Sterben nicht und den Tod, und alles Unbekannte macht zunächst Angst. Aber dass so viele Menschen aktive Sterbehilfe befürworten, das drängt uns viererlei zu tun:

- Zum einen gilt es, die Palliativmedizin zu stärken. Sobald Menschen erfahren, dass es möglich ist, schmerzfrei in den Sterbeprozess zu gehen, sinkt die Zahl der Befürworter der aktiven Sterbehilfe auf 36%. Und es gibt Schmerztherapien, die ein Sterben in Würde ermöglichen.
- Wir müssen außerdem die Hospizbewegung stärken. Für viele Familien ist es schwer, gerade diesen letzten Pflegeprozess zu Hause durchzuführen. Ich meine, Sterbende gehören nicht in ein Krankenhaus, das ja gesund machen soll. Nein, Sterbende gehören in eine eigene Umgebung, wo sie liebevoll und begleitet diesen letzten Weg gehen können in Würde.
- Wir sollten deutlich machen, dass beispielsweise in den Niederlanden ein Viertel aller Euthanasieopfer ohne ihre persönliche Einwilligung getötet werden. Und wenn nun noch die Todespille für Sterbewillige kommt, Alte, Selbstmordgefährdete. Wäre es nicht plötzlich ein Druck auf die Alten, nun endlich zu gehen? „Man schämt sich ja schon, so alt zu werden,“ sagt mir die alte Dame. „Wir belasten die Krankenversicherungen und stellen die Alterspyramide auf den Kopf …“ Freie Entscheidung? Die Sache ist hochproblematisch und nicht im Namen der Freiheit zu verteidigen.
- Und schließlich denke ich, die christlichen Patientenverfügungen, Patientenverfügungen überhaupt, sind anzuerkennen. In der Verfügung, die wir als Kirchen herausgegeben haben, heißt es:
  „An mir sollen keine lebensverlängernden Maßnahmen vorgenommen werden, wenn medizinisch festgestellt ist, dass ich mich im unmittelbaren Sterbeprozess befinde oder es zu einem nicht behebbaren Ausfall lebenswichtiger Funktionen meines Körpers kommt. Ärztliche Begleitung sowie sorgsame Pflege sollen in diesen Fällen auf die Linderung von Schmerzen, Unruhe und Angst gerichtet sein, selbst wenn durch die notwendige Schmerzbehandlung eine Lebensverkürzung nicht auszuschließen ist. Ich möchte in Würde und Frieden sterben können …“

Das ist passive Sterbehilfe, die ich für richtig halte.

Hierüber müssen wir mit Pflegekräften, Ärztinnen und Ärzten, Angehörigen in ein Gespräch kommen. Auch sie müssen ermutigt werden, das Sterben, das sie so vielfach erleben, als Teil des Lebens wahrzunehmen.

Liebe Gemeinde, es geht gar nicht anders, als von der Auferstehung her in diesen Tagen auf die Frage der Sterbehilfe zu blicken. Wir sprechen vom Auferstandenen und nicht von einem Toten. Dieser Glaube gibt uns Lebenskraft. Dieser Glaube kann uns halten und tragen, da wo wir andere im Sterben begleiten, wo wir einen geliebten Menschen verlieren und wo wir selbst im Sterbeprozess stehen. Ich habe das zum ersten Mal verstanden, als ich als junge Pastorin mit 28

Jahren zum ersten Mal ein Kind beerdigen musste. Die Eltern hatten die kleine Marie-Louise, 5 Jahre alt, in ihrem Kinderzimmer aufgebart. Eine Barbiepuppe in der einen Hand, einen Strauß Schneeglöckchen in der anderen. Vom Hof, auf dem sie gelebt hatte, haben wir sie hoch zum Friedhof getragen. Nahezu das ganze Dorf kam mit. Und am nächsten Tag, da waren sie wieder auf dem Feld, die Eltern. Der Tod war bei allem Schmerz in das Leben integriert.

Gerade weil unser Gott lebt, Leben will und dem Leben zugewandt ist, ist es möglich, das Sterben anzusehen. Jesus hat uns gezeigt, dass Leiden zum Leben gehört. Ein Leben ohne jede Erfahrung von Leid ist auch kein erfülltes Leben. Wer Leiden kennt, kennt auch Lebenslust. Zum Leben in Fülle gehören Freude wie Leid.

Unglauben wird es immer wieder geben. Auch wir werden immer wieder mit Zweifeln zu ringen haben. Da brauchen wir uns gar nichts vorzumachen. Zweifeln, so Paul Tillich, gehört zum Wesen des Menschen, weil er endlich ist und nie das Ganze erfassen kann. Wir können uns den Glauben auch nicht erarbeiten nach dem Motto: So, ab morgen glaube ich das, und damit ist die Sache geklärt. Nein, das hat uns Martin Luther beigebracht, Glaube ist auch ein Geschenk. Ein Geschenk, um das ich Gott bitten kann, im Dialog. Im Gebet. In der Stille, die ich aufsuche, um die letzten Fragen zu stellen.

Was ermutigend ist: Jesus schickt nun gerade diese Zweifler, diese Ungläubigen in die ganze Welt, um vom Glauben zu sprechen. Das finde ich nun geradezu unglaublich! Diese Fischer und Huren und Zöllner sind nun gerade keine so ganz überzeugenden Leitfiguren. Bei jedem Casting würden sie durchfallen. Keine Sonnyboys, keine Glamourgirls, keine Erfolgsfiguren. Aber sie werden geschickt in alle Welt, das Evangelium zu predigen, zum Glauben zu rufen und zu taufen. Ich finde, das kann jeden und jede von uns nur ermutigen. Auch wir mit unseren Ecken und Kanten, wir mit unseren Zweifeln und unserem Unglauben werden geschickt, Spuren des Reiches Gottes zu legen. Wir können in diese Welt gehen und weitersagen: Er ist auferstanden, er ist wahrhaftig auferstanden. Halleluja. Amen.

15 Jahre nach der Tschernobyl-Katastrophe Neustädter Kirche, 26.04.2001

Seit 1990 organisiert die landeskirchliche Arbeitsgemeinschaft „Hilfe für Tschernobylkinder" jedes Jahr für mehr als 1000 Kinder einen vierwöchigen Ferienaufenthalt in Gastfamilien. In diesem Zusammenhang entstand ein Gottesdienstentwurf zum 10. Jahrestag, in dem Jesaja 54,7–10 als Predigttext vorgeschlagen wurde und das Bild eines Mädchens aus Weißrussland als Farbfolie beigefügt war.
Landtagspräsident Prof. Rolf Wernstedt, der Vorsitzende der Kinder von Tschernobyl Stiftung des Landes Niedersachsen, Prof. Dr. Heyo Eckel, und Vertreterinnen und Vertreter der Arbeitsgemeinschaft beteiligten sich an der Liturgie. Bei den anschließenden Gesprächen und Begegnungen wurde deutlich, dass viele Gasteltern anwesend waren. Aus einer kleinen Initiative ist ein großes Engagement entstanden.

Liebe Gemeinde,
15 Jahre ist es her. Tatsächlich schon 15 Jahre? Ich erinnere mich genau: Meine Zwillingstöchter Hanna und Lea sind geboren am 7. April 1986. Wegen ihrer Gelbsucht mussten wir drei Wochen im Krankenhaus bleiben. Am 28. April fuhr ich mit ihnen zurück nach Hause und hörte im Radio: „Es hat in Weißrussland offensichtlich tatsächlich den größten anzunehmenden Unfall gegeben." Den Tag vorher, am 27. April, gab es lediglich vage erste Hinweise: „Eventuell. Vielleicht. Dementi. Keine Informationen." Aber das waren wir ja gewöhnt von der Sowjetunion: „Keiner weiß nichts und trauen konnte man ‚denen' sowieso nicht." So ganz klar war alles allerdings auch am 28. April noch nicht. Ich erinnere mich an den 1. Mai 1986: wunderschönes Wetter! „Das tut den Kindern gut", dachte ich und habe unsere Zwillinge auf eine Decke auf den Rasen gelegt und unsere ältere Tochter im Sandkasten spielen lassen.
Am nächsten Tag haben wir alle erfahren: Diese Mai-Freuden waren ein schwerer, ein gravierender Fehler! Gerade der Sand, insbesondere der Rasen waren die hochverstrahlten Bereiche. Die Wolke hatte nicht Halt gemacht an der Grenze in den goldenen Westen. Angst haben wir damals alle gehabt. Panische Angst vor verseuchten Lebensmitteln, verseuchter Umwelt, der Kernenergie.
Schon 15 Jahre her? Ist das nicht längst Vergangenheit? Wann war das? Ach ja, wir hier in Deutschland haben bald verdrängt, was in Tschernobyl passiert ist. Und die Menschen vor Ort? Manchmal hatte ich den Eindruck, sie wurden, wie es gut biblisch heißt, zur Schlachtbank geführt. Viele starben, als sie versuchten, die Folgen des Unglücks zu bewältigen, den Reaktor zu sichern. 800 000 Menschen wurden zu Räumungs- und Dekontaminationsarbeiten am zerstörten Reak-

torblock eingesetzt, meist junge Wehrdienstleistende aus der gesamten Sowjetunion. Bis heute sind mehr als 10 000 verstorben, 125 000 erkrankt am Zentralnervensystem, den Verdauungsorganen, an Störungen im Immunsystem. Fernsehdokumentationen über sie – selten! Viel zu lange haben die Verantwortlichen gewartet, die Bevölkerung zu evakuieren. Rechenschaftspflicht – kaum zu erkennen. 5,8 Millionen. Menschen leben in Gebieten, die mit mehr als 185 000 Becquerel pro m^2 belastet sind. Der Höchststand der Krebserkrankungen bei Kindern wird nicht vor den Jahren 2005 bis 2010 erreicht.
Erst so lange her? Schon so lange her? Es sind tatsächlich 15 Jahre, und es ist gut, wenn wir uns heute zusammen finden, um daran zu erinnern und auch an die Entwicklungen seitdem zu denken. Der Predigttext, der für den heutigen Tag ausgesucht wurde, steht bei Jesaja im 54. Kapitel. Dort heißt es:

> Jes 54,7–10
> *7 Ich habe dich einen kleinen Augenblick verlassen, aber mit großer Barmherzigkeit will ich dich sammeln. 8 Ich habe mein Angesicht im Augenblick des Zorns ein wenig vor dir verborgen, aber mit ewiger Gnade will ich mich deiner erbarmen, spricht der HERR, dein Erlöser. 9 Ich halte es wie zur Zeit Noahs, als ich schwor, dass die Wasser Noahs nicht mehr über die Erde gehen sollten. So habe ich geschworen, dass ich nicht mehr über dich zürnen und dich nicht mehr schelten will. 10 Denn es sollen wohl Berge weichen und Hügel hinfallen, aber meine Gnade soll nicht von dir weichen, und der Bund meines Friedens soll nicht hinfallen, spricht der HERR, dein Erbarmer.*

Liebe Gemeinde,
ich sperre mich ein bisschen gegen diesen Text. Meinen wir tatsächlich, Gott wendet sich ab? Ist das vorstellbar, dass Gott weggeschaut hat und so die Katastrophe passiert ist? Nein, das kann ich mir nicht vorstellen, einen Gott, der sich bewusst abwendet von seinem Volk! Gott hat uns doch versprochen im Bund, den er mit Noah geschlossen hat, dass er uns Menschen nicht mehr zerstören will. Das wird ja auch zitiert bei Jesaja! Als Christinnen und Christen sind wir überzeugt, dass Gottes Bund seitdem hält, ja dass er durch Jesus Christus auf alle Völker der Welt erweitert wurde. Gott hat einen Bund mit den Menschen geschlossen, den Menschen die Gnade Gottes zugesagt. Der neue Bund bestärkt die Gnadenzusage. Die Frage ist allerdings, ob die Menschen Gottes Bund halten.
Sie halten ihn eben nicht, darin liegt das Versagen der Menschen, das, was Paulus das Sünder-Sein nennt. Die Menschen brechen den Bund Gottes, wenn sie sich selbst an Gottes Stelle setzen. Sie meinen, selbst alles beherrschen zu können, alles machen zu können. Das ist die Haltung, die unsere Gesellschaft prägt. Und wenn wir auch wissen, dass die Atomkraftwerke beim kleinsten Fehler Menschenleben kosten können, so glauben wir doch, sie zu beherrschen. Wir glauben

an den Gott Technik! Und wenn dann ein Fehler geschieht, dann schieben wir es auf Gott. Da hat Gott nicht aufgepasst! Da hat Gott sich abgewendet? Das, liebe Gemeinde, halte ich für zu einfach.
Wenn wir von Verantwortung sprechen, was wir gerade in der evangelischen Ethik tun, dann müssen wir die Verantwortung auch übernehmen und die Schuld eingestehen. Es ist verantwortungslos, auf eine Energiequelle zu setzen, die nicht fehlerfreundlich ist. Fehlerfreundlichkeit heißt, dass Fehler keine Menschenleben kosten. Wir wissen nämlich als Christinnen und Christen: Menschen sind fehlerhafte Kreaturen. Sie sind verführbar - das wissen wir seit Adam und Eva. Sie machen Fehler - das zeigt die gesamte Menschheitsgeschichte. Sie neigen zur Gewalt - das wissen wir seit Kain und Abel. Und sie wollen gerne Gott sein - das erzählt schon die Geschichte vom Turmbau zu Babel. Deshalb ist es unverantwortlich, eine Technik aufzubauen, die nicht mit dieser Fehlerhaftigkeit, Verführbarkeit und Sündhaftigkeit des Menschen rechnet. Die Angst vor der Atomenergie, vor der Strahlung, die einem GAU folgt, die unsichtbare vernichtende Kraft atomarer Strahlung, sie wird zu Recht gefürchtet. Bei meinem Besuch am 27. März in Dannenberg war das spürbar. Die Verzweiflung der Menschen, dass hier ein Endlager entstehen soll, dass hierher Castoren rollen, deren Folgen die Menschen in der Region zu tragen haben, hat mir das noch einmal ganz neu gezeigt.
Aber das alles ist nichts gegenüber dem Leiden, das in der Region rund um Tschernobyl zu finden ist. Ich glaube, die Zeichnung, die wir sehen, gibt davon ein deutliches Zeugnis. Die 14-jährige Olga hat ein Bild gemalt, das die Katastrophe erkennbar macht. Wir sehen einen missgebildeten Menschen mit vier Armen. Ja, Missbildungen von Menschen – das ist Normalität in Weißrussland. Zwei Drittel aller Kinder kommen krank zur Welt. Zwei Drittel! Wir sehen eine Katze mit zwei Köpfen. Die gesamte Kreatur ist zerstört durch diese Katastrophe. Wer hat das zu verantworten?
Liebe Gemeinde, die Verantwortung können wir Gott nicht zuschieben. Die Verantwortung liegt in der Hybris, der Überheblichkeit der Menschen. Diese Hybris führt dazu, dass das, was strahlt, eben nicht die wunderbare Sonne ist, die wir in diesen Tagen so sehnlich erwarten, sondern der Tod, der strahlt. Gerade die Kinder leiden darunter.
Können wir uns vorstellen, was es heißt, wenn eine junge Frau Angst hat, schwanger zu werden, weil sie ein schwerstbehindertes Kind zur Welt bringen könnte? Das erste Mal in meinem Leben habe ich das verstanden, als 1983 bei der Vollversammlung des ÖRK ist Vancouver Darlene Keju-Johnson einen Vortrag hielt. Damals erzählte sie davon, dass sogenannte Jelly-Fish-Babies geboren werden, quallenartige Gebilde, die ein paar Stunden leben, einen Herzschlag zeigen und dann versterben. Darlene Keju-Johnson sagte damals: „Ich habe Angst, schwanger zu werden.“ Sie ist vor acht Jahren gestorben. An Krebs. Verursacht durch die Atomwaffenversuche der USA und Frankreichs im Pazifik. Die Tragödie der atomaren Energie, ob sie nun für Waffen oder für Stromerzeugung ge-

nutzt wird, sie hat unglaublich viele Opfer bereits erzeugt. Was nun können wir tun?
Das allererste ist für mich die Solidarität der Menschen. Ich bin dankbar dafür, dass Menschen in unserer Landeskirche bereit sind, kontinuierliche Hilfe zu leisten. Nicht nur eine augenblickliche Betroffenheit, wie wir sie immer wieder erleben bei den Katastrophen, über die die Tagesschau, die Tagesthemen, das heute-journal berichten. Eine kurze Spende, und dann bin ich meine Beteiligung los. Spenden will ich damit gar nicht negativ einschätzen, sondern sehr positiv. Ohne sie wären die Hilfstransporte per Luft und LKW ja gar nicht möglich. Aber sie sind nur ein Tropfen auf den heißen Stein, das menschliche Engagement muss dazu kommen.
Im letzten Jahr war ich bei der Ankunft eines Fluges aus Weißrussland anwesend und bei einem Abflug Richtung Gomel. Das ist ein intensives Erlebnis. Da kommen Kinder an, verhuscht, blass, ängstlich. Nach wenigen Wochen verlassen sie Deutschland. Sie haben Farbe bekommen, sie sind laut, wie Kinder eben sind. Sie freuen sich auf zu Hause und sehnen sich dann doch zurück nach der Bewegungsfreiheit, der frischen Luft, den Lebensmitteln, die sie unbefangen essen können. Ja, ich bin jeder einzelnen Familie dankbar, die ein Kind aufgenommen hat in den vergangenen Jahren. Das ist eine großartige Leistung, für vier Wochen und oft mehrmals zu sagen: Ich nehme ein Kind auf, ich nehme zwei Kinder auf, und gebe ihnen eine Möglichkeit zum Luftholen aus der Katastrophe heraus. Unser Dank in diesem Gottesdienst 15 Jahre nach Tschernobyl gilt den gewachsenen Freundschaften über Grenzen hinweg. Gilt dem Engagement vieler hier wie dort, die sich eingesetzt haben.
Es heißt viel für eine Familie in der Region Tschernobyl, ihr Kind fremden Menschen in Deutschland anzuvertrauen. Jede Mutter und jeder Vater weiß, was das heißt: das Kind auf eine ungewisse Reise zu schicken. Das ist mit Angst besetzt und auch mit Vorurteilen. Es ist nicht nur romantisch, ein Kind aus Weißrussland nach Deutschland zu schicken. Es ist ein Zeichen von ungeheurem Vertrauen gerade gegenüber dem Land der ehemaligen Besetzer, das wir nicht unterschätzen dürfen. Und hier vor Ort heißt das: Eine Familie, Eltern, Kinder lassen sich darauf ein, dass da jemand Fremdes kommt. Jemand, den ich nicht kenne. Andere Sitten, andere Gebräuche, eine andere Sprache.
Das, was dort gewachsen ist, können wir nur in Dankbarkeit vor Gott sehen. Dankbarkeit für Gottes Volk, das die Grenzen von Völkern und Nationen überschreitet. Gerade das langfristige Engagement möchte ich herausstellen, denn es steht im Gegensatz zu dem, was Normalität ist in unserer Gesellschaft, in unserer Welt.
So wird Gnade Gottes auch sichtbar, Gottes Zuwendung. Gewiss kann ich Gott auch als den Zornigen sehen, der uns straft. Aber Gott, der Kinder straft – das ist ein Gedanke, der mit meiner Theologie nicht zu vereinbaren ist. Gott wendet sich gerade den Kleinen zu. Das hat Jesus uns nun ganz deutlich gezeigt: Den Kleinen, den Schwachen, den Verletzbaren. Für sie setzt die Aktion Hilfe für Tschernobyl ein gutes christliches Zeichen.

„Meine Kraft ist in den Schwachen mächtig“ – vielleicht zeigt diese Aktion die Kraft derer, die eigentlich ohnmächtig sind. Ohnmächtig gegen diese Art von Energiegewinnung. Ohnmächtig gegen die Verantwortlichen in der Politik in Weißrussland. Ohnmächtig mit Blick auf die Geschichte. Sie setzen hier ein Zeichen der Kraft der Ohnmacht. Darauf können Sie, diejenigen, die in Tschernobyl und Umgebung ihr Leben gelassen haben, die Eltern, die Vertrauen wagen, und die Familien hier, die Solidarität zeigen, stolz sein. Mein Dank gilt auch denen, die sich engagieren in der Organisation der Besuchsprogramme, das ist bei weitem nicht selbstverständlich.
Wenn wir Spuren des Reiches Gottes legen wollen, dann kommt es auf jeden und jede Einzelne an. Ich finde, das, was sich aus der Katastrophe entwickelt hat, auch an Gutem, an Gastfreundschaft, an Vertrauen und Hilfstransporten, ist eine solche Spur. Eine kleine Fußspur des Reiches Gottes inmitten aller Zerstörung. Dafür können wir Gott dankbar sein und den Menschen, die sich haben auf den Weg bringen lassen. Wir können es als Ermutigung erfahren, dass wir keinem Schicksal ausgeliefert sind, sondern aktiv werden dürfen. Ich schließe mit Worten Dietrich Bonhoeffers: „Ich glaube, dass Gott kein zeitloses Schicksal ist, sondern dass er auf aufrichtige Gebete und verantwortliche Taten wartet und antwortet.“ Amen.

Tag des Ehrenamts
Preussag-Arena Hannover, 25.08.2001

Als ich hörte, dass 2001 das „Internationale Jahr der Freiwilligendienste“ werden sollte, habe ich überlegt, wie dies als Chance innerhalb der Kirche wahrgenommen werden könnte. Ehrenamtliches Engagement spielt in der Kirche eine zentrale Rolle, allein in der Hannoverschen Landeskirche sind ca. 100 000 Ehrenamtliche aktiv. Viele fühlen sich allerdings an den Rand gedrängt, nicht ausreichend gewürdigt und zu wenig anerkannt. Zwischen Ehrenamtlichen und Hauptamtlichen gibt es durchaus Spannungen. Wir haben das Jahr 2001 genutzt, um als Landeskirche die Ehrenamtlichen in den Papagraph 1 unserer Verfassung aufzunehmen. Dort heiß es nun: „Für die Erhaltung und Förderung der rechten Verkündigung des Wortes Gottes und der stiftungsgemäßen Darreichung der Sakramente sind die Landeskirche und die Kirchengemeinden mit allen ihren Gliedern, Amtsträgern und Organen verantwortlich ... Zur Wahrnehmung dieser Verantwortung werden Kirchenglieder ehreamtlich oder beruflich zum Dienst in der Kirche berufen ... Ehrenamtlicher und beruflicher Dienst sind in einer Dienstgemeinschaft auf einander bezogen. Beide dienen mit gleichem Rang auf je eigne Weise dem Aufbau der Gemeinde Jesu Christi ...“
Um über dieses papierne Signal hinaus den Beitrag der Ehrenamtlichen zu würdigen, entstand die Idee, Ehrenamtlich einzuladen. Aber wie und wie viele? Zehn aus jedem Kirchenkreis? Schließlich haben wir gesagt: „Wenn schon, denn schon ...“ und offen eingeladen. Mit zwei- bis dreitausend Teilnehmenden wurde gerechnet. Als sich abzeichnete, dass mehr als fünftausend kommen würden, wurde ein neuer Ort gesucht, die Preussag-Arena. Das ist nun ein wahrhaft säkularer Ort, der üblicherweise für Eishockeyspiele und Rockkonzerte genutzt wird. Kann an einem solchen Ort ein kirchliches Fest stattfinden? Kann dort gar ein Gottesdienst gefeiert werden. Ist es möglich, in einem solchen Umfeld würdig Abendmahl zu feiern?
Aus den Erfahrungen als Generalsekretärin des Kirchentages konnte ich solche Fragen nur bejahen und habe eine kleine Gruppe gebeten, dies verantwortlich vorzubereiten. Mehr als 8000 Menschen kamen, und wir haben einen grandiosen Tag mit einer Rede des Ministerpräsidenten, Bibelarbeit als Interview mit Laien, Mittagsdialog unterschiedlicher Projekte als Fest erlebt. Für die Liturgie des Gottesdienstes war federführend Fritz Baltruweit verantwortlich, mit dem ich bereits beim Kirchentag und auch während der EXPO viele außergewöhnliche Gottesdienste veranstalten konnte (vgl. S. 165ff).

Liturgie

Zur Hoffnung berufen:
Gottesdienst am Tag der Ehrenamtlichen
am 25.8.2001 um 15.00 Uhr in der Preußag-Arena
Hannover, EXPO-Gelände

Fröhliche Jazzmusik „zum Ankommen“ und zur Einstimmung

„Inszenierung der Preußag-Arena als Gottesdienstraum“:
Einzug der Mitwirkenden mit Kreuz, Blumen, Bibel, Licht, Wein und Brot

Schmücken des Altars

Einstimmung in den Abschluss des Tages
gemeinsam mit Carlos Martinez (Pantomime)

Ein wunderschöner Tag ist noch nicht zu Ende.
Ein Höhepunkt soll uns nun noch miteinander verbinden:
Ein Gottesdienst zum Abschluss dieses Tages des Ehrenamtes.

Wie haben Sie das heute erlebt?
Welche Stimmung bestimmt Sie jetzt?
Sind Sie aufgekratzt
oder müde?
Erfüllt,
dankbar
oder skeptisch?
Jemand wird uns helfen,
unsere Stimmungen und Schwingungen zu finden:
Carlos Martinez aus Spanien.

Pantomime

Welcher Stimmung wir auch sind:
Wir feiern mit Ihnen und miteinander Gottesdienst.
Wir legen diese Stunde in Gottes Hand.

Gebet, Gesang und Psalm dialogisch zwischen den verschiedenen „Ebenen“ des Raumes

Gott,
du unser Zuhause,
du, unser Grund.
Sei du hier mit uns,
mitten unter uns,

belebe uns,
stärke uns,
begeistere uns.

Psalm 23

Antiphon (gesungen als Kanon):

Du bist mein Zuhause,
du bist mein Grund,
auf den ich baue.
Ich danke dir.
Amen.

Alle:	Der HERR ist mein Hirte, mir wird nichts mangeln.
Mittelrang, Oberrang:	Er weidet mich auf einer grünen Aue und führet mich zum frischen Wasser.
Unterrang:	Er erquicket meine Seele.
Innenraum:	Er führet mich auf rechter Straße um seines Namens willen.

Antiphon (gesungen als Kanon): Du bist mein Zuhause ...

Frauen:	Und ob ich schon wanderte im finstern Tal, fürchte ich kein Unglück.
Männer:	Denn du bist bei mir. Dein Stecken und Stab trösten mich.
Innenraum:	Du bereitest vor mir einen Tisch im Angesicht meiner Feinde
Unterrang:	Du salbest mein Haupt mit Öl und schenkst mir voll ein.
Mittelrang, Oberrang:	Gutes und Barmherzigkeit werden mir folgen mein Leben lang.
Alle:	und ich werde bleiben im Hause des HERRN immerdar.

Antiphon (gesungen als Kanon): Du bist mein Zuhause ...

Pantomime Creation
Carlos Martinez

Lied: Ich lobe meinen Gott, der aus der Tiefe mich holt ...

Der Bibeltext:
Wir haben gesehen, was Carlos Martinez uns mit seiner Pantomime gesagt hat:
Gott behütet unsere Welt.
Er hält seine Schöpfung in der Hand,
damit wir nicht aus ihr herausfallen.

Das ist das Erste:
Gott hat uns das Leben geschenkt.
Gott hat uns unseren Lebensraum geschenkt. Gott hat uns bei unserem Namen gerufen.

Aber wir haben heute in den ganz unterschiedlichen Beiträgen gesehen:
Auch wir sind gefragt.
Wir sind dazu berufen,
Gottes Mitarbeiterinnen und Mitarbeiter zu sein.
Wir sind berufen,
Gott bei seinem Werk zu helfen.

Deshalb setzen wir dem Bild von Carlos Martinez ein Bild aus dem Johannes-evangelium hinzu,
in dem diese „beiden Seiten einer Medaille" miteinander verbunden sind:

Dort ist vom Weinstock und den Reben die Rede,
davon, wie sie zusammengehören und einander zugeordnet sind.
Und wenig später heißt es im 15. Kapitel:

„Nicht ihr habt mich erwählt,
sondern ich habe euch erwählt
und dazu eingesetzt,
dass ihr hingeht und Frucht bringt
und dass eure Frucht bleibt.
Wenn ihr dann den Vater in meinem Namen bittet, wird er's euch geben."

Das ist Gottes Zusage an uns auch heute:
Nicht wir haben uns berufen.
Wir sind berufen und begabt,
Frucht zu bringen.
Uns ist verheißen:
Unsere Früchte werden bleiben,
werden Bestand haben.
Und:
Wenn wir Gott etwas bitten in Jesu Namen,
dann wird er es uns geben.
Darauf bauen wir.

Antiphon (gesungen als Kanon): Du bist mein Zuhause …

Predigt (zu Eph 1,18)
Musik: Jazz-Stück „La Fiesta"

Pantomime Psalm 23 (als Bekenntnis und Einleitung zum Abendmahl)
Carlos Martinez

Einleitung Abendmahl
Wir wollen an diesem Tag nicht auseinandergehen,
ohne miteinander Abendmahl zu feiern.
In diesem Raum liegt das nicht so nahe
wie in einer Kirche.
Aber dieses Zeichen zeigt uns am besten,
wie wir miteinander verbunden
und eine Gemeinde sind,
woher wir unsere Hoffnung bekommen
und die Stärkung für den Weg,
der vor uns liegt.

Deshalb soll die Preußag-Arena zum Abendmahlssaal werden,
wo wir einander Brot und Wein durch die Reihen weitergeben
und miteinander erleben,
dass Gott in uns eingeht
und uns erfüllt mit seiner Kraft
und seiner Liebe.

Lied: Unser Leben sei ein Fest (Strophe 1 und 2)

Abendmahlsgebet
Lasst uns beten:
Gott, du schenkst uns Brot,
die Frucht der Erde
und der menschlichen Arbeit.
Du lässt es für uns zum Brot des Lebens werden.

Alle: Gott, wir danken dir.

Gott, du schenkst uns die Frucht des Weinstocks,
das Zeichen des Festes.
Du lässt uns im Wein deine neue Welt schmecken.

Alle: Gott, wir danken dir.

Wie aus Körnern das Brot
und aus den Trauben der Wein geworden ist,
so lass uns zusammenwachsen als deine Gemeinde,
die deine Lebensqualität in unserer Welt zum Blühen bringt.

So sende, du Gott des Lebens,
deinen Geist
und begegne uns,
wenn wir Brot und Wein miteinander teilen.

Alle: Komm, Heiliger Geist.

Einsetzungsworte

Vater unser
Wir sprechen gemeinsam das Tischgebet:
Vater unser ...

Wort zur Austeilung:
Wir laden Sie jetzt ein,
miteinander Brot und Wein zu teilen.

Mitarbeiterinnen und Mitarbeiter des Kindergottesdienstes
und Pastorinnen und Pastoren aus dem Sprengel Hannover werden zu Ihnen kommen
und Ihnen Brot und Wein reichen.

Geben Sie beides weiter mit einem guten Wort,
[auch wenn Sie selber nicht Brot und Wein zu sich nehmen wollen. So bleiben Sie Teil der Gemeinschaft.] –

Und nun seht und schmeckt,
wie freundlich unser Gott ist.

Lied: (vierstimmig) Alle Augen warten auf dich (Heinrich Schütz) (EG 461)

Austeilung

Dankgebet
Lasst uns danken:
Gott, wir haben etwas von dir gespürt.
Dein Handeln an uns ist zum Segen geworden.
Dein Friede ist uns nahegekommen.
Wir danken dir für Brot und Wein,
für die Gemeinschaft an deinem Tisch.
Amen.

Lied: Lobet den Herren, denn er ist sehr freundlich (vierstimmig – a capella) (EG 304)

Gebet für die Kirche
Lasst uns beten:
Gott,
wir danken dir,
dass du uns berufen hast,
dass wir Teil deiner guten Gedanken sind.

Erleuchte die Augen unseres Herzens,
dass wir deine Gedanken,
deine Schöpfungskraft ausstrahlen,

dass wir in unseren Gemeinden etwas schaffen,
was uns deiner Welt näher bringt.

Kehrvers

Jesus Christus,
du zeichnest uns dein Kreuz auf die Stirn,
dass wir immer wieder befreit werden
zu einem neuen Anfang,
wo wir hinter uns zurückbleiben
und uns verfangen in unseren Unvollkommenheiten.

Mit deiner Liebe wird weggewischt,
was uns voneinander,
was uns von dir trennt.
Schenk uns ein Lebensgefühl,
das dankbar deine Liebe weiterträgt
und Versöhnung stiftet.

Kehrvers

Heiliger Geist,
du verbindest uns zu einer Gemeinde,
du sorgst dafür,
dass wir Früchte bringen
und das Ganze der Gemeinschaft im Blick haben.
Mach uns stark, du, unser Lebensnerv,
begeistere uns immer wieder für dich
und deine, unsere Kirche,
für deine Werte,
für deine Welt.

Kehrvers

Gott,
du hast uns zur Hoffnung berufen.
Lass uns Deine Hoffnungsträger sein
und immer wieder werden.
Amen.

Kollektenansage

Sendung
So geht nun euren Weg zurück in eure Gemeinden.
Ihr seid von Gott gemacht,
um Menschen zu sein.
Ihr seid geschaffen für das Licht,

für die Freude,
um zu lachen und zu singen.
Ihr seid geschaffen nach dem Bilde eines Gottes, der Hoffnung gibt und Liebe ist,
mit Händen, um zu geben,
mit einem Herzen,
um zu lieben, und mit zwei Armen,
die gerade so lang sind,
um jemanden umarmen zu können.

Segen
Und der Segen Gottes …

Schlusslied: Mögen sich die Wege …

Musikalischer Ausklang (Golden Age Quartett + Gospelchor Sister T. & the S.P.A. Gospel Unit): O happy Day

Predigt

Liebe Gemeinde,
„Zur Hoffnung berufen", das war mein Wunschtitel für diesen Tag des Ehrenamts. Ich bin überzeugt, dass wir Christinnen und Christen uns unserer Hoffnung stärker vergewissern sollten und diese Hoffnung nach außen tragen können, weil unsere Welt dringend Hoffnung braucht. Wir sind zur Hoffnung berufen. Diese Formulierung stammt nicht von mir, sondern vom Apostel Paulus. Er schreibt im Epheserbrief:

> Eph 1,18
> *„Und er gebe euch erleuchtete Augen des Herzens, damit ihr erkennt, zu welcher Hoffnung ihr von ihm berufen seid, wie reich die Herrlichkeit seines Erbes für die Heiligen ist."*

Erleuchtete Augen des Herzens möge Gott uns geben. Als ich das noch einmal gelesen habe, dachte ich: Antoine de Saint Exupéry, das war ja gar nichts Neues, als er geschrieben hat im „Kleinen Prinzen": „Man sieht nur mit dem Herzen gut". Von den erleuchteten Augen des Herzens hat ja schon Paulus gesprochen.
Ich finde, das ist eine wunderschöne Formulierung: Erleuchtete Augen des Herzens. Es ist ja tatsächlich so, wenn die Augen eines Menschen leuchten, dann strahlt da etwas, was von innen kommt. Das kann im Kleinen so sein. Da leuchten die Augen eines Kindes unter dem Weihnachtsbaum aus Freude über dieses wunderbare Fest. Aus Freude auch über ein Geschenk. Leuchtende Augen.
Die habe ich kürzlich gesehen bei einem Paar, das ich getraut habe. Glücklich von innen, glücklich aus Liebe, die Augen leuchteten und strahlten. Dieses

Leuchten kam sehr wohl aus dem Herzen. Wann haben Sie das letzte Mal so richtig gestrahlt? Vielleicht denken Sie jetzt: „Na, ich bin 56, das letzte Mal verliebt ist lange her.“ Aber erinnern Sie sich, wie ein Mensch strahlen kann, wenn er liebt und geliebt wird?

Doch, ich glaube schon, dass wir das erinnern können, selbst wenn es eine Weile her ist. Ich bin überzeugt, es ist diese Art von Liebesgefühl, die Gottes Zuwendung in uns auslösen kann. Ach, liebe Christinnen und Christen, wenn wir doch davon ein bisschen mehr ausstrahlen würden in unserem Zeitalter der Technologie!

Es geht um erleuchtete Augen, ein Herz, das Gottes Botschaft erspürt, wahrnimmt. Das können wir uns wohlgemerkt nicht selbst erarbeiten und schaffen. Das wissen wir als Evangelische in unserer theologischen Tradition besonders gut: So ein Glaube wird geschenkt. Dabei ist mir immer wichtig, dieser Geschenkcharakter bedeutet nicht: Ich setze mich hin und warte nun mal ab: Lieber Gott, wirfst du mir nun solchen Glauben in den Schoß oder nicht? Das ist zu einfach! Ein Geschenk wird ja nur meins, wenn ich es auch annehme. Es gibt so manches unausgepackte Geschenk, das in einer Schublade vor sich hin staubt!

Viele Menschen meinen heute, sie kommen ohne Gott aus und haben doch Fragen nach Gott. Ein Beispiel: In einem Kommentar zur Erziehungsdebatte schreibt Ursula März: „Ohne Gott und Glauben können Kinder, was sie seit kurzem ja auch müssen, vermutlich auskommen.“[4] Allerdings macht mich stutzig, dass sie anschließend erklärt, die Fragen von Kindern zielten eben ins Metaphysische, und auf diese habe sich als Antwort im Alltag die Einführung von Engeln, Schutzengeln, und dem Regenbogen bewährt …? Wie kann da eigentlich Gott überflüssig sein? Solche Widersprüche treffen wir vielfältig. Es geht darum, unser Herz dafür zu öffnen, dass Gott uns die eigene Gegenwart schenkt.

Mit den erleuchteten Augen des Herzens können wir sehen, zu welcher Hoffnung wir berufen sind. Von der Berufung haben wir heute in der Bibelarbeit schon einiges gehört. Ja, jeder und jede von uns ist von Christus selbst zum Glauben berufen. Ja, tatsächlich berufen. Was aber ist Hoffnung? Worauf hoffen Sie? Lassen Sie mich die Predigt ganz kurz unterbrechen und Sie bitten, mit Ihrer Nachbarin, Ihrem Nachbarn zwei Minuten sich auszutauschen. Was hoffen Sie? Was trägt Sie? Wo liegt Ihre Hoffnung? Können Sie das formulieren?

Hoffnung muss unterschieden werden von Optimismus und Erwartung. Erwartung gilt dem Kommenden. Optimismus betrifft einen guten Ausgang. Hoffnung gilt dem noch Ausstehenden. Ohne Hoffnung ist die Welt trost-los im wahrsten Sinne des Wortes!

Meines Erachtens gibt es zwei Formen von Hoffnung. Das eine ist die Hoffnung auf ein besseres Leben, eine bessere Welt hier und in dieser Zeit. Margarete Buber-Neumann schreibt in ihrem Buch „Als Gefangene zwischen Hitler und Stalin“ wie sie auf einem Transport aus einem Gulag in der Sowjetunion im Vieh-

---

4 U. März, Ein Leben ohne Gangschaltung, Frankfurter Rundschau 19.07.2001.

waggon von Hoffnung sprechen. „Wir hofften darauf, frei gelassen zu werden, endlich nicht mehr gefangen zu sein, nicht mehr das Lagerelend erleben zu müssen.“ Da hält der Zug, und alle hoffen auf geöffnete Türen, einen neuen Anfang. Vor den Türen aber stehen SS-Männer. Es geht in das nächste Lager, ein deutsches Konzentrationslager. Frau Buber-Neumann sagt: „Bei einigen, vor allen Dingen den Männern, zerbrach in dem Augenblick die Hoffnung, und sie haben ohne Hoffnung nicht überlebt.“

Hoffnungslosigkeit heißt, keinen Sinn mehr zu finden für das eigene Leben, keine Möglichkeit der Veränderung. An Hoffnungslosigkeit kann ein Mensch sterben. Andererseits kann Hoffnung eine ungeheure Kraft entfalten. Da ist die Mutter im Flüchtlingslager, die alles tut, damit ihre Kinder eine bessere Zukunft haben – Hoffnung auf Gerechtigkeit. Der Arbeitslose, der die 37. Bewerbung schreibt – Hoffnung auf Arbeit. Die Menschen, die ihre Häuser wieder aufbauen in der zerstörten Stadt Grosny, weil sie Hoffnung darauf haben, dass sie dort eines Tages wieder leben können – Hoffnung auf Frieden. Die krebskranke Frau, die eine schlimme Chemotherapie durchmacht – Hoffnung auf Heilung. Der Priester und die Pastorin, die unermüdlich vermitteln zwischen Katholiken und Protestanten in Nordirland – Hoffnung auf Versöhnung. Wie viel Hoffnung in dieser Welt! Und all diese Hoffnung legt Spuren des kommenden Reiches Gottes, in dem Gerechtigkeit und Heil und Frieden mitten unter uns sein werden. Solche Hoffnung kann ungeheure Kraft entfalten, ja sie kann Berge versetzen.

Meines Erachtens ist solche Hoffnung immer gespeist von Glauben und Vertrauen. Das ist nämlich die andere Variante der Hoffnung: Gott begleitet mich, mein Leben ist nicht sinnlos und zwecklos. Nein, mein Leben macht Sinn, weil Gott mich ansieht, weil Gott dieses Leben will. Und wenn meine Pläne scheitern, wenn dieses Leben zu Ende geht und Krankheit, Sterben, Tod anzuschauen sind, dann habe ich Hoffnung darauf, dass Gott meinen Namen geborgen hält über Sterben und Tod hinaus. Diese Hoffnung gibt Lebenskraft und Lebensmut. Wenn die Hoffnung auf eine verbesserliche Welt und die Hoffnung auf Gottes Zukunft zusammenkommen, dann kann Hoffnung weltbewegende Kraft entfalten!

Kommen wir zum letzten Teil des Verses: Mit den erleuchteten Augen des Herzens sollen wir auch erkennen, wie reich die Herrlichkeit von Gottes Erbe für die Heiligen ist. Die Herrlichkeit Gottes erkennen, das verpassen wir tatsächlich viel zu oft. Dabei ist es ja tatsächlich ein Glanz, eine Herrlichkeit, ein Fest, dass Gott sich uns zuwendet. Gottes Sohn zeigt uns, wie jeder Mensch mit Gottes Augen liebevoll angesehen wird. Gott ist tatsächlich gegenwärtig, unter uns, erkennbar. Ein Sozialpsychologe schreibt: „Es gibt ein Bedürfnis nach Wiederverzauberung der Welt“[5]. Davon sprechen wir m.E. in der Kirche viel zu wenig, dass wir die Welt zwar nicht verzaubern wollen, aber dass die Welt nicht nur ein Ort für Kopflastigkeit oder Fernsehen ist, sondern dass in der Welt Gottes Gegenwart erfahrbar wird.

---

5 H. Keupp, Professor für Sozialpsychologie in München.

Da sind gerade wir Protestanten ganz gewiss oft zu nüchtern. Sinnliche Wahrnehmung, Tanz, Meditation, Musik, sie kommen oft zu kurz als Elemente der Verkündigung und der Erfahrung Gottes. Mystik wird eher skeptisch betrachtet. Und dennoch haben wir hier eine große Chance, Gottes Herrlichkeit, die Herrlichkeit dieses Erbes in Jesus Christus wahrzunehmen.

Das gilt für „die Heiligen". Ja, wir sind die Heiligen. Das könnte sich ganz schön arrogant anhören, ich weiß. Aber die Heiligen sind im Verständnis der Evangelischen nichts anderes, als diejenigen, die sich Gott ganz und gar anvertrauen. Die Gemeinschaft der Heiligen entsteht durch die, die sich für Gottes Heil öffnen, für den, der auch Heiland genannt wird. Deshalb sind wir Gemeinschaft der Heiligen.

Wir wollen in diesem Gottesdienst miteinander Abendmahl feiern und werden damit je neu diese Gemeinschaft. Das meint immer eine doppelte Beziehung: die Beziehung zu Gott, die Teilhabe am Heiligen und die Beziehung untereinander, Gemeinschaft der Heiligen. Wenn wir heute an diesem Tisch, diesen Tischen Abendmahl feiern, dann stellen wir uns in diese Gottesbeziehung und gleichzeitig in eine Beziehung zu den Menschen, die in den Jahrhunderten vor uns Abendmahl gefeiert haben und in den Jahrhunderten nach uns Abendmahl feiern werden. In eine zeitliche Beziehung und in eine räumliche Beziehung mit all denen, die weltweit Abendmahl feiern und von der gleichen Hoffnung erfasst sind. Der Hoffnung, dass Gott uns geschaffen hat und sich uns weiter zuwenden will in diesem Leben. Dass Jesus Christus erfahrbar ist und nicht nur hier, sondern dass Gottes Wirklichkeit weit über das hinausgeht, was wir sehen und erkennen können. Es ist eine Hoffnung, die die Welt gestalten will, energisch sich einmischt in diese Welt, die Gottes Welt ist.

Gleichzeitig wissen wir: Niemals wird perfekt sein, was wir tun und gestalten. Die endgültige Erfüllung unserer Hoffnung kommt erst einst mit dem Reich Gottes, wenn Gott mitten unter uns wohnen wird und Leid und Geschrei und Angst und Tod ein Ende haben.

Liebe Gemeinde, ich wünsche uns allen, dass Gott uns erleuchtete Augen des Herzens schenkt, den Ehrenamtlichen, den Hauptamtlichen in unserer Kirche. Dass diese Augen so strahlen, dass die Welt etwas erfährt von der Hoffnung, zu der wir uns berufen fühlen, weil wir etwas wissen von der Herrlichkeit Gottes und uns deshalb zu den Heiligen zählen dürfen. Strahlen Sie bitte, leuchten wir, und tragen wir gemeinsam von diesem Fest etwas hinaus, das uns in der Hoffnung bestärkt hat, in unseren Gemeinden, so mühsam der Weg auch sein mag. Ja, wir sind zur Hoffnung berufen. Das wollen wir weitergeben in eine oft so hoffnungsarme Welt. Amen.

Niedersächsische Medientage
St. Martin-Kirche Nienburg, 07.11.2001

Die niedersächsischen Medientage fanden 2001 zum vierten Mal statt. Sie wollen alle zwei Jahre im Bundesland „Gelegenheit geben, kritisch aktuelle Entwicklungen der Mediengesellschaft zu diskutieren“

- zukunftsweisende Konzepte und Projekte zur Vermittlung von Medienkompetenz vorstellen
- zur Förderung von IT- und Medienberufen beitragen
- ein Forum sein, um einer breiten Öffentlichkeit die vielfältigen Möglichkeiten der kreativen und handlungsorientierten Nutzung von Medien im Bildungs- und Kulturbereich vorzustellen
- exemplarisch das Medienschaffen in Niedersachsen präsentieren.

Die niedersächsischen Medientage bündeln landesweite Aktivitäten ausschnittweise an einem Ort und verknüpfen sie mit Initiativen vor Ort. Sie vernetzen Ideen und Aktionen aus den Bereichen Medienbildung, Medienkultur und Medienpolitik aus dem ganzen Bundesland und leisten damit einen Beitrag zur Aktivierung regionaler Potenziale. Im Konzept der Medientage ist hier die Schnittstelle, an der Kirche sich als Kooperationspartnerin einbringen kann“[6]
Solche Schnittstellen reizen mich immer wieder. Ist es möglich, die Stimme der evangelischen Kirche in so einem säkularen Umfeld hörbar zu machen. Ist das nicht geradezu ein Exempel von Geh- und Kommstruktur zugleich? Noch dazu unter dem Thema der Medientag 2001: „Gender in der Mediengesellschaft“? Hier erwartet von der Kirche doch kaum jemand etwas. Verfestigt sind die Bilder von der frauenfeindlichen Kirche, die das Thema „Gender Mainstreaming“ noch nie gehört hat. Eine gute Gelegenheit also für eine bischöfliche Predigt …
Viele der Anwesenden hatten wenig Kontakt zur Kirche. In dieser Situation war hilfreich, das die Musiker Jazz und Choralbegleitung verknüpfen konnten. Sie haben schon bei mancher Veranstaltung in Niedersachsen so Brücken geschlagen zwischen Kirche und Welt, Theologie und Kontext. Lustig war, dass eine Gottesdienstbesucherin, eine Künstlerin, dem Landessuperintendenten anschließend sagte: „Das war richtig befreiend, gar nicht so viel Schimpfen auf Sünde und so, wie die Kirche das sonst macht“ – Mit Blick auf das Sündenverständnis scheinen so tief sitzende Missverständnisse zu existieren, dass es Hörbarrieren gibt …

> Joh 8,1–11
> *1 Jesus aber ging zum Ölberg. 2 Und frühmorgens kam er wieder in den*
> *Tempel, und alles Volk kam zu ihm, und er setzte sich und lehrte sie. 3*
> *Aber die Schriftgelehrten und Pharisäer brachten eine Frau, beim Ehe-*

---

6 P. Noß-Kolbe in der Erläuterung zum Projekt.

bruch ergriffen, und stellten sie in die Mitte 4 und sprachen zu ihm: Meister, diese Frau ist auf frischer Tat beim Ehebruch ergriffen worden. 5 Mose aber hat uns im Gesetz geboten, solche Frauen zu steinigen. Was sagst du? 6 Das sagten sie aber, ihn zu versuchen, damit sie ihn verklagen könnten. Aber Jesus bückte sich und schrieb mit dem Finger auf die Erde. 7 Als sie nun fortfuhren, ihn zu fragen, richtete er sich auf und sprach zu ihnen: Wer unter euch ohne Sünde ist, der werfe den ersten Stein auf sie. 8 Und er bückte sich wieder und schrieb auf die Erde. 9 Als sie aber das hörten, gingen sie weg, einer nach dem andern, die Ältesten zuerst; und Jesus blieb allein mit der Frau, die in der Mitte stand. 10 Jesus aber richtete sich auf und fragte sie: Wo sind sie, Frau? Hat dich niemand verdammt? 11 Sie antwortete: Niemand, Herr. Und Jesus sprach: So verdamme ich dich auch nicht; geh hin und sündige hinfort nicht mehr.

Liebe Gemeinde,
der Predigttext, der von der Vorbereitungsgruppe für den heutigen Abend ausgesucht wurde, er ist ja eine richtige Medieninszenierung. Nehmen wir an, die Sache würde heute spielen, im Jahre 2001. Das kann ich mir schon vorstellen:

- Sondersendung der ARD: Ehebruch als öffentlicher Skandal.
- Natürlich würde es auch ein Heute Spezial geben: Todesstrafe an Frauen!

Es gäbe aktuelle Bilder. Die Nachbarn würden befragt: „Haben Sie etwas bemerkt?" Herausgezerrt die Kinder, schemenhafte Bilder, bei denen sie versuchen, ihr Gesicht zu bedecken. Der betrogene Ehemann, voller Wut vor der Kamera. Und natürlich Hintergründe, Hintergründe, Hintergründe. Wie viele Ehebrecherinnen gibt es pro Jahr? Zur Rechtslage werden juristische Experten befragt.

- Jürgen Fliege: *Ehebruch, na und?*
- Und eine der Vormittags-Talkshows: *Mehr Lust durch Ehebruch.*
- Der STERN würde vielleicht titeln: *Wir haben die Ehe gebrochen! 72 Frauen bekennen sich öffentlich.*
- Der SPIEGEL würde fragen, wie politisch die ganze Sache eigentlich einzuschätzen ist.
  Und gewiss hätte auch der FOCUS einen Titel.
- Die BUNTE, sie würde wahrscheinlich titeln: *Nur die Liebe zählt!*
- Und irgendwo würde ganz gewiss auch ein Theologe zur Frage zu Wort kommen. Vielleicht bei Frau Christiansen zusammen mit der Bundesfamilienministerin, dem Justizminister eines Bundeslandes zum seriösen Thema: *Wie viel Moral braucht unser Land?*

Stündlich Neues zur Lage auf NDR 2. Ja, so wäre das wohl heute. Kameras, Mikrophone, Leitartikel.
Die arme Frau, denke ich. Wenn ich sie heute vor mir sehe, kann ich einerseits die tiefe Erniedrigung wahrnehmen. Mein persönliches Leben, meine intimste Sphäre wird ans Licht der Öffentlichkeit gezerrt. Erbarmungslos urteilen andere

über mich, ohne mich überhaupt zu kennen. Ich sehe diese Frau, der Gewalt angetan wird. Vor kurzem war in einem Bericht zu sehen, wie völlig verschleierte Frauen, die nicht wissen, wo sie sind, was läuft, da sie nicht sehen können, von Taliban-Milizen in einem Stadion in Kabul erschossen werden. Tausende von Menschen haben Brot und Spiele. Und ein selbsternannter Wächter eines vermeintlichen Gottesstaates setzt einer Frau – tief verschleiert, tief verängstigt, zitternd – eine Pistole ins Genick und drückt ab. Grauen. Gewalt gegen Frauen. Gewalt gegen Frauen im 21. Jahrhundert auf die primitivste Art.
Der Text passt gut zur Frage von Mediengesellschaft und Gewalt, vor allen Dingen Gewalt gegen Frauen. Es ist ein aufrüttelnder Text. Er zeigt eine Frau, die einen Fehler begangen hat. Ganz offensichtlich. Aber wer wüsste nichts von solchen Fehlern im eigenen Leben. Das mag ein Ehebruch sein, die Sehnsucht nach Jahren einer Ehe, etwas Neues zu erfahren, neue Liebe, Zärtlichkeit, Zuwendung wahrzunehmen. Ja, dem kann eine Frau erliegen ebenso wie ein Mann. Da kommen wir zu einer ganz anderen Frage. Wo ist eigentlich der Mann in der Szene? Nicht nur die Frau hat ja die Ehe gebrochen, sondern auch der Mann. Von ihm ist keine Rede. Merkwürdig? Wer hat sich da eigentlich mit wem solidarisiert? Ehebruch ist ja nun nicht eine Sache von einer Person allein. Und das Gesetz verlangte auch für ihn die Todesstrafe. Warum steht er der Frau nicht zur Seite – aus Feigheit? Warum wird er nicht verurteilt – ein Männerbündnis?
Wie mag sie sich gefühlt haben, diese namenlose Frau? Gedemütigt? Die Intimsphäre ans öffentliche Licht gezerrt. Angst und Zittern vor dem grausamen Tod, der ihr da blüht? Vielleicht hat sie auch etwas Verachtung gespürt gegenüber diesen Rechthabern, die wissen, was Gut und Böse ist. Und die doch selbst, wenn sie ihr eigenes Leben anblicken, wissen, dass sie vielmals eine andere Frau begehrt haben. Die vielleicht auch Sehnsucht hatten, etwas anderes zu wagen, einen anderen Lebensentwurf durchzusetzen. Mancher, der sich durch die Konvention hat still kriegen lassen. Duckmäuser, Rechthaber, die Arroganz der Macht.
Und sie haben natürlich große Lust daran, einen wie Jesus vorzuführen. So ein Rabbiner, der meint, er habe einen besonderen Draht zu Gott. Wollen wir doch mal sehen, auf welcher Seite er steht. Wie hält er's denn mit dem Recht und dem Gesetz und dem Gebot Gottes? Kann er tatsächlich sagen, er hat einen besonderen Kontakt zu Gott? Was für eine Anmaßung.
Also stellen sie ihn in dieser Situation zur Rede: „Mose aber hat uns im Gesetz geboten, solche Frauen zu steinigen. Was sagst du?" Hier ist Jesus nun gefragt. In gut evangelischer Manier würde ich sagen: Herausgefordert ist die Verantwortung des Einzelgewissens: Nun urteile du auf der Grundlage deines Glaubens. An Jesus fällt zweierlei auf. Zum einen bleibt er ausgesprochen ruhig. Er lässt sich nicht provozieren, er spürt ja die Provokation. Er richtet sich auf und sagt den vielfach tradierten Satz: *„Wer unter euch ohne Sünde ist, der werfe den ersten Stein auf sie."* Und dann bückt er sich wieder und schreibt auf die Erde. Und er bleibt ruhig, konzentriert.
Was könnte mehr provozieren? Wer unter euch ohne Sünde ist. Wer es wagt, das

eigene Leben schonungslos anzusehen, ganz offen die eigene Geschichte, den eigenen Lebensentwurf wahrzunehmen, weiß, dass da dunkle Seiten sind, Schatten, etwas, was ich anderen nicht mitteile. Keiner und keine ist ohne Sünde. Diese Erkenntnis kann ich schonungslos kaum vor Menschen treffen, das geht nur im Gegenüber zu Gott. Das ist die große Erkenntnis Martin Luthers: Ich kann mich nicht freikaufen von Sünde. Nichts, was ich leiste, kann mich vor Gott rechtfertigen. Ich bin ganz und gar auf Gottes Gnade angewiesen. Es geht darum, ob ich mich Gott anvertrauen kann. Nichts anderes ist Glaube.

Und: Jesus provoziert durch Wahrheit. All die Rechthaber, die Hüter des Gesetzes, die selbst ernannten Tugendwächter, sie leben von Fassaden, hinter denen sie sich verstecken. Was Jesus sagt, reißt die Fassaden herunter. Wenn ich Gott gegenüberstehe, dann geht es unter vier Augen um die Wahrheit: So sieht mein Leben aus. Da stehe ich. Das ist ein Wagnis.

Ja, die Demütigung dreht sich nun um: Als sie das hörten, gingen sie weg. Einer nach dem anderen. Jesus bleibt jetzt allein mit der Frau, und er sagt: „Ich verdamme dich nicht." Er verurteilt nicht, weil er weiß, dass Menschen fehlbar sind. Ja, jeder Mensch ist fehlbar. Keiner von uns ist perfekt. Die Sünde sind aber nicht unsere kleinen Fehler, wie es so gern hochgezogen wird in der Presse. Der sündige Minister, der Fehltritt der Schauspielerin, die reißerische Story ... Nein, Sünde ist etwas ganz anderes. Da geht es darum, dass ich meine, mein Leben selbst zu definieren: Ich weiß, was Gut und Böse ist. Ich bin der Macher, die Macherin. Sünde ist, dass ich denke, ich verdanke mich mir selbst und meiner Leistung. Sie ist Gottesferne, nahezu flächendeckend erkennbar heute. Wer sich ganz und gar Gott anvertraut mit allen Fehlern, Schwächen, wer sich schonungslos anschauen kann, der kann immer wieder frei werden von Sünde. Der weiß, ich mache Fehler, ich habe Schwächen, ich bin nicht perfekt, und trotzdem sieht Gott mich an und sagt: Dein Leben hat Sinn.

Das ist eine befreiende Geschichte. Sie befreit vom Urteil anderer. Sie sagt: du hast Verantwortung für dein Leben und kannst Gott dein Leben anvertrauen mit allen Fehlern und Schwächen, auch da wo du scheiterst. Du hast Freiheit zum Handeln, weil es von Gott her immer wieder Vergebung und Neuanfang gibt. Eine befreiende Geschichte.

Und es ist eine realistische Geschichte. Sie zeugt von der Gewalt gegen Frauen, die bis heute alltäglich bleibt: Vergewaltigung, Mord, Erniedrigung, Demütigung. Das ist Realität geblieben seit den Zeiten Jesu. Und auch wenn Jesus ein eindeutiges Zeugnis dafür gegeben hat, dass Frauen ebenso viel wert sind vor Gott wie Männer, so hat doch seine Kirche allzu oft versagt. Denken wir nur an die Hexenverfolgung. Oder ganz banal an den Pastor, der der vor dem schlagenden Mann ins Frauenhaus geflohenen Frau erklärt, es sei Gottes Wille, dass sie zu ihrem Angetrauten zurück muss. Deshalb bin ich dankbar, dass wir im Rahmen der ökumenischen Dekade „Gewalt überwinden" dieses Thema aufgreifen und unsere Männerarbeit eine Initiative „Wir sind's Leid – Männer gegen Männergewalt" ins Leben gerufen hat.

Gegen die Realität der Gewalt werden das Zeugnis Jesu und die Vision des Reiches Gottes immer antreten. Sie zeichnen eine Zukunft, in der die Tränen abgewischt werden und der Tod nicht sein wird. In der Männer und Frauen und Kinder gewaltfrei miteinander leben. In der Gott mitten unter uns ist und die Sehnsucht nach dem Fest der freien Menschen Raum greift. Eine Zukunft, in der nicht einer die andere verurteilt, beurteilt, weiß, was Recht ist, sondern in der Menschen ein Fest miteinander feiern, das Fest des Lebens. Wäre das ein Medienereignis? Das könnten wir berichten!
Ja, unser Leben sei ein Fest. Amen.

Terrorangriff in New York
Abendandacht in der Marktkirche, 11.09.2001

Es gibt Tage, an die sich wohl jeder erinnert. Beispielsweise: Wo warst du am Tag des Mauerfalls? Ähnlich ist es mit dem 11. September 2001. Auf der Rückfahrt von einer Tagung in Berlin hörte ich erste Nachrichten. Das Ausmaß der Katastrophe wurde mir erst deutlich, als ich in der Kanzlei ankam. Was tun? Als schließlich ab 17 Uhr immer wieder Anfragen kamen: Macht die Kirche was? bzw. Machen wir was?, habe ich mich entschlossen, für 21 Uhr einen Gottesdienst in der Marktkirche anzusetzen. Der Kirchenvorstandsvorsitzende informierte den Küster, meine Referentin den Organisten, ein Kollege den NDR, der im 1. Programm die Nachricht weitergab. Gleichzeitig schickten wir ein Fax an alle Superintendenturen mit der Bitte um Weiterleitung an Pastorinnen und Pastoren, in dem ermutigt wurde, die Kirchen zu öffnen und Andachten abzuhalten. Mich hat beeindruckt, wie die Informationskette ohne vorherige Organisation wie am Schnürchen lief, viele sich von selbst in der Kanzlei meldeten. Die Marktkirche war mit fast 1000 Menschen besetzt, Menschen, die es allein vor dem Fernseher nicht mehr aushielten. Jemand hatte fast 1000 Teelichter besorgt, die die Teilnehmenden schweigend bei Orgelmusik anzünden konnten. Eine dichte, bedrückte Atmosphäre und doch auch eine dankbare für die Gemeinschaft, die möglich war. Bei den 30 Minuten, die mir zur Vorbereitung blieben, war ich über zweierlei froh: Zum einen sind die Worte der Bibel tragend. Sie kennen Angst, Gefahr, Zorn und haben schon über Jahrtausende hinweg Klage und Trauer vor Gott gebracht. Zum anderen: Die Struktur einer Andacht ist klar, da muss nicht lange überlegt werden: Kyrie, Psalm, Gesang, Ansprache, Gebet, Bitte um Segen. Jemand erzählte mir, eine Politikerin habe gesagt, sie habe nur die Glocken gehört und gedacht: „Die Käßmann macht was, da geh' ich hin." Das war offensichtlich vielerorts so: Die Glocken haben geläutet, und die Menschen sind gekommen. Da hat sich offensichtlich auch im Bewusstsein der Kirchengemeinden etwas geändert: Die Gotteshäuser öffnen für die Menschen. Auch beim Massaker im so säkularisierten Erfurt und beim Beginn des Irak-Kriegs hat sich das ja als wichtig erwiesen.

Liebe Gemeinde,
was uns heute Abend hier zusammenführt ist Trauer, Mitgefühl und Angst. Es ist gut, dass wir Kirchen haben, Gotteshäuser, in denen wir mit diesen Gefühlen zusammenkommen können, wenn uns der Kummer nicht mehr allein zu Hause vor den Bildschirmen hält. Hier können wir Gemeinschaft finden, unsere Sorgen Gott anvertrauen.
Die Anschläge in den USA sind ein Zeichen entsetzlich grausamer Gewalt, ein unglaublicher Akt terroristischer Brutalität. Egal wie groß der Hass, egal wie tief

der Konflikt – so weit darf ein Mensch nicht gehen, solche Taten sind durch nichts, aber auch gar nichts zu rechtfertigen.
Wir haben heute Abend noch keine exakten Zahlen, Daten, Fakten. Wir kennen nur Vermutungen, Schätzungen und Bilder. Die Bilder aber erschüttern uns. Allein die Tatsache, dass vier Passagierflugzeuge gekidnappt wurden! Denken wir an die Angst der Menschen. Sie werden mit voller Wucht gegen ein Gebäude geflogen. Jeder von uns kann sich die Panik vorstellen …
Denken wir an die Menschen im World Trade Center, im Pentagon. Sie sind an einem Dienstagmorgen zur Arbeit gekommen, ein normaler Tag in ihrem Leben. Und dann. Es wird brutal zerstört. Wie viel Angst muss ein Mensch haben, um aus dem 80. Stock eines Hochhauses zu springen. Wie viele sind verbrannt? Wie viele wurden erschlagen von den herabstürzenden Trümmern? Wie viele Helferinnen und Helfer haben ihr Leben gelassen.
Wir werden die vielen Einzelschicksale kaum kennen. Aber wir können beten heute Abend für die vielen Menschen, die mitten im Alltag ermordet wurden, schwer verletzt sind, Angst haben und um Angehörige bangen.
Viele von uns haben Sorge um den Frieden in der Welt. Ich hoffe, die Vernunft wird eine weitere Eskalation verhindern. Die politischen Mächte dieser Welt sind jetzt gefordert, im Frieden einen Weg zu finden und nicht übereilt die Waffen sprechen zu lassen. So etwas hat es noch nicht gegeben. Einige wenige Menschen terrorisieren die Welt. Und die Welt hat Angst. Es heißt in den Kommentaren, eine neue Geschichte beginnt. Aber welche Geschichte soll das sein? Eine, in der wir endlich in den Völkern der Welt entschlossen für Frieden und Gerechtigkeit eintreten? Oder eine, in der wir die Macht des Stärkeren endgültig sprechen lassen, die Opfer von Ungerechtigkeit nicht hören, die Spirale der Gewalt immer schneller sich drehen lassen?
Es beschämt mich zu sehen, wie andere Menschen so voller Hass sind, dass sie sich über das Leid anderer zu freuen scheinen. Was muss in Menschen vor sich gehen, die ein Flugzeug kidnappen und anderen so viel Leid zufügen? Wie wollen wir dem Terrorismus Einhalt gebieten? Wie zum Frieden in der Welt beitragen?
Die christlichen Kirchen rufen auf zum Frieden. Das Evangelium ruft uns auf, Gleiches nicht mit Gleichem zu vergelten und für die Überwindung der Gewalt in der Welt entschieden einzutreten. Wer soll denn für diesen Anschlag büßen? Liegt nicht Kraft und Stärke darin, die Spirale der Gewalt zu durchbrechen? Die zweite Meile mitzugehen? Nicht vorschnell zu verurteilen?
Als Christinnen und Christen wissen wir um Leid und Tod. Nein, nicht Gott lässt da Marionetten tanzen und hat womöglich dieses Leiden gewollt. Nein, wir sind frei, Verantwortung zu übernehmen für das, was wir tun. Aber wir wissen, wo wir leiden und Angst haben, können wir uns Gott anvertrauen, weil Gott ja selbst Leiden kennt und auch den Tod.
Mich tröstet die Verheißung der Offenbarung des Johannes:

Apk 21,4

... Gott wird abwischen alle Tränen von ihren Augen, und der Tod wird nicht mehr sein, noch Leid noch Geschrei noch Schmerz wird mehr sein ...

Nein, noch nicht heute, aber eines Tages in Gottes Reich. Bis dahin werden wir alles tun, was in unserer Macht steht, Spuren des Reiches Gottes zu legen. Und wir vertrauen uns Gott an.

Wir beten zu Gott,

- dass er den Mächtigen der Welt Weisheit gebe.
- Dass er uns ermutigt, zum Frieden zu mahnen.
- Dass er uns hilft, Hass zu überwinden.
- Dass er die Täter einer gerechten Strafe zuführt.
- Dass er den Opfern beisteht.
- Dass er uns beistehe in unserer Sorge, unserem Kummer unserer Angst.
- Dass er die Christinnen und Christen in der Welt zu Werkzeugen seines Friedens mache.

Christus ist unser Friede. Amen.

„Am Tag danach“ – Gottesdienst zur Eröffnung der Sitzungsperiode des niedersächsischen Landtags
Marktkirche Hannover, 12.09.2001

Am Abend des 11. September rief auch der Landtagspräsident Dr. Rolf Wernstedt in der Kanzlei an. Die Eröffnung der Sitzungsperiode des Landtags am 12.09. fange zwar traditionell mit einer Andacht an, aber angesichts der Situation sei doch ein Gottesdienst besser. Wir besprachen, dass es in diesem Fall richtig wäre, einen Gottesdienst ökumenisch zu gestalten, so dass ich Bischof Dr. Josef Homeyer bat, teilzunehmen. Wir hielten beide eine kurze Ansprache. Ohne die Möglichkeit großer vorheriger Abstimmung ergänzten sich beide Ansprachen gut. Wahrscheinlich hat hierzu auch die intensive Zusammenarbeit im Christuspavillon während der fünf Monate der Weltausstellung beigetragen, die eine gewisse Vertrautheit im gemeinsamen „Auftreten“ mit sich gebracht hatte.
Auffallend war, dass neben den vollständig versammelten Landtagsabgeordneten viele Schülerinnen und Schüler in die vollbesetzte Marktkirche kamen, viele mit Kerzen und Rosen. So gaben wir im Anschluss Gelegenheit, diese Kerzen und Rosen auf die Altarstufen zu bringen. Rituale entwickeln sich offensichtlich je neu und selbstständig. Die lange in der evangelischen Kirche nicht vorhandene „Kerzenkultur“ ist inzwischen selbstverständlich geworden, die Rosen sind wohl Folge der medienwirksamen „Dianatrauer“. Beides lässt sich m.E. gut integrieren, wie die Liturgie immer wieder Elemente der Volksfrömmigkeit aufgenommen hat.
Kritik wurde mir aus zweiter Hand zu der Passage über Gottes Werk und Menschenwerk zugetragen. Hat der Mensch nicht „einen unfreien ‚Willen‘“? Um dieses nicht einfach stehen zu lassen, sondern theologisch zu untermauern, habe ich in meinem Bischofsbericht im November 2001 eine längere Passage diesem Thema gewidmet, die der Predigt angefügt ist.

Predigt

Liebe Gemeinde,
gestern Abend sind wir mit Bildern sinnloser Zerstörung zu Bett gegangen, heute Morgen mit diesen Bildern aufgewacht. Gestern Abend haben wir hier in der Kirche schweigend und singend Lichter angezündet und so unserer Klage und Trauer, unserer Fürbitte und Sprachlosigkeit Raum gegeben. Heute Morgen ist

nun die Unruhe groß: Was wird passieren? Wie sieht die Vergeltung aus, die nun allerseits angekündigt wird? Könnte es Krieg geben?
Im Neuen Testament, im Hebräerbrief steht geschrieben:

> Hebr 10,35f
> *35 Darum werft euer Vertrauen nicht weg, welches eine große Belohnung hat. 36 Geduld aber habt ihr nötig, damit ihr den Willen Gottes tut und das Verheißene empfangt.*

Werft euer Vertrauen nicht weg. Liebe Gemeinde, mir scheint das ein gutes Geleitwort für diesen 12. September 2001, auch für die Abgeordneten des Landtages, die versammelt sind. Ja, wir haben Geduld nötig, damit wir nach Gottes Willen fragen. Damit es keine überstürzten Reaktionen gibt, keine übereilten Beschlüsse.
Ich denke, zuallererst müssen wir der Trauer, dem Mitleid und auch der Fassungslosigkeit Raum geben. Wie können Menschen anderen so etwas antun? Wer gesehen hat, mit welcher Entschlossenheit und Präzision jenes Flugzeug auf den Turm des World Trade Center gesteuert wurde, hat gesehen, wie viel Bosheit, Hass, kriminelle Energie dort zusammenkamen. Wie lange wurde geplant, Menschen so zu ermorden? Wie böse im wahrsten Sinne des Wortes muss ein Mensch sein, wie verirrt, um so eine Tat auszuführen? Und: Was treibt andere an, dieses Morden zu feiern? Das lässt uns fassungslos zurück.
Hinzu kommt das Mitleid, das Mit-leiden. Die Menschen in vier entführten Maschinen, sie müssen vor Angst erstarrt sein. Wie groß muss die Panik der Menschen gewesen sein, die sich aus dem 80. oder 90. Stockwerk in den Tod stürzten? Wir wissen inzwischen, dass unter den Hilfskräften mehr als 200 Feuerwehrleute und 80 Polizeibeamte ihr Leben gelassen haben.
Ich weiß, liebe Gemeinde, da stellt sich die Frage: Wie kann Gott das zulassen. Großer Gott, wie kannst du das zulassen? Warum? Da ist der Glaube erschüttert und das Vertrauen. Aber, liebe Gemeinde, das Grauen, das wir sehen, ist nicht Gottes Werk, nein, das können wir Gott nicht in die Schuhe schieben. Das ist Menschenwerk. Der Mensch hat das Potential zum Guten wie zum Bösen, zum Frieden wie zur Gewalt. Gott hat den Menschen frei geschaffen, in Verantwortung das eigene Leben zu führen. Als Christinnen und Christen glauben wir, dass wir Gott gegenüber rechenschaftspflichtig sind.
Und wir dürfen glauben, dass Gott bei den Opfern ist. Gott steht an der Seite der Menschen, die leiden. Weil Gott selbst gelitten hat, weil Jesus am Kreuz gestorben ist, gerade deshalb können wir uns auch in Angst und Leiden Gott anvertrauen. Und wir können beten, dass Gott diejenigen begleitet, die leiden, die sterben, ja dass Gott sie hält auch in der Stunde der Angst, sie hält über den Tod hinaus.
Werft euer Vertrauen nicht weg – Geduld habt ihr nötig. Wir beten heute auch, dass die Mächtigen dieser Welt nicht vorschnell handeln. Wir beten für Frieden,

wir hoffen auf Vernunft. Gewiss müssen die Täter gefunden und bestraft werden. Aber sie dürfen nicht neue Nahrung bekommen durch zusätzliche unschuldige Opfer. Da ist manche Mutter, mancher Vater im Nahen Ostern, die ebenso unschuldig sind wie die Menschen im World Trade Center und die Angst haben.
Gestern Abend haben viele Menschen hier in der Kirche Tränen in den Augen gehabt. Ältere, weil sie sich an Krieg erinnern. Jüngere, weil sie Angst vor der Zerstörung ihres Lebens durch Krieg haben. Andere, weil sie erschüttert sind über solche Brutalität mitten im Alltag, die das Zentrum, ja Symbol der freien Welt getroffen hat. Viele Menschen haben Angst. „Großer Gott steh' uns bei" titelt die Bildzeitung heute. Ich will Ihnen sagen: Gott steht uns bei. Gottes Zusage gilt, in guten wie in schlechten Tagen bei uns zu sein. Zu Gott können wir kommen mit unserer Angst.
Christinnen und Christen haben zum Frieden zu rufen und nicht zum Krieg, zur Gewaltüberwindung und nicht zur Gewalt. Wir müssen uns fragen, wie die Spirale der Gewalt überwunden werden kann. Wie, liebe Landtagsabgeordnete, dem Terrorismus Einhalt zu gebieten ist. Da ist entschlossenes demokratisches Handeln notwendig. Wir sind froh und dankbar, in einem Rechtsstaat, einer Demokratie zu leben. Einer Demokratie, die sogar noch den Tätern Menschenwürde zugesteht, die diese anderen absprechen. Das sind hohe Werte, die sich für Christinnen und Christen aus der Gottebenbildlichkeit jedes Menschen ableiten, säkular in unserer Verfassung verankert sind in dem Satz „Die Würde des Menschen ist unantastbar". Wir bitten heute Sie, so weit das auf Landesebene möglich ist, für diese Demokratie entschlossen einzutreten und denen, die sie erschüttern wollen, keinen Raum zu geben.
Die Ereignisse von gestern machen deutlich, dass es absolute Sicherheit nicht gibt. Wir können noch so viele Kontrollen, noch so große Sicherheitsmaßnahmen durchführen – der Mensch, auch die Freiheit, sie bleiben verwundbar und verletzbar. Das aber entbindet uns nicht davon, den Menschen Friedensfähigkeit zuzutrauen und entschieden für die Freiheit einzutreten.
Werft euer Vertrauen nicht weg. Liebe Gemeinde, Glaube heißt ja Vertrauen. Lassen wir uns den Glauben nicht nehmen, dass Gott bei uns ist wie bei denen in den USA, die um Überlebende oder ums Überleben kämpfen. Lassen wir uns das Vertrauen nicht nehmen, dass der Mensch zum Guten fähig ist, dass wir Gewalt und Hass überwinden können. Endgültig wird das erst nach unserer Zeit und Welt so sein, wenn, wie die Bibel sagt, Gott mitten unter uns wohnt. Aber schon heute können wir Zeichen dafür setzen und sehen. Wir können uns Gott anvertrauen und für einander beten. Ich bin überzeugt, dass die Kraft des Gebetes Hass überwinden kann und diejenigen stärkt, die leiden, trauern, Trost suchen. Auch in dieser Situation der Unruhe und Angst: Wagen wir Vertrauen. Amen.

Auszug aus dem Bericht der Landesbischöfin vor der Landessynode im November 2001

Wie kann Gott das zulassen? Diese Frage wurde mit Blick auf den 11. September immer wieder gestellt.[7] Wo war Gott? Ist Gott denn nicht allmächtig? Nein, diese Frage ist gewiss nicht neu! Mit Blick auf das Erdbeben von Lissabon 1755 beispielsweise wurde auf für die Neuzeit entscheidende Weise die Frage nach Gottes Allmacht und dem Leiden der Menschen gestellt. Und seitdem immer wieder: Auschwitz, Gulag, Vietnam, Hunger und Krieg – wie kann Gott das zulassen?

Mir liegt immer wieder daran, von der Bibel her zu argumentieren. Denn die philosophische Frage ist in einer Aporie gefangen und lässt sich mit Logik nicht lösen. Die Bibel aber weiß, dass die Welt aus Gottes Hand und in Gottes Hand ist. Sie versteht erfahrenes Leid und widerfahrenes Böses nicht automatisch als Strafe Gottes, sondern ringt um die Antwort. Das wird deutlich in der Auseinandersetzung um den so genannten „Tun-Ergehens-Zusammenhang", der Leid und Böses als Strafe Gottes für menschliche Sünde begreift. Menschen versuchten, sich so das Geschehen in dieser Welt zu erklären, deuteten ihre Erfahrungen mit Gott. Dieser Zusammenhang wird aber bereits bei Hiob und insbesondere beim Propheten Jona in Frage gestellt. So zeigt die Hiob-Erzählung die Grenzen dieses Erklärungsmusters deutlich auf: Hiob, der Gerechte, muss leiden und die traditionellen Antworten Hiobs tragen nicht, angesichts der Tatsache, dass Hiob nicht gesündigt hat und sich von daher sein Unglück nicht erklären kann. Er versucht, sich in Gott hineinzudenken, auch wenn es allen bisherigen Interpretationsversuchen widerspricht. Die Antwort Gottes an Hiob ist der Verweis auf die eigene Schöpfermacht, ohne dass dabei das Leiden erklärt wird. Die Botschaft an Hiob ist, dass auch das Leiden in den Glauben an Gott hineingenommen werden kann.

Im Jona-Buch kommt es dann zu einer Abkehr vom Tun-Ergehens-Zusammenhang: Ninive wird nicht zerstört, obwohl die Stadt es aufgrund ihrer Boshaftigkeit verdient hätte. Vielmehr erhält Ninive eine Chance zur Umkehr durch das Auftreten Jonas. Gottes Zorn über Ninive wird von seiner Reue (*niham*) überwunden. Gott straft nicht, sondern erweist sich als barmherzig, gütig. So zeigt sich bereits im Alten Testament, dass die philosophische Rede von der Unveränderlichkeit Gottes biblisch nicht zu halten ist: Gott hat eine Geschichte mit den Menschen, denen er sich immer wieder neu zuwendet, die er nicht loslässt. Immer wieder wird dabei die Barmherzigkeit und Geduld Gottes mit den Menschen sichtbar. Das Motiv der Strafe tritt im Gesamtzeugnis des Alten Testamentes in den Hintergrund.

Und Jesus Christus weist eine Deutung von Leid und Bösem als Strafe deutlich zurück (z.B. Lk 13,1–5). In ihm offenbart sich Gott ein für alle Mal als ein liebender Gott, der die menschliche Sünde als Getrenntsein von Gott überwindet, indem er selbst in Jesus Christus bedingungslos Menschen neue Gemeinschaft

---

7 Vgl. H. Hirschler, Wo war Gott am 11. September?, in: Zeitzeichen 11/01, 14–17.

eröffnet. Er tut dies allein mit der Macht der Liebe unter Verzicht auf alle menschliche Macht und Gewalt. Gott hält in Jesus Christus, aber auch in der Person des Vaters, die Liebe als den einzigen Weg bis ans Kreuz und in den Tod durch und ist damit ein in Liebe auch ohnmächtiger Gott.

Die Geschichte Gottes in Jesus Christus fordert uns dazu heraus, die Allmacht und die Ohnmacht Gottes zusammen zu denken. Verstehen wir den Tod Christi als von Gott gewollt und heilsnotwendig (Anselm von Canterbury)? Gott muss doch seinen Sohn nicht opfern, um den eigenen Zorn auf die Menschheit zu „stillen"! Das ist eine spannende Debatte. Kreuz und der Tod Christi bringen die Spannung von Allmacht und Ohnmacht in unser Verständnis von Gott. Gott der Vater, den Jesus „Abba" genannt hat, leidet am Kreuz mit Gott dem Sohn um der Liebe willen. Dietrich Bonhoeffer schreibt: „Gott läßt sich aus der Welt hinaus drängen ans Kreuz, Gott ist ohnmächtig und schwach in der Welt, und nur so ist er bei uns und hilft uns."[8] Gott ist bei den Leidenden, bei denen also auch, die als Passagiere in jenen Flugzeugen saßen, bei den Menschen, die in Panik von den Hochhäusern gesprungen sind, bei den Kindern, die in Afghanistan Bombenopfer werden, bei den Soldaten, die verwundet und getötet werden – das macht das Kreuz ganz deutlich. Und die Auferstehung sagt: Gott will das Leiden in dieser Welt überwinden mit der Macht der Liebe allein. Die Liebe ist stärker als der Tod! Von dieser Verheißung auf Gottes neue Welt leben wir. Damit stehen wir in dieser Schöpfung nach Kreuz und Auferstehung in der paulinischen Spannung von „schon jetzt" und „noch nicht".

Diesem so offenbar gewordenen Gott dürfen wir vertrauen, an ihn glauben und uns ihm in aller Anfechtung und allem Zweifel anvertrauen. Dies hat Jesus Christus verkündigt, dafür hat er gelebt und ist er gestorben, und darin ist er in der Auferstehung ins Recht gesetzt worden. An diesen Gott halten wir uns. Unser Glaube ermöglicht uns, die Spannung mit Blick auf Gottes Allmacht und die Frage nach dem Leiden auszuhalten.

In Bezug auf die Terroranschläge vom 11. September heißt dies für mich: Gott lässt das Leiden geschehen, aber keinesfalls befördert Gott es aktiv. Gott selbst ist bei den Leidenden, und Gott will das Leiden überwinden. Gott hat sich für den Weg der Liebe und Versöhnung in dieser Welt entschieden, er will Leben bewahren und nicht vernichten. Da handelt Gott, und nur da handeln Menschen im Namen Gottes.

Nein, Gott wollte diese Zerstörung nicht, sondern Menschen haben das Böse gewählt. Der 11. September gibt Anlass, neu über das Böse nachzudenken. In meiner Ansprache vom 12. September habe ich das Ereignis vom Bösen her benannt, was manche irritiert hat. Aber es gibt doch definitiv das Böse!

Nur: Warum gibt der Mensch ihm in seinem Leben Raum? Wieso verweigert er sich der Gemeinschaft mit Gott? Warum kommt es folglich zum Bösen in der

---

8 D. Bonhoeffer, Widerstand und Ergebung Briefe und Aufzeichnungen aus der Haft, Gütersloh 1994, Brief vom 16.7.44.

Welt? Das Böse ist nicht gewollt und nicht gesollt, mit Karl Barth gesprochen: das Böse ist die „unmögliche Möglichkeit", es bekommt durch den Menschen erst Raum und Macht in der Welt. Biblisch kommt das Böse daher, dass die Menschen mit ihren Begrenzungen, gerade der Begrenzung, nicht zu sein wie Gott, doch selbst Schöpfer sein wollen. So hat das Böse seinen Ort in der Verantwortung des Menschen. Hier ist es angemessen, von Sünde zu sprechen. Sie wurzelt in der Ablehnung Gottes, im Getrenntsein von Gott, und gibt dem Bösen in der Welt Raum.

Der Mensch ist bleibend bestimmt und berufen zu Gottes Ebenbild. Die Geschichte vom Sündenfall will erzählen, dass Menschen ihre von Gott gegebene Freiheit missbrauchen, die Gemeinschaft mit Gott gemäß den Geboten nicht ertragen. Es gibt viele Möglichkeiten zur Entfaltung von Leben, und es gibt die Begrenzungen von Leben, Krankheit, Leiden und Tod. Es gibt die Erfahrungen von Gottes Macht und die Erfahrungen von Gottes Ohnmacht in der Liebe – wir erfahren Gott dann als abwesend, verborgen. Aber der Gott, den uns Jesus Christus gezeigt hat, ist nicht so. Gott ist gerade im Leiden, im Tod bei uns. Dies ist die Bedeutung des Kreuzes für uns. In der Erfahrung des „deus absconditus" – des verborgenen Gottes – können wir uns nur zum „deus revelatus" – dem Gott, der sich offenbart hat – „flüchten" und darauf vertrauen, dass Gott alles Leiden und allen Tod überwinden will hier und jetzt und für immer und ewig. Dies ist die Bedeutung der Auferstehung für uns.

Martin Luther hat an der Rede vom Verborgensein Gottes immer festgehalten, um diese Erfahrung des Fremdwerdens Gottes zur Sprache zu bringen und um an dem Glauben festzuhalten, dass alles in Gottes Hand ist. Aber Luther warnt gerade davor, den „deus absconditus" ergründen und deuten und sich so Gottes bemächtigen zu wollen. Wo wir vom Willen Gottes sprechen, sollen wir uns an den Willen des Vaters halten, so wie ihn uns Jesus Christus offenbart hat.

In „De servo arbitrio" (Vom unfreien Willen) versucht Luther, die Freiheit des Menschen und die Rechtfertigung allein aus Gnade zusammen zu denken. Es geht ihm darum, deutlich zu machen, dass der Mensch nichts zu seinem Heil und Glauben beitragen kann. Gott allein wirkt den Glauben, macht den Menschen heil und wirklich frei. Das „Ja" zum Glauben ist Geschenk Gottes. Das ist das eine. Und das andere: Der Mensch steht unter der Macht der Sünde und ist zugleich dafür verantwortlich, dass er dieser ihn bestimmenden Macht in seinem Leben Raum gibt. Es ist der Mensch, der sich dem Glauben, dem „Ja" Gottes verweigert. Dies ist für Luther Ausdruck von Unfreiheit. Der Wille des sündigen Menschen ist ein unfreier, denn im Gegenüber zu Gott wird der Mensch erst wirklich frei. Von daher ist der Mensch entweder von Gott bestimmt und damit frei, oder er ist sündiger Mensch und darin unfrei.

Für Luther bedeutet das Stehen unter der Macht der Sünde, vom Teufel „geritten" zu sein – von daher sein Bild vom „Reittier", das jedoch insofern „schief" ist, als auch für Luther der Mensch mitverantwortlich ist, sich vom Teufel „reiten" zu lassen. Mit Luther ist festzuhalten: Gott lässt es zu, dass sich Menschen ihm ver-

weigern. Die wirkliche Freiheit, den Glauben, das Heil, kann der Mensch nicht aus sich heraus schaffen, die ist allein Gottes Handeln am Menschen. So wenig der Mensch zu seinem Heil tun kann, ist er doch für seine Taten verantwortlich.
Es bleibt also beim Nachdenken, bei Auseinandersetzungen um die Frage der Allmacht Gottes und nach dem Zulassen des Leidens. Nein, bessere Antworten als Generationen vor uns haben wir nicht. Und mir liegt daran, dass wir nicht versuchen, exakte, philosophische oder logische Antworten zu finden, sondern den Mut haben, uns Gott anzuvertrauen, im Wissen darum, dass Gott Leben will und nicht Tod. Mir geht es um das Vertrauen Jesu: „Vater, ich befehle meinen Geist in deine Hände“ (Lk 23,46).

Senfkornglaube – inmitten von Konflikten Evangelische Gemeinde Dublin, 30.09.2001

Die kleine deutsche Gemeinde in Dublin hatte mich eingeladen zu einem Vortrag und einer Predigt. Aus Interesse habe ich zugesagt, obwohl solche Einladungen eigentlich „aus der Reihe tanzen“. Meine persönliche Referentin und ich haben versucht, bei der Fülle der Anfragen zwei Prinzipien für die Entscheidung anzuführen: „musst und Lust“. „Musst“ bedeutet, die Anfrage entspricht den Kriterien: eigene Landeskirche, Jubiläum über 300 Jahre, Region, in der ich in letzter Zeit nicht war, Sonntag ist noch frei. „Lust“ bedeutet: entspricht keinem Kriterium, würde ich aber trotzdem gerne tun, falls zeitlich machbar. Von letzterem gibt es nicht allzu viel, aber Dublin war so ein Fall.
Zunächst ist die Gemeinde selbst interessant, die in Belfast und Dublin als *eine* Gemeinde existiert, der Pastor ist für beide zuständig. Anlass war das 40-jährige Kirchweihjubiläum von St. Finian's, der einzigen lutherischen Kirche auf der irischen Insel. Der derzeitige Pastor Fritz-Gert Meyer wünschte sich einen Gottesdienst „um das Reformationsfest 2001“ – terminlich war nicht näher als der 30. September zu kommen – und einen Vortrag an der Irish School of Ecumenics. Die Evangelisch-Lutherische Kirche in Irland ist ein kleines Pflänzchen, das aus dort „gestrandeten“ Deutschen, Interessierten, Zugezogenen besteht. Eine kleine, aber selbstbewusste Gemeinde in zwei Städten, die für eine Zerreißprobe stehen.

Liebe Gemeinde,
wie groß ist Ihr Glaube? Stellen Sie sich vor, ich wäre Journalistin, käme mit dem Mikrofon jetzt zu Ihnen, ja oder zu Ihnen, und frage: Wie groß ist Ihr Glaube?

Wie würden Sie ihn beschreiben?

> Mein Glaube ist stark, schon durch einige Höhen und Tiefen im Leben gegangen, er hat sich bewährt!

Oder vielleicht eher so:

> Da ist wenig übrig geblieben von meinem Glauben. Ich lebe eher im Zweifel.

Oder so:

> Der Glaube begeistert mich, er trägt mich täglich, ohne Glauben würde ich dieses Leben gar nicht aushalten.

Wie groß ist Ihr Glaube? – So groß wie ein Berg. Zart wie eine kleine Pflanze. Lebendig wie die Liebe ...

Im Predigtext für den vergangenen Sonntag bei Lukas im 17. Kapitel bitten die Apostel um Glauben. Es heißt dort:

> Lk 17,5f
> *5 Und die Apostel sprachen zu dem Herrn: Stärke uns den Glauben! 6 Der Herr aber sprach: Wenn ihr Glauben hättet so groß wie ein Senfkorn, dann könntet ihr zu diesem Maulbeerbaum sagen: Reiß dich aus und versetze dich ins Meer!, und er würde euch gehorchen.*

Tja, so groß wie ein Senfkorn. Das passt doch gut zum Erntedanktag heute. Senfkörner kennen Sie wahrscheinlich noch. Wir sehen sie manchmal in einem Gurkenglas – aber wer legt heute schon noch selbst Gurken ein. Ab und zu begegnet uns eine Salamischeibe, die noch ein Senfkorn enthält. Ein kleines kaum sichtbares gelb-braunes Körnchen. Ja, klitzeklein, kaum zu sehen, und wer will, dass daraus etwas wächst, muss schon eine Handvoll aussäen. So klein kann Glaube sein, der Berge versetzt oder Maulbeerbäume verpflanzt? Jesus macht mit dem Gleichnis m.E. zweierlei. Zum einen ermutigt er: Egal, wie klein euer Glaube, er ist nicht zu kümmerlich, um etwas zu bewegen. Wir müssen nicht auf unseren kleinen Glauben, auf unsere Zweifel, auf unsere Kleingläubigkeit schauen. Nein, auch kleiner Glaube kann Großes bewirken. Das tröstet so manchen Konfirmanden, der nicht genau weiß, ob der Glaube denn reicht zum eigenen Bekenntnis. Das tröstet vielleicht auch manchen Pastor, der sich leer gepredigt fühlt. Und das kann manches Gemeindeglied trösten, das gar nicht weiß, ob es eigentlich selbst noch glaubt.
Zum anderen zeichnet Jesus natürlich wieder diese Kontrastgesellschaft. Ganz anders als unsere Vorstellungen sieht es mit dem Glauben und auch im Reich Gottes aus. Ja, das Reich Gottes vergleicht er auch mit einem Senfkorn an anderer Stelle, die in diesem Monat unseren Monatsspruch darstellt. Es ist eine Kontrastgesellschaft, wenn im Reich Gottes die Sanftmütigen selig sind und die Barmherzigen und die, die reinen Herzens sind. Nicht eben die Starken, die Durchsetzungsfähigen, die Reichen, Schönen und Schlanken. Auch im Glauben gibt es offensichtlich so einen Kontrast. Nicht der große, riesige Glaube, um den die Jünger bitten, wird die Welt verändern und bewegen, sondern schon ein kleiner Glaube, einer, der auch Zweifel kennt, kann Maulbeerbäume verpflanzen. Jesus ermutigt uns, nicht ständig auf unseren Kleinglauben zu starren, sondern Mut zu haben zu glauben. Ja, der Text ist eine richtige Ermutigung zum Glauben.
Die zweite Frage lautet daher für mich: *Wie nähren wir unseren Glauben?* Natürlich wissen wir: Glaube ist ein Geschenk, wir können ihn nicht erarbeiten, wie gut haben wir das als Protestanten doch gelernt! Aber dieses Geschenk bedeutet ja nicht: Lieber Gott, nun wirf mir mal eine Portion Glauben in den Schoß. Nein, um Glauben will auch gerungen werden. Es geht auch um die Frage nach dem Glauben, die Praxis des Glaubens, das Hören auf Gott.
In Anlehnung an Martin Buber will ich das so beschreiben: Glaube braucht die

Einübung in das Gespräch mit Gott. Ein Mensch kann nicht plötzlich anfangen zu beten, sondern das Gebet ist eine Gesprächshaltung mit Gott. Das ist so ähnlich wie mit einem Menschen, den ich erst kennen lerne und langsam im Gespräch näher kennen lerne. Da ist ein Herantasten, ein Fragen.
Zum Glauben gehört für mich auch die Gemeinschaft. Wie Sie höre ich auch immer wieder: Dazu brauche ich die Kirche nicht. Erst letzte Woche beim Generalkonvent in Stade sagte eine Trendforscherin, dass sie zwar nicht der Kirche angehöre, aber gerne „Großer Gott, wir loben dich ...“ im Wald allein singe. Das Christentum aber ist eine Gemeinschaftsreligion. Gewiss kann ich allein und im Gebet mit Gott ins Gespräch kommen. Es drängt mich aber zur Gemeinschaft, zu Gemeinsamkeit, zur gemeinsamen Feier, zum gemeinsamen Abendmahl. Es heißt ja auch: Großer Gott *wir* loben dich! Nur in Krankheit und Sterben feiern wir das Abendmahl als Evangelische mit einem Menschen allein. Es ist und bleibt aber ein Gemeinschaftsmahl.
Eine spielerische Komponente hat die Antwort Jesu ja schon. Ein Maulbeerbaum, der sich aufmacht ins Meer! „Eine zauberhaft spielerische Szene sehe ich vor mir: da stehen diese bärtigen Apostelgestalten, genau so ernsthaft und gründlich, wie wir sie uns vorstellen, gemalt von einem deutschen Maler, erdhaft und ernst. Gebeugt von der Last der Verantwortung und zugleich liebenswert mit ihrem ganzen guten Willen. Und sie bitten mit Grabesstimme: Stärke unseren Glauben. ‚Ach, wären wir doch Glaubensrecken!‘ – Und da ist dieser Jesus: Georg Baselitz könnte ihn gemalt haben. Blau-orange-grün-weiß leuchtet er. Er macht einen Kopfstand im Gras, und es stockt einem der Atem, wie er die Arme ausbreitet und nur noch auf dem Kopf zu stehen scheint, und das ganze Gewicht des Himmels berührt an diesem einen Punkt die Erde. Und das alles so schwerelos und heiter, dass ein Kind angesichts eines Baselitz-Christus sagte: ‚Er liegt auf einer grünen Wiese und lacht.‘“[9]
Das ist für mich ein wunderbares Bild: Jesus kann mit dem Glauben auch spielerisch umgehen. Er muss nicht immer ernst, gebeugt und trist sein. Vielleicht tut uns das gut, ihn manchmal ein bisschen auf den Kopf zu stellen. Vielleicht nährt es den Glauben, wenn wir nicht zwanghaft nach ihm suchen, nicht zwanghaft fragen, wie er stärker und größer werden kann, sondern wenn wir innerlich frei werden, ihn uns neu schenken zu lassen.
Damit kommen wir zur dritten Frage, die sich aufdrängt:
Kann Glaube denn nun Maulbeerbäume verpflanzen oder Berge versetzen?
Meine Antwort ist: Vertrauen wir darauf! Glaube bedeutet auch Vertrauen, dass Gott in dieser Welt durch uns wirken kann und will. Ich sehe auch den gegenwärtigen Christus.
In diesen Tagen treibt uns Mitleid mit den Opfern in New York und Washington um, aber ebenso Angst vor Krieg und Sorge um den Frieden in der Welt. Da wird dann Glaube plötzlich instrumentalisiert, Gott wird instrumentalisiert auf allen

---

9 O.-G. Holze-Stäblein, in: GPM 90. Jg., 2001/8, 389f.

Seiten. Da gibt es Fanatiker, die meinen, Gottesstaaten errichten zu müssen, indem sie andere Menschen abschlachten, terrorisieren, Frauen brutal unterdrücken. Und andere meinen, dass Gott auf der Seite ihres speziellen Volks sei und sie deshalb das Recht hätten, weltweit zu richten. Da erfasst uns schon Trauer. Es hat mich betroffen gemacht, dass Menschen in Nablus gejubelt haben über das Leiden von unschuldigen Amerikanern. Aber es macht mich genau so betroffen, wenn der amerikanische Präsident jetzt von Kreuzzug, von Feldzug, von langwierigem Krieg spricht. Ich habe mir gewünscht, dass das 21. Jahrhundert aus dem 20. gelernt hat und keine Kriege mehr kennt, schon gar keine heiligen. Ich bin überzeugt: es gibt keine Heiligen Kriege! Da wünsche ich mir einen Glauben, der Maulbeerbäume verpflanzt, Berge versetzt und Kriege beendet.
Aber warum sollten wir darauf eigentlich nicht vertrauen? Zum einen können wir tatsächlich füreinander beten. Und, dass viele Menschen in den Kirchen in den letzten Wochen gebetet haben, das ist ein gutes Zeichen. Dieses Gebet hat es in der ganzen Welt gegeben, und ich denke, ein solches Gebet lässt uns und die Welt nicht unverändert zurück. Wir sagen oft, Kirchengebäude sind durchbetete Räume. Könnte es nicht auch eine durchbetete Welt geben?
Zum anderen drängt unser Glaube zum Tun. Wir haben ja keinen Glauben, der im Kopf bleibt, sondern einen Glauben, der Menschen zum Handeln drängt, zur Nächstenliebe ruft. So wird es darum gehen zu fragen, wie entsteht solcher Hass? Müssten nicht die 40 Milliarden, die in Kriegsmaschinerie investiert werden, hätten sie nicht längst und müssten sie nicht jetzt investiert werden in Frieden und Versöhnung? Und heute am Erntedankfest, an dem wir Gott für Saat und Ernte danken, da wissen wir auch darum, dass 30 000 Kinder jeden Tag verhungern. Müssten wir nicht einen Krieg gegen den Hunger ausrufen? Kann die Spirale der Gewalt nicht aufgehalten werden, wenn wir deutlich machen: Jede Form von Fundamentalismus und Fanatismus ist ein Missbrauch von Religion.

- Wir waren gestern in Belfast. Da muss deutlich gesagt werden: Es hat nichts, aber auch gar nichts mit Religion zu tun, wenn Christen kleine Schulkinder zu Tode erschrecken.
- Es hat nichts mit Religion zu tun, wenn selbsternannte Gotteskrieger zivile Flugzeuge in Hochhäuser jagen.
- Es hat nichts mit Religion zu tun, wenn Frauen brutal unterdrückt werden.

Wir brauchen unseren Glauben, um deutlich zu sagen, dass der Ruf Gottes ein Ruf zum Frieden ist. Wir dürfen unser Vertrauen nicht wegwerfen, sondern müssen immer wieder sagen: Gott ist in Christus an der Seite der Menschen, die leiden. Gott will das Gute, nicht das Böse. Der Mensch hat die Fähigkeit zum Guten wie zum Bösen, ja jeder von uns und jede von uns, wir können wählen. Gottes Option ist deutlich und offensichtlich.

- Wie groß ist unser Glaube: Ach ja, er ist oft klein wie ein Senfkorn, aber manchmal kann er doch auch stark sein, voll Kraft und Begeisterung.
- Wie können wir ihn nähren: durch das Gespräch mit Gott, die Feier der Gemeinschaft.

– Und kann er Berge versetzen und Maulbeerbäume verpflanzen? Ach ja, er kann.

Glauben wir daran und vertrauen wir darauf. Da sind schon ganz andere Reiche zerfallen vom Römischen Reich bis zur Sowjetunion, die glaubten, ewig Bestand zu haben. Geblieben ist die Hoffnung der Menschen auf Gottes Anwesenheit, auf Gottes Begleitung. Sie wird nie vollkommen beantwortet, bis Gott eines Tages unter uns wohnen wird. Aber eine Spur davon finden wir. Und wir können sie legen mit unserem Senfkornglauben, in christlicher Feier, dem Gebet, der Hoffnung auf Maulbeerbaumkraft und entschlossenem Eintreten für den Frieden. Amen.

Friedensdekade: Fremde unter uns
Marktkirche Hannover, 21.11.2001

Die Friedensdekade entstand in der DDR im Rahmen der Nachrüstungsdebatte. In den zehn Tagen von Volkstrauertag über Ewigkeitssonntag bis Buß- und Bettag wurden mit Veranstaltungen, Andachten und Gottesdiensten die Friedensfrage thematisiert. Bald übernahmen Friedensgruppen in der Bundesrepublik dieses Konzept. Mit der Vollversammlung des Ökumenischen Rates der Kirchen 1983 in Vancouver wurden die Tage gewichtiger Teil des Konziliaren Prozesses für Gerechtigkeit, Frieden und die Bewahrung der Schöpfung. Die Verknüpfung der drei Themen fand Ausdruck in der Dekade, indem jedes Jahr ein Schwerpunkt aus einem der drei Teilbereiche gewählt wurde. Auch wenn nach der Wende von 1989 die Friedensdekade an Aufmerksamkeit verloren hat, entstand doch in ihr der Ruf „keine Gewalt", der für die Wende in Ostdeutschland so entscheidend war. Aus diesem Grund ist es richtig, nunmehr die ökumenische Dekade zur Überwindung der Gewalt, die der Ökumenische Rat der Kirchen für die Jahre 2001 bis 2010 ausgerufen hat, in der Friedensdekade zu thematisieren.
Mir persönlich liegen diese Themen am Herzen, da ich 1983 als Jugenddelegierte an jener so wichtigen Vollversammlung in Vancouver teilnehmen konnte und seitdem Mitglied im Zentralausschuss des Ökumenischen Rates der Kirchen bin. Von 1991 bis 1998 war ich auch Mitglied im Exekutivausschuss. In diesen Funktionen konnte ich zum einen den Konziliaren Prozess mitgestalten und vor allem auch dazu beitragen, dass die Ökumenische Dekade zur Überwindung von Gewalt ins Leben gerufen wurde. Zum anderen haben mich diese Jahre mit den vielen Begegnungen und Erfahrungen entscheidend geprägt. Immer wieder bemühe ich mich darum, diese Erfahrungen in Predigten einzubauen. Ernst Lange schrieb in seiner Eingabe an einen westdeutschen Kirchenführer: „Kein Zweifel, die deutschen Beiträge sind auf jeder Ebene beträchtlich. Aber in welchen Zusammenhängen sind sie entstanden? Die westdeutsche Christenheit ist etwas, sofern sie die westdeutsche Provinz der Weltchristenheit ist, und sonst gar nichts. Und das ist ja noch nicht einmal eine sonderlich neue Weisheit. Sie ist in ihrer geistlichen Substanz etwa zwei Jahrtausende alt."[10] Diese Erkenntnis ist mir immer wichtig gewesen: Wir sind eine Provinz der Weltchristenheit! Unser Horizont muss sich erweitern. Die Kirche ist local actor und global player zugleich.
Passt das nun in ein Dorf in Ostfriesland oder im Harz oder im Emsland? Ist das nicht eine Überforderung? Nein, ich denke nicht. Es ist notwendig, die eigene Situation im Rahmen der oikumene, des ganzen bewohnten Erdkreises zu reflektieren. Und es ist eine Ermutigung zu sehen: Christinnen und Christen leben auf

10 E. Lange, Eingabe an einen westdeutschen Kirchenführer, in: ders.: Kirche für die Welt, München 1981, 308–315.

der ganzen Erde, in allen Völkern und Nationen, sie sind ein Volk aus vielen Völkern.
Als Landesbischöfin der hannoverschen Landeskirche habe ich noch eine neue Perspektive auf diese Situation erhalten, da ich qua Amt Vorsitzende des Missionsausschusses des Evangelisch-lutherischen Missionswerkes (ELM) in Hermannsburg bin. Längst sind hier aus ganz einseitig missionarischen Anfängen Partnerschaften, Entwicklungszusammenarbeit, Ökumene entstanden.

Liturgie

Fremdheit wahr-nehmen – Gewalt überwinden
Gottesdienstentwurf für den Buß- und Bettag[11]

Eingangsteil

Durch die Gestaltung des Raumes werden die Besucher/innen bereits in die Thematik des Gottesdienstes hineingenommen. Alle, die den Gottesdienstraum betreten, kommen an einem im Eingangsbereich aufgebauten Altar vorbei und können dort eine „Kerze gegen Gewalt“ anzünden. Auf dem Altar sehen sie neben Kerzen und einem Kreuz Bilder, die von Fremdheit, Gewalt überwinden etc. erzählen, einige kurze Geschichten. Einige Beispiele dafür haben wir zusammengestellt, die Ihre Fantasie anregen wollen. Während des Hineingehens in den Kirchenraum erklingt bereits Musik.
Im Gottesdienst geht es um die Entwicklung dreier „Stichworte“: Fremdheit, Gewalt ... überwinden und in diesem Zusammenhang um den „Kasus“ Buß- und Bettag. Wir verwenden vor allem Stichworte wie Umkehr und auch Schuld, weil sie im Sprachgebrauch mehr verankert sind als „Buße“. Der Anknüpfungspunkt ist dabei nicht der „in sich gekehrte“ Bußtagsgottesdienst der „Insider“, sondern der „öffentliche Kasus“ des Bußtagsgottesdienstes, so wie er einmal gemeint war: als Aufruf zur Umkehr eines ganzen Volkes bzw. einer Gesellschaft.

Der Altar am Eingang wird schön und fantasievoll gestaltet, u.a. mit einem Kreuz, mit einigen Kerzen, mit einer großen Sandschale für Kerzen, die von den Gottesdienst-Teilnehmenden angezündet werden, mit Kurzgeschichten und mit Fotos – vor allem mit dem, was Ihnen dazu einfällt.

---

[11] Dieser Liturgieentwurf wurde übernommen aus dem Materialheft „Gewalt überwinden – Gottesdienstentwürfe zur Ökumenischen Dekade“ (S. 5ff), das im Haus Kirchlicher Dienste der hannoverschen Landeskirche für den Buß- und Bettag 2001 entwickelt und allen Gemeinden zur Verfügung gestellt wurde.

Beispiele für die kurzen Geschichten, die das Thema „Fremdheit“ und „Gewalt“ als persönliche Erlebnisgeschichten zum Inhalt haben:

- Wir sind vor kurzem umgezogen. Mit Mann und Maus, Kindern und Kater und ... dem Schlagzeug unserer Tochter. Als meine Tochter das erste Mal im neuen Haus Schlagzeug übte, fanden wir später auf dem Anrufbeantworter eine Nachricht unseres Nachbarn. Ohne Begrüßung polterte er los: Was das denn da für Buschtrommeln wären ... Mein Mann ließ seine Wut über diese Worte erst einmal verrauchen und ging dann ruhig zum Nachbarn hinüber, klärte ihn darüber auf, dass unsere Tochter ein Instrument lerne und dass er gerne eingeladen sei, einmal beim Schlagzeugspiel zuzuhören. Leider fühlt sich unsere Tochter seitdem im Üben gehemmter. Mit dem Nachbarn versuchen wir, Frieden zu halten, obwohl wir mit ihm eine zweifache Diskriminierung erlebten. Einmal sprach er negativ über die Musik unserer Tochter, zum anderen aber auch über das Trommeln schwarzer Menschen, das zu ihrer Kultur elementar gehört.
- Vor kurzem erklärte mir eine Teilnehmerin des SeniorInnenkreises, dass sie gar nicht mehr gerne nach Hannover führe. Warum denn nicht, fragte ich zurück. Sie antwortete: Weil dort immer mehr Ausländer herumlaufen würden.
- Zwei Freunde meiner Tochter gingen durch die Stadt. Sie trafen auf eine Gruppe anderer Jugendlicher, die als rechtsradikal in der Stadt bekannt sind. Die beiden wurden von den rechtsradikalen Jugendlichen festgehalten, und dann wurde der eine Freund meiner Tochter angepinkelt.
- Mein Mann ist Niederländer und will auch Niederländer bleiben, obwohl er schon viele Jahre in Deutschland lebt. Kürzlich wurde er so angesprochen: Sie sind also noch Niederländer.
- „Ich habe nichts gegen Ausländer“, sagt David. „Viele meiner Freunde sind Deutsche. David lebt seit drei Jahren in Deutschland. Vieles ist ihm fremd, manchmal fürchtet er sich. Besonders in letzter Zeit ist das so. Die Übergriffe nehmen zu, das Gewaltpotenzial wächst.

Musik

Begrüßung

(Wir schlagen für die Eingangsliturgie zwei Sprecher/innen vor, die im Wechsel, aber gemeinsam „agieren“. Auch die anderen Gottesdienstteile werden farbiger durch mehrere, die sich die Aufgaben teilen.)

Willkommen alle, die sich in dieser Kirche vertraut fühlen,
willkommen auch alle, die sich hier fremd fühlen.

Fremdheit gehört zu unserm Leben.
Fremdheit gehört zu unserm Glauben.
Sie ist da, und wir leben mit ihr.

Wenn wir Fremdheit wahr-nehmen und annehmen,
dann ist das der erste Schritt dahin,
dass wir nicht durch sie verunsichert,
nicht gewalt-tätig werden,
sondern Gewalt überwinden können.

Darum bitten wir in diesem Gottesdienst am Buß- und Bettag.

Erfahrungen mit Fremdheit,
Erfahrungen mit Gewalt
macht jede, macht jeder von uns immer wieder.

Manche von uns bringen heute die Erfahrung mit,
verletzt worden zu sein.
Manche drückt die Erinnerung,
selbst verletzt zu haben.

Wo schmerzt es mich,
anderen oder mir selbst fremd gewesen zu sein,
in Deutschland oder in einem anderen Land,
als Frau unter Männern
oder als Mann unter Frauen,
als kranker oder behinderter Mensch
unter (scheinbar) gesunden und nicht behinderten Menschen ...?

Wir machen aber auch andere Fremdheits-Erfahrungen:
Wo habe ich es genossen, fremd zu sein oder fremden Menschen begegnet zu sein?
Wo habe ich mich beschenkt und bereichert gefühlt
durch vorher nie Gedachtes und Erlebtes?

Lassen Sie uns das, was uns bewegt, in der Stille vor Gott bringen:

Stille

Gott,
Du lässt uns nicht allein mit unseren Gedanken und Gefühlen.
Du lebendige Quelle unseres Lebens,
du treuer Bruder und Heiland für uns alle,
du heilige Geisteskraft,
du wahrst unsere Fremdheit
und verbindest uns dennoch.
Dafür danken wir Dir.
Amen.

Lied
Ich steh vor dir mit leeren Händen, Gott (EG 382)

Kyrie
Liebender Gott,
gib uns Augen,
die Schönheit im Fremden zu erkennen,
lass uns sehen,
wie wunderbar du andere Frauen und Männer und Kinder geschaffen hast,
hilf uns,
unsere eigene Fremdheit wahrzunehmen und zu genießen,
halte uns in der Sehnsucht nach dem Geheimnis unseres Lebens und Sterbens.

Wir rufen zu dir:
Gesang – 2 Durchgänge

Gib uns Ohren zu hören und Augen zu sehn
und ein weites Herz, andre zu verstehn,
Gott gib uns Mut, unsre Wege zu gehen.

Aufmerksamer Gott,
gib uns Ohren,
auf das zu hören, was unseren Horizont erweitert,
öffne unser Herz für den Glauben, der uns fremd ist,
entfache unser Interesse für fremde Geschichten und Gebräuche,
stärke unser Selbstbewusstsein,
das dem Selbstbewusstsein anderer Menschen mit Lust und Neugier begegnet

Wir rufen zu dir:
Gesang – 2 Durchgänge

Freundlicher Gott,
gib uns Münder,
über deine grenzenlose Liebe zu all deinen Geschöpfen zu jubeln,
schenk uns immer wieder aufs neue Worte,
die die Fremdheit unter und in uns achten,
rede du so durch uns,
dass Frauen und Männer und Kinder aus anderen Ländern gerne bei uns wohnen.

Wir rufen zu dir:
Gesang – 2 Durchgänge

Gloria
Gott hat Himmel und Erde gemacht,
das Meer und alles, was darinnen ist.
Gott hält ewig Treue
und schafft denen Recht, die Gewalt leiden,
und speist die Hungrigen.
Gott macht die Gefangenen frei.

Gott macht die Blinden sehend.
Gott richtet die auf, die niedergeschlagen sind.
Gott liebt die Gerechten.
Gott behütet die Fremdlinge
und erhält Waisen und Witwen.
(nach Psalm 146)

Der fremde Gott ist uns in Jesus Christus nahe gekommen.
Er hat sich in seinem Leben und Leiden an unsere Seite gestellt,
wo auch immer wir sind.
Amen.

Lied
Gesang: Gib uns Augen … (jetzt als Kanon)
oder: Ich lobe meinen Gott (EG 585)

Verkündigungsteil

Gedicht
(Ohne Überschrift-Lesen und ohne Vorspruch direkt anfangen)

Die Gewalt fängt nicht an
wenn einer einen erwürgt
Sie fängt an
wenn einer sagt: „Ich liebe dich:
Du gehörst mir!"

Die Gewalt fängt nicht an
wenn Kranke getötet werden
Sie fängt an wenn einer sagt:
„Du bist krank:
Du musst tun was ich sage."

Die Gewalt fängt an
wenn Eltern
ihre folgsamen Kinder beherrschen
und wenn Päpste und Lehrer und Eltern
Selbstbeherrschung verlangen

Die Gewalt herrscht dort
wo der Staat sagt:
„Um die Gewalt zu bekämpfen
darf es keine Gewalt mehr geben
außer *meiner* Gewalt."

Die Gewalt herrscht
wo irgendwer oder irgendetwas
zu hoch ist
oder zu heilig um noch
kritisiert zu werden

oder wo die Kritik nichts *tun* darf
sondern nur reden
und die Heiligen oder die Hohen
mehr tun dürfen als reden

Die Gewalt herrscht dort wo es heißt:
„Du darfst Gewalt anwenden."
aber oft auch dort wo es heißt:
„Du darfst keine Gewalt anwenden"

Die Gewalt herrscht dort
wo sie ihre Gegner einsperrt
und sie verleumdet
als Anstifter zur Gewalt

Das Grundgesetz der Gewalt lautet:
„Recht ist, was *wir* tun
Und was die *anderen* tun
das ist Gewalt"

Die Gewalt kann man vielleicht nie
mit Gewalt überwinden
aber vielleicht auch nicht immer
ohne Gewalt

(Erich Fried, Die Gewalt, aus: Um Klarheit
© 1985 Verlag Klaus Wagenbach Berlin)

Zwischenmusik – geht über in ein

Lied
„Und wenn es nur ein Zeichen ist", Strophen 1, 2, 4, 5,
oder: „Aus tiefer Not …" (EG 144,1+5)

Lesung: Lev 19,33f
evtl. unterlegt mit der Musik des Liedes, das die Lesung einrahmt

Das Bibelwort für diesen Gottesdienst steht im dritten Mosebuch im 19. Kapitel. Es heißt dort:

> *33 Wenn ein Fremdling bei euch wohnt in eurem Lande,*
> *den sollt ihr nicht bedrücken.*

34 Er soll bei euch wohnen wie ein Einheimischer unter euch,
und du sollst ihn lieben wie dich selbst;
denn ihr seid auch Fremdlinge gewesen in Ägyptenland.
Ich bin der HERR, euer Gott.

Lied
„Und wenn es nur ein Zeichen ist", Strophen 3 + 6,
oder: „Aus tiefer Not ..." (EG 144,1+5)

Predigt-Meditation

Die Predigt-Meditation setzt voraus, dass die Gottesdienstbesucherinnen und -besucher das LOGO vor Augen haben – entweder auf einem großen Banner, auf einer Postkarte oder auf dem Gottesdienstzettel. Die Predigt-Meditation kann mit einem „Herzschlag" (zusammen mit „Urgeräuschen" wie Wind, Meer ...) unterlegt werden, so dass während der Predigt-Meditation ein Herzschlag zu hören ist.

Auf Ihrem Gottesdienstblatt sehen Sie (auf der ersten Seite)
das sogenannte LOGO der Dekade „Gewalt überwinden".

Die *Erde* ist darauf zu erkennen.
Wo ist der „Blaue Planet" geblieben,
den ich immer im Kopf habe?
Wo die vielen unterschiedlichen Farben eines Globus?
Wo ist die Schönheit der Erde dargestellt?
Hier nicht.
Einfarbig gelb ist sie – wie Wüste.
Von Rissen durchzogen.
Es sieht aus, als würde der Erde Gewalt angetan.
Vielleicht könnte sie sogar auseinanderbrechen.

Kriege, Hunger, Unterdrückung zerreißen die Erde.
Ebenso *Gewalt* in Familien,
gegen Frauen oder Kinder, vereinzelt gegen Männer.
Noch anderes fällt mir ein:
Parolen gegen Ausländer, Hass gegen Minderheiten, Rechtsradikalismus.

Immer sind es Menschen, die anderen Schaden zufügen.
Unendlich viele Formen der Gewalt gibt es,
an manchen sind wir, bin ich nicht unbeteiligt.
Für die unterschiedlichen Formen der Gewalt steht die grüne Fläche im Hintergrund.
Sie ist gezackt, nicht weich-fließend abgegrenzt.

Auf dem Bild sehen Sie über der Erde *Hände*.
Sie liegen ineinander und bilden ein Herz.
So etwas wie *Erbarmen* klingt darin an
oder *Gebet*.

Wo gebetet wird, hat die Hoffnung die Erde noch nicht ganz verlassen.
Wo gebetet wird, ist noch Gelegenheit zur Umkehr.

Das Herz über der Erde spricht von Hoffnung:
Auch Gott hat die Erde noch nicht verlassen,
noch nicht allein gelassen.

Das Herz ist Lebensmitte.
Als Herz aus gefalteten Händen spricht es auch von der *Glaubensmitte*.
Von Jesus, der zum Gebet ermutigt und ermuntert.
Von Jesus, der über dem Beten das Tun nicht aus den Augen verliert.

Wir können unser „Herz in die Hände nehmen“, uns ein Herz fassen.
Auch unsere Hände werden gefordert sein,
um die Gewalt einzudämmen oder aufzuhalten.
An unserem Platz.

Ein Gebet kann Augen öffnen, so dass ich etwas anders wahrnehme.
Und es vermag, Hände zu stärken, bevor sie sich zum Tun öffnen.

Die *Schrift* um das Bild herum gibt die „Zeitansage“: „2001 – 2010“ steht da.

Diese Zeit können und sollten wir uns nehmen, um über die Gewalt und ihre Überwindung nachzudenken und Schritte zu suchen und zu gehen.
Die Dekade regt an, zu beobachten, zu überlegen und zusammenzutragen:
Wo ist bei uns im Ort, in den Gemeinden, in der Familie, in der Schule, am Arbeitsplatz Gewalt sichtbar,

worin äußert sie sich bei uns?
Und: Wie können wir sie überwinden?
Viele kleine Schritte,
Gottesdienste und Veranstaltungen werden Antwort versuchen und finden.

In diesem Sinne wollen wir auch heute zwei Stimmen Gehör schenken,
die sich Gedanken zum Bibeltext des Gottesdienstes gemacht haben –
Zeitansage für heute.
Unter uns sind …
Sie sagen uns, was der Bibeltext für sie bedeutet.

(Auslegungen des Textes von unterschiedlichen Personen aus der Gemeinde, z.B. vom Ausländerbeirat, von einer fremden Familie, von jemandem, der etwas von Fremdheit versteht, z.B. Ausländerbeauftragte/r, Präventionsrat, jemand vom Reisebüro, der Polizei.)

Schluss der Predigt:

Gewalt äußert sich, wie gehört, im alltäglichen Umgang.
Besonders im Umgang mit Fremden – ganz direkte Gewalt.
Gewalt äußert sich in Gesten und Sätzen zur Fremdheit.
Nähe wird vermieden, Distanz ausgebaut.

Dabei hat das „Fremde" auch ganz positive Seiten:
Im Urlaub spricht uns das Fremde, sprechen uns die neuen Erfahrungen an.
Wir finden es interessant. Es hat viele verlockende Schattierungen.
Können wir ebenso an den Fremden bei uns das Neue entdecken,
den Reiz der Fremdheit?
Freuen wir uns darüber, dass und wie sie unser Land bereichern,
unsere Orte bunter machen. Gehen wir auf sie zu.

Das Alte Testament schützt die Fremden.
Sie wohnen schon lange Zeit im Land, leben und arbeiten dort.
Von Schinderei und Unterdrückung sollen sie bewahrt bleiben.
Der Gott Israels selbst liebt die Fremden.
Im Neuen Testament werden die Fremdlinge zu „Miterben" der Verheißung Gottes in Jesus Christus.
Ganz neue Gemeinschaft entsteht.
Grenzen sind letztgültig überwunden.

Gewalt überwinden heißt auch:
Lassen wir ihnen einen Schutzraum, in dem sie sich entfalten können.
Dann können wir ihnen näher kommen.
Leihen wir ihnen unsere Hände und lassen wir unser Herz sprechen und ansprechen.

Wir werden nicht alle Risse der Welt kitten, die die Gewalt aufreißt.
Aber aufeinander zugehen, Verstehen versuchen, Schutz bieten,
das können wir ganz gewiss.
Mit Gottes Hilfe. Amen.

Lied: „Jesu, meine Freude"
(Text: Gerhard Schöne)

„Jesu, meine Freude, meines Herzens Weide, Jesu, wahrer Gott.
Wer will dich schon hören? Deine Worte stören den gewohnten Trott ..."

Beichtteil

„Fremdheit wahr-nehmen – Gewalt überwinden" ist ein großes Wort.
Ich habe mich gefragt:
Was löst das bei mir aus?
Auf welcher Seite stehe ich eigentlich, wenn es drauf ankommt?
Wo hab ich das getan, was ich für richtig hielt?
Wo habe ich gekniffen?
Wo habe ich etwas verdrängt?
Wo war ich zu ahnungslos?
Wo zu bequem?

Stille

Ich bin nicht für mich allein auf der Welt.
Es gibt ein Ganzes,
in das ich verwoben bin.
Es gibt meinen Ort,
meine Gaben
und meine Aufgaben.

Und deshalb spüre ich auch,
wenn etwas verkehrt läuft
oder ich nicht dagegen ankomme.

Wie oft entferne ich mich von dem,
was ich mir von mir wünsche
... und habe zu wenig Geduld,
zu wenig Gespür,
zu wenig Glauben
zu wenig Kraft ...

... und fühle mich schuldig.
Wo bin ich schuld?

Warum bin ich schuld?
Wie bin ich schuld?
Und wie komme ich da wieder raus?
Wer hilft mir?

Stille

(Folgender Absatz war abgedruckt :)
Wir sprechen gemeinsam:
Gott, ich möchte gut sein,
etwas zum Guten bewegen.
Ich möchte Fremdheit entdecken, die mich überrascht und bereichert.
Ich möchte Gewalt überwinden.
Ich habe es versucht – oft ist es mir nicht gelungen.
Wir wollten miteinander sprechen – und haben geschwiegen.
Wir wollten einander glücklich machen – und haben gestritten.
Ich wollte an Dich denken – und habe es vergessen.
Ich wollte Deinen Willen tun – aber ich habe versagt.
Deshalb sage ich Dir: Es tut mir leid. Verzeih mir.
Gott, zeig mir,
zeige uns den richtigen Weg. Amen.

Zuspruch:
Gott ist viel weiter und größer in seiner Liebe als wir es uns vorstellen können.
Gott vergibt Dir, was Dir leid tut.
Fang noch mal von vorn an. Du kannst das.
Versuch es noch einmal.

Dir ist Deine Schuld vergeben –
im Namen Gottes,
des Vaters, des Sohnes und des Heiligen Geistes. Amen.

Lied: „Vertraut den neuen Wegen“ (EG 395)

Übung

mit Pausen sprechen

Ich lade Sie ein zu einer Übung.
Dazu bitte ich Sie aufzustehen.
Nun drehen Sie sich einmal um 180 Grad um.
Wie haben Sie sich bewegt,
als Sie sich umdrehten?
Rechtsherum?
Linksherum?
Wie sah ihre Schritt-Folge aus?
Schwer?

Leicht?
Tänzelnd? …

Was liegt vor Ihnen?
Was bleibt hinter Ihnen?

Das was Ihnen – und Ihrem Blick – vertraut war,
verändert sich dadurch,
dass es nicht mehr vor,
sondern hinter Ihnen liegt.

Wenn wir umkehren,
dann ändert sich unsere Richtung,
unser Blick,
vielleicht auch unser Schritt.

Unser Weg führt uns nun
zur gemeinsamen Feier des Abendmahls.
Dazu wenden wir uns dem Altar zu.

Abendmahlsteil

Einleitung
Der Tisch in unserer Kirche ist ein Symbol,
ein Zeichen dafür, dass Christus unter uns ist.
Er lädt uns ein zur Tischgemeinschaft mit ihm und untereinander.
Jesus lädt uns alle ein.
Wir verlassen unseren Platz in der Kirche
und bewegen uns auf Gott zu.
Auch Gott kommt uns in Christus in Brot und Wein entgegen.

Wir empfangen das Brot,
das Zeichen für alles, was wir zum Leben brauchen.
Wir empfangen es von Christus, der sich selbst das Brot des Lebens nannte.
Aus dem Fremden neben uns wird Bruder und Schwester durch ihn.
Wir empfangen den Kelch
als Zeichen der Versöhnung mit Gott.
Gottes Liebe nehmen wir in uns auf.
Diese Liebe stärkt uns,
und sie möchte durch uns in die Welt hinein.

Einsetzungsworte
Unser Herr Jesus Christus,
in der Nacht bevor er starb,
nahm er das Brot, dankte und brachs,
gabs den Seinen und sprach:

Nehmt und esst. Das ist mein Leib, der für Euch gegeben wird.
Denkt an mich.

Alle: Jesus, wir denken an dich:
Geteiltes Brot – geteiltes Leiden.
Sei bei uns.

Dann nahm er den Kelch,
dankte, gab ihnen den und sprach:
Nehmt und trinkt alle daraus.
Dieser Kelch ist der neue Bund in meinem Blut,
das für Euch vergossen wird
zur Vergebung der Sünden.
Denkt an mich.

Alle: Jesus, wir denken an dich:
Geteilter Wein – geteiltes Leben.
Sei bei uns.

Sei bei uns, Jesus,
wenn wir beieinander sind wie in deiner letzten Nacht
Sei bei uns,
wenn wir jetzt gemeinsam beten, wie du es getan hast:

Vater unser

Gesang
Agnus Dei
oder: „Meine Hoffnung, meine Freude“ (Taizé/KT-Heft 72)

Austeilung
Jesus lädt uns jetzt ein.
Schmecken sollen wir ihn – kosten, auskosten, dass er lebt – und wir mit ihm.
Brot und Wein/Traubensaft sollen uns stärken – an Körper und Seele.
Im Namen Jesu lade ich euch ein: Esst und trinkt. Auf das Leben! Amen.

Nach der Austeilung in jeder Tischrunde:
Wir reichen einander die Hand als Zeichen des Friedens.
Wir sind nicht mehr Fremdlinge, sondern Gottes Hausgenossen.
Das stärke und bewahre euch im Glauben zum ewigen Leben.
Geht hin in Frieden. Amen.

Dank
Jesus Christus, wir danken Dir.
An Deinem Tisch sind wir willkommen.
In der Gemeinschaft mit Dir heben wir unsere Gesichter.
Deine Kraft sei mit uns.
Amen.

Schlussteil

Gebet (Vater Unser)

(An das Dankgebet schlossen sich direkt Fürbitten an, die verschiedene am Gottesdienst Beteiligte formuliert haben oder frei beten. Ein Kehrvers verband die Fürbitten (z.B. das orthodoxe Kyrie – EG 178.9). Falls kein Abendmahl gefeiert wurde, schließt sich an die Fürbitten das Vater unser an.

Kollektenansage

Lied

Ansagen

Sendung
Wenn Ihr jetzt geht, dann nehmt die Eindrücke dieses Gottesdienstes mit.
Überwindet Gewalt und helft anderen, Gewalt zu überwinden
zu Hause,
in unserer Gesellschaft,
in unserer Kirche.

Lasst Euch von Gottes Geist leiten.
Lasst Gottes Segen mit Euch gehen.

Liedvers
„Verleih uns Frieden gnädiglich" (EG 421)
oder: „Shalom chaverim" (EG 434)

Segen

Predigt

Liebe Gemeinde,
der Predigttext für den heutigen Gottesdienst im Rahmen der Friedensdekade steht im 3. Buch Mose:

> Lev 19,33f
> *33 Wenn ein Fremdling bei euch wohnt in eurem Lande, den sollt ihr nicht bedrücken. 34 Er soll bei euch wohnen wie ein Einheimischer unter euch, und du sollst ihn lieben wie dich selbst; denn ihr seid auch Fremdlinge gewesen in Ägyptenland. Ich bin der HERR, euer Gott.*

Ach, denken manche, jetzt geht's wieder los: die Fremden lieben, Kirchenasyl gewähren, Multikulti der kirchlichen Gutmenschen. Seufz! Das kennen wir doch alles schon. Okay, damit könnte ich die Predigt beenden, Sie wissen, was ich sagen werde. Aber nein, Sie ahnen es, so schnell lasse ich Sie nicht gehen. Ich möchte mit Ihnen heute am Buß- und Bettag über fünf Konstellationen nachdenken: Fremde als Gäste, Fremde als Feinde, Fremde als Freunde, Fremde als Fremde und selbst Fremdling sein.

1. Fremde als Gäste

„Weißt du“, sagt mir ein Kollege, „ich war mit meiner Frau in den Herbstferien in der Türkei – das tat einfach gut, diese Gastfreundschaft. Stell dir vor, wir wurden sogar spontan eingeladen, bei einer Hochzeitsfeier dabei zu sein. Das war toll …“
Ja, das ist immer wieder so. Wir sind fasziniert von der Gastfreundschaft in anderen Ländern. Aber wie ist das bei uns? Junge Leute türkischer Abstammung sehen in der Gastfreundschaft einen entscheidenden Unterschied zur innerdeutschen Gesellschaft. Dabei wurden sie doch einst als „Gastarbeiter“ geladen. Aber bei Gästen wurde wohl weniger an Gastfreundschaft gedacht als daran, dass Gäste nicht auf Dauer, sondern nur auf Zeit bleiben. Nach dem Motto meiner Großmutter: Besuch und Fisch stinken am dritten Tag …
Eine Türkin sagte mir vor kurzem: „Ich lebe jetzt seit 16 Jahren in Deutschland, aber ich habe noch nie ein deutsches Wohnzimmer gesehen.“ Sie arbeitet mit Deutschen, ihre Kinder gehen mit deutschen Kindern in Kindergarten und Schule, aber einander einladen – soweit geht es nicht. Dabei ist Gast-Sein eine Form, Fremd-Sein aufzuheben, einander kennen zu lernen im Alltag.
Wenn heute lautstark gefordert wird, die Muslime in Deutschland sollten sich nicht in einer Parallelkultur einrichten, dann ist es vielleicht eben diese Begegnung im Alltag, die wir dringend brauchen: miteinander einen Kaffee trinken, sich einladen, gastfrei sein. Wo sind wir denn außerhalb der offiziellen Begegnungen miteinander in ein Gespräch gekommen? Hier besteht großer Nachholbedarf. Am Buß- und Bettag 2001 heißt das für mich: Wer einen „Clash of Cultures“, wie Huntington ihn schon vor Jahren beschrieben hat, verhindern will, muss engagiert den Dialog der Kulturen praktizieren. Und das nicht nur auf Podien und Akademietagungen, nicht nur im Urlaub und im Restaurant, sondern im Alltag!

2. Fremde als Feinde

In diesem Sommer habe ich die Kirchen in Nordirland besucht. Eine Lehrerin sagte: „Wenn sie doch endlich die konfessionellen Schulen abschaffen würden. Wir brauchen staatliche Schulen! Jetzt begegnen katholische Kinder immer nur katholischen Kindern und protestantische Kinder immer nur protestantischen Kindern. Da ist es leicht, Vorurteile und Feindschaft aufzubauen, sie kennen die anderen ja gar nicht.“
Machen wir uns nichts vor: Fremde können bedrohlich sein, ja, als Feinde wahrgenommen werden und auch Feinde sein. Das weiß schon das alte Israel. Jüngste Studien haben nun nachgewiesen, dass solche Länder keine Kriege miteinander beginnen, die wirtschaftlich eng verflochten sind und zudem demokratische Strukturen haben. Je näher also, desto weniger Feindschaft? Die These belegt beispielsweise die Beziehung Frankreich-Deutschland. Noch im Ersten Weltkrieg

hieß der Schlachtruf: „Jeder Stoß ein Franzos!“ Darüber können wir heute nur den Kopf schütteln.
Wer weit entfernt voneinander lebt, räumlich oder inhaltlich, wird allzu leicht zur Feindschaft verführt. Dann ist Afghanistan „der Feind“. Oder vice versa Amerika. Da haben es Feindbilder leicht, zu wachsen und zu gedeihen. Dann gibt es plötzlich wieder ein „Reich des Bösen“, das vermeintlich besiegt ist, wenn bin Laden stirbt. Dann zerstört die westliche Kultur angeblich traditionelle Werte, und die USA müssen im eigenen Land durch selbsternannte Gotteskrieger angegriffen werden. In einem solchen Klima ist es leicht, zu den Waffen zu rufen. Und dann wird, das ist für die Demokratie vielleicht das größte Trauerspiel, sogar das Gewissen an die zweite Stelle gerückt. Das tut weh. Mit Blick auf evangelische Ethik, die der Verantwortung des Einzelgewissens einen hohen Wert beimisst und mit Blick auf demokratische Kultur. Hier ist ein Schaden für die politische Kultur in unserem Land entstanden, der in seinen Langzeitwirkungen noch längst nicht absehbar ist.
Feindbilder müssen hinterfragt werden. Die Verantwortung des Einzelgewissens ist zu respektieren. Krieg soll nach Gottes willen nicht sein – wie 1948 bei der ersten Vollversammlung des Ökumenischen Rates der Kirchen, so ist dies auch am Buß- und Bettag 2001 das Gebot der Stunde. Die Kirchen haben zum Frieden zu rufen und gegen Feindbilder anzutreten. Auch gegen Feindbilder, denen wir selbst zu erliegen drohen.

3. Fremde als Freunde

Bei einer internationalen Tagung sagt eine Inderin zu mir: „Du kommst aus Deutschland? Da wäre ich fast verhungert!“ „Was?“, frage ich. „Ja,“ sagt sie, „immer wenn ich gesagt habe, ich möchte nichts mehr, haben die mir tatsächlich nichts mehr angeboten. Bei uns in Indien muss man drei mal hintereinander ablehnen, dann erst nimmt man noch etwas. Gleich ‚ja‘ zu sagen wäre äußerst unhöflich ...“
Ja, das kann komisch sein, wenn verschiedene Kulturen einander begegnen. Fremdheit ist ja auch interessant, spannend, anregend. „Damit aus Fremden Freunde werden, kommst du als Mensch in unsre Zeit“, heißt es im Lied EG 619. Das ist für mich immer wieder das Faszinierende an unserem Glauben, unserer Kirche: Sie existieren in allen Nationen der Erde. Das heißt, wir können einander als Schwestern und Brüder sehen über unsere kulturellen Unterschiede hinweg. In Christus ist nicht mehr Jude noch Grieche, schreibt Paulus im Galaterbrief (3,28). Auf dieser Grundlage kann Fremdheit bestehen bleiben und doch Freundschaft wachsen. Wir können das Vaterunser in vielen Sprachen und doch miteinander beten, uns Gott anvertrauen in allen unseren Ängsten und Nöten. Das Evangelium beheimatet sich in verschiedenen Kulturen auf unterschiedliche Weise. Und vom Schöpfungsverständnis her können wir darüber hinaus gehen: Weil jeder Mensch Gottes Ebenbild ist, kann ich im anderen Gott erkennen.
Damit Freundschaft entstehen kann, ist es wichtig, die eigene Identität zu kennen.

Ich selbst bin in einer Zeit aufgewachsen, in der es undenkbar war, die Nationalhymne zu singen, geschweige denn die deutsche Fahne zu hissen. Staunend habe ich das in Amerika zum ersten Mal erlebt. Meine Kinder sehen die Sache mit dem Deutschsein anders. Sie sind keine Nationalisten, aber sie wollen selbstverständlich, dass Deutschland Fußballweltmeister wird oder Jan Ulrich die Tour de France gewinnt. Sie sprechen von „den Türken" und „den Russen". Wenn ich dann mit meinen moralischen Reaktionen komme: „Die Türken" sind doch auch hier geboren und „die Russen" wurden in der Sowjetunion als Deutsche geschmäht, dann verdrehen sie die Augen und sagen: „Mama, du hast einfach keine Ahnung!" Andererseits stammen etliche ihrer Freundinnen und Freunde aus der Türkei, dem Iran, dem kurdischen Teil des Irak. Es gibt eine breite Form der selbstverständlichen Integration, bei der nicht gefragt wird: Haben deine Eltern, hast du einen deutschen Pass?
Das halte ich letzten Endes für eine hoffnungsvolle Entwicklung. Unterdrückte Vorurteile können Feindschaft vielleicht eher stärken als ausgesprochene. Gab es zu lange eine *political correctness*, die Fragen und Kritik nicht zugelassen und so eine offene Debatte über Eigenes und Fremdes, Integration und Abgrenzung erschwert hat? Dass die eigenen Wurzeln gepflegt werden, das können wir auch bei Deutschstämmigen in Namibia oder Südbrasilien sehe. Eine solche Haltung muss nicht im Widerspruch stehen zu Integration.
Freundschaft aber wächst nur aus Interesse aneinander. Zeit für einander. Zeit zu hören, zu reden. Und nicht, wie wir es als Deutsche besonders gern tun, durch ein alles gleich Verstehen und Vergleichen. Am Bußtag müssen wir uns fragen, ob wir dieses Interesse aneinander, diese Zeit füreinander nicht allzu schmählich vernachlässigt haben.

4. Fremde als Fremde

Eine ältere Frau erzählt den Konfirmanden, die eine Recherche über jüdisches Leben in ihrem Dorf machen: „Die jüdische Familie, in der ich Mädchen war, war mir unheimlich, weil ich nicht verstanden habe, was die da freitags machten." Und eine junge Muslima sagt in einer Diskussion: „Das könnt ihr einfach nicht verstehen mit eurem Gerede von Emanzipation: Für mich bedeutet das Kopftuch Freiheit, vor allem Freiheit von den Blicken der Männer. Ihr merkt das ja schon gar nicht mehr."
Was, wenn uns das Fremde wirklich fremd ist? Dann ist es ja auch beängstigend. Der Theologe Theo Sundermeier plädiert für mich eindrücklich dafür, diese Fremdheit auszuhalten, das Fremde fremd sein zu lassen und nicht sofort in die eigenen Kategorien zu pressen. Das gilt gerade auch für Religion. Er schreibt: „Am Kultus dürfen die Fremden nicht teilnehmen. Ihre fremdreligiöse Identität wird nicht angetastet, ihre Götter werden ihnen nicht genommen."[12] Ich bin über-

---

12 T. Sundermeier, Die Religionen und die Fremden, in: Den Fremden wahrnehmen, Gütersloh 1992, 186–201.

zeugt, da müssen wir zu klarer Sicht kommen. Israel wusste sehr wohl darum, dass der Fremde zwar zu schützen war, die Religion aber Unterscheidung darstellt, die zu achten ist.
Eine junge Frau schreibt im Internetforum unserer Landeskirche: „Möge der, welcher unser Vater für die Christen, Jahwe für die Juden, Allah für die Mohammedaner, Buddha für die Buddhisten, Brahma für die Hindus, möge dieses allwissende Wesen ... den Menschen Frieden geben und unsere Herzen vereinen." Das ist ein im besten Sinne frommer Wunsch nach Frieden zwischen den Religionen und gerade in diesen Tagen verständlich. Aber er birgt die Gefahr der Religionsvermischung, die das Eigene nicht mehr kennt.
Ich bin tatsächlich überzeugt, dass wir dringend den Dialog zwischen den Religionen verstärken müssen. Es ist wichtig, dass Religion nicht missbraucht wird zur Konfliktverstärkung wie in Nordirland oder auch in Afghanistan, sondern Faktor der Konfliktbewältigung ist. Das wird aber wohl nur möglich, wenn wir in einen ehrlichen Dialog kommen. Da muss ich als Christin sagen können, dass Christus für mich der Weg, die Wahrheit und das Leben ist und eben nicht Allah, wie Mohammed ihn verstanden hat. Da müssen offene Fragen gestellt werden dürfen, beispielsweise nach der Rolle der Frau und nach der Scharia. Es ist wichtig, für die Religionsfreiheit in unserem Land einzutreten. Aber es muss auch gefragt werden, wie das mit der Religionsfreiheit ist in mehrheitlich islamischen Ländern wie Pakistan und Indonesien.
Am Buß- und Bettag 2001 ist deutlich: Wir haben den Dialog der Religionen zu lange einzelnen Interessierten zugeschoben. Er muss ehrlich und auf breiter Basis geführt werden. Dazu ist es eine entscheidende Voraussetzung, dass Christinnen und Christen ihre Glaubensgrundlagen kennen.

5. Weil ihr selber Fremdlinge wart in Ägypten!

Nach einem Jahr im Ausland sagte eine junge Frau: „Ich war so froh, als ich in der Lufthansamaschine saß. Mir hat es gereicht in dem einen Jahr. Die fremde Sprache, dic fremden Sitten, keine eigene Dusche. Ich war einfach froh, wieder zu Hause zu sein."
Nur wenn wir selbst Fremdheitserfahrungen machen, ahnen wir, wie es Fremden bei uns geht. Auch das weiß die Bibel. Ja, das Wissen darum, selbst einmal fremd gewesen zu sein in Ägypten, wird zur theologischen Kategorie in Israel. Es führt einerseits zum Respekt vor den Fremden: Sie dürfen fremd bleiben, wie ja auch Israel in Ägypten die eigene Identität bewahrte, die Erinnerung an die eigene Geschichte pflegte. Und gleichzeitig wird aus dieser eigenen Erfahrung heraus den Fremden besonderer Schutz zugesagt.
Deshalb finde ich die Initiative unseres niedersächsischen Justizministers Christian Pfeiffer gut, der vorschlägt, jedes Jahr 1000 Jugendliche aus den neuen Bundesländern für ein Jahr ins Ausland zu schicken. Die eigene Erfahrung von Fremdheit ist nicht zu ersetzen. Zum Buß- und Bettag gehört deshalb auch der Mut, eigene Fremdheit zu sehen und anzuerkennen. Die Ökumenische

Dekade „Gewalt überwinden" gibt uns dazu Raum, Anregung und Herausforderung.
Liebe Gemeinde, das Thema Fremdlinge unter euch, es ist kein simples. Guter Wille allein wird nicht ausreichen, damit aus Fremden Bekannte, vielleicht sogar Freunde werden, ohne dass Aufgeben ihrer oder unserer Eigenheit zur Voraussetzung erklärt wird. Unser Bibeltext sagt: Wie Einheimische sollt ihr sie behandeln. Das heißt für mich: Sie ernst nehmen in ihren Rechten und Pflichten. Dass ihnen ein besonderer Schutz gebührt, das weiß Israel aus der Erfahrung der eigenen Fremdheit.
Gott hat eine besondere Vorliebe für Fremde – das zieht sich wie ein roter Faden durch die Bibel bis dahin, dass Gott sich selbst als Fremdling bezeichnet (Jer 14,8f.). Jesus begegnen wir gerade in den Fremden (Mt 24), sagt das Neue Testament, und den fremden Samaritaner hebt er als leuchtendes Beispiel nahezu provozierend hervor. Deshalb ist der Schutz der Fremden, die Auseinandersetzung mit Fremden in unserem Land vom Flüchtling bis zu dem, der Einheimischer geworden ist, eine für Christinnen und Christen aus ihrem Glauben heraus fundamentale Aufgabe.
Nein, mit guten Worten ist es nicht getan. Es geht um eine Kultur des Miteinanders, die Engagement fordert und die Auseinandersetzung nicht scheut, die Unterschiede nicht verwischt. Im letzten Vers von Lied 619 heißt es:

> „Damit aus Fremden Freunde werden,
> gibst du uns deinen Heiligen Geist,
> der trotz der vielen Völker Grenzen,
> den Weg zur Einigkeit uns weist."

Darauf hoffe ich. Dafür können wir aktiv eintreten. Darum können wir beten, gerade heute. Und gerade in dieser Zeit. Amen.

„Das Seufzen der Kreatur" – Predigtreihe Berliner Dom, 25.11.01

Domprediger Friedrich-Wilhelm Hünerbein hatte eingeladen zu einer zweiten von ihm verantworteten Predigtreihe im Berliner Dom jeweils an den Novembersonntagen um 18 Uhr abends. Sie stand insgesamt unter dem Titel „Und siehe, es war sehr gut". Der Predigttext war vorgegeben, die folgende Predigt bildete den Abschluss der Reihe. Die versammelte Gemeinde war mir also noch fremder als sonst, keine bekannten Gesichter, der Dom zudem ein riesiges Gebäude, bei dem es nahezu Kraft kostet, die ganze Aufmerksamkeit der Anwesenden für die Predigt zu gewinnen. Deshalb habe ich versucht, mit dem Einstieg zunächst diesen Raum zu füllen, die Konzentration auf das Seufzen der Kreatur zu lenken, das in einem so steinernen Raum erst lebendig werden muss.

Liebe Gemeinde,
im Römerbrief spricht der Apostel Paulus vom Seufzen der ganzen Kreatur. Wenn Sie ganz still werden hier im Dom in Berlin, können wir uns dieses Seufzen anhören?

- Das Seufzen der 24 000 Kinder, die jeden Tag verhungern
- Das Seufzen der vergewaltigten Frauen in den Kriegen in Bosnien und Afghanistan und im Alltag von Prostitution und familiärer Gewalt
- Das Seufzen der Hühner, eingezwängt in Massenhaltung, mit weniger als einer Din-A4-Fläche zum Bewegen
- Das Seufzen der Urwaldriesen im Amazonas, die gnadenlos gerodet werden
- Das Seufzen des Bodens, der versiegelt wird, keine Luft mehr bekommt

Wenn wir dieses Seufzen hören, diese Kirche würde sich mit Seufzen füllen, mit ohnmächtigem Stöhnen, mit dem Leiden der gesamten Kreatur. In der Regel ertragen wir das nicht, und deshalb wohl spielen wir eher laute Musik, tanzen auf dem Vulkan, werfen uns hinein in die Spaßgesellschaft. Das ist dann ein Betäubungsmittel, eine Art Ohropax gegen das Seufzen der Kreatur. Hören wir auf diesem Hintergrund den Predigttext aus dem Römerbrief, Kapitel 8. Dort schreibt Paulus:

> Röm 8,18–25
> *18 Denn ich bin überzeugt, dass dieser Zeit Leiden nicht ins Gewicht fallen gegenüber der Herrlichkeit, die an uns offenbart werden soll. 19 Denn das ängstliche Harren der Kreatur wartet darauf, dass die Kinder Gottes offenbar werden. 20 Die Schöpfung ist ja unterworfen der Vergänglichkeit – ohne ihren Willen, sondern durch den, der sie unterworfen hat –, doch auf Hoffnung; 21 denn auch die Schöpfung wird frei werden von der Knechtschaft der Vergänglichkeit zu der herrlichen*

Freiheit der Kinder Gottes. 22 Denn wir wissen, dass die ganze Schöpfung bis zu diesem Augenblick mit uns seufzt und sich ängstet. 23 Nicht allein aber sie, sondern auch wir selbst, die wir den Geist als Erstlingsgabe haben, seufzen in uns selbst und sehnen uns nach der Kindschaft, der Erlösung unseres Leibes. 24 Denn wir sind zwar gerettet, doch auf Hoffnung. Die Hoffnung aber, die man sieht, ist nicht Hoffnung; denn wie kann man auf das hoffen, was man sieht? 25 Wenn wir aber auf das hoffen, was wir nicht sehen, so warten wir darauf in Geduld.

Liebe Gemeinde,
Paulus zeigt mit großer Klarheit, wie es um die ganze Kreatur, die gesamte Schöpfung inklusive den Menschen bestellt ist. Und da geht es nicht allein um ökologische Fragen, so wichtig sie sind, es geht nicht allein um Wehmut gegenüber der Zerstörung in der Welt. Nein, es geht darum, dass der Mensch sich der grundsätzlichen Sterblichkeit aussetzt, die er so gerne verdrängt. „Lehre uns bedenken, dass wir sterben müssen …" (Ps 90,12). Dieses Psalmwort umschreibt die Realität, der Paulus sich aussetzt. Es geht darum, sich grundsätzlich die Vergänglichkeit des Lebens vor Augen zu halten.
Der Totensonntag heute führt uns das deutlich vor Augen. Wir setzen uns der Frage von Sterben und Tod aus in unseren Kirchen. Sich mit dem Tod konfrontieren, das halten viele Menschen heute gar nicht aus. Sie möchten es ignorieren. Das ist meines Erachtens auch ein Grund, warum die Adventszeit für die Geschäftswelt im Oktober beginnt. Da geht es direkt von der Sommer-Beach-Party zum heimeligen Advent mit Glühwein und rührenden Engelfiguren. Da werden die Innenstädte ganz schnell grell erleuchtet, damit nur niemand das Elend sieht oder sich gar mit grundsätzlichen Fragen von Leben und Sinn auseinandersetzt. Die christliche Tradition aber nutzt diese Zeit des Kirchenjahres, um Tod und Sterben aufzugreifen.
Gabriel Marcel hat einmal gesagt: „Weil die Toten schweigen, beginnt alles wieder von vorn!" Das ist ein starker Satz! Stellen wir uns vor, wir hörten nicht nur das Seufzen der Kreatur, sondern der Toten. Ja, beispielsweise jene 24 000 verhungerten Kinder pro Tag. Wenn sie nicht schweigen würden, wir würden wohl alles daran setzen, endlich den Hunger zu besiegen. Hier wäre ich sogar einverstanden, dass ein Krieg gegen den Hunger ausgerufen wird.
Und die Toten der Kriege? Der Bombardements? Sie würden so laut schreien, dass es keiner wagen würde, Minen, Granaten, Streubomben, Atomwaffen überhaupt nur zu bauen, geschweige denn, damit zu handeln und sie einzusetzen. Wenn die Toten aus den Folterkammern Argentiniens, Südafrikas, Grosnys, die Toten aus den Konzentrationslagern der Nazizeit und des Stalinismus, die Toten der Völkermorde in Armenien und Ruanda nicht schweigen würden, wir müssten nicht mehr lange über Menschenrechte diskutieren, sondern die Würde jedes Menschen wäre wahrhaftig unantastbar.
Christinnen und Christen können sich dem Tod stellen. Sie müssen nicht auswei-

chen. Für sie ist der Totensonntag eben tatsächlich Ewigkeitssonntag, weil sie darauf hoffen und daran glauben, dass Gott selbst den Tod überwunden hat. Das ist wohl nur möglich, weil Gott selbst eben den Tod kennt. Mir ist das fundamental wichtig, dass Gott etwas weiß von Sterben und Leiden, seit er dort am Kreuz gestorben ist. Nein, kein ferner Weltenwalter, sondern der sterbende Mann am Kreuz. Wenn das für unsere macht- und gewaltbesessene Gesellschaft keine Provokation ist …
Paulus stellt dem Seufzen, dem ängstlichen Harren der Kreatur, der Vergänglichkeit drei Begriffe gegenüber: Hoffnung – Freiheit – Kindschaft.

Die *Hoffnung*, die uns trägt, ist die Osterhoffnung. Es ist die Hoffnung, dass Gott die Welt nicht allein gelassen hat. Es ist nicht ein Gott, der irgendwo in fernen Welten sitzt und distanziert-kühl beobachtet, was vonstatten geht. Es ist auch nicht der Gott, der Marionetten tanzen lässt. Nein, es ist der Gott, der als Kind in die Welt kam, sich verletzlich machte bis zum eigenen Tod. Der Tod Gottes aber ist nicht das Ende der Geschichte, sondern der Anfang. Das ist tatsächlich eine Hoffnung, die wir nicht sehen. Hier geht es um Glauben.
Von Anfang an war es dieser Auferstehungsglaube, der Christinnen und Christin anstößig gemacht hat und für sie anstößig geblieben ist. Bis heute wird die Auferstehung bestritten, spielt sich in vielen Herzen Zweifel ab. Da ist mir wichtig: Glaube ist eben keine Leistung. Ich kann nicht sagen: Nun reiß dich zusammen und glaube. Gerade mit Blick auf die Auferstehung wird deutlich: Glaube ist nichts anderes als Vertrauen. Ich kann mich Gott ganz und gar anvertrauen, mein Leben von Gott gehalten wissen. Ich darf Gott so vertrauen, dass ich glauben kann, dass er mich bei meinem Namen gerufen hat, bevor ich zur Welt kam, und meinen Namen halten wird auch nach dem Tod.

Dieser Glaube, diese Hoffnung führt zu *Freiheit* der Kinder Gottes. Es handelt sich dabei nicht um die Freiheit der Bankwerbung mit der Scheckkarte: „Die Freiheit nehm' ich mir." Das ist auch nicht die Freiheit, jederzeit tun und lassen zu können, was ich will. Christliche Freiheit ist eine Freiheit, die sich gebunden weiß an Gottes Wort. Nicht eine Freiheit von etwas, sondern Freiheit zum völligen Vertrauen auf Gott. Wenn ich weiß und glauben darf, dass mein Leben von Gott her seinen Sinn bekommt, dann werde ich frei von Bindungen dieser Welt, von Urteilen dieser Welt und auch frei von der Angst vor dem Tod, die so vieles bestimmt. Das ist die wunderbare Freiheit der Kinder Gottes, dass sie nicht aus panischer Angst vor dem Sterben dem Leben davonlaufen müssen.

Damit kommen wir zur *Kindschaft*. Das ist ein Begriff, der gerade in einer Welt eine ungeheure Herausforderung darstellt, die so selbständig sein will, in der Individualismus mehr zählt, die Selbstbestimmtheit des Menschen alles andere in den Schatten stellen soll. „Wenn ihr nicht werdet wie die Kinder", sagt Jesus an einer Stelle, „dann werdet ihr das Himmelreich nicht annehmen können." Kind-

schaft heißt: Ich vertraue mich an. Ich weiß, dass ich mein Leben nicht ausschließlich selbst meistern und allein durch meine Leistung sichern kann. Das ist für eine Gesellschaft wie die unsere eine ungeheure Provokation. Es ist aber eine Lebenszusage, gerade im Gegensatz zu einer Gesellschaft, die meint, nur die Starken, Schönen, Reichen, Schlanken hätten Bedeutung und Lebenssinn. Es ist eine Provokation, die sagt: Der sterbende alte Mann, das schwerstbehinderte kleine Mädchen, sie sind nicht weniger wert als die erfolgreiche Börsenmaklerin oder der Spitzensportler.
Die Rede von den Kindern Gottes ist eine Provokation, weil sie eine Kontrastgesellschaft zeichnet. Ein Kontrast, in dem es heißt: Die Sanftmütigen, die Barmherzigen, die geistlich Armen stehen ganz vorn in der ersten Reihe. Eine Kontrastgesellschaft, in der die Waffen nicht das letzte Wort haben und das Gewissen über allem anderen steht. Die Bergpredigt, das ganze Neue Testament bleibt anstößig für unsere Werte. Es zeichnet vor allen Dingen eine Kontrastgesellschaft, weil es etwas von Erlösung weiß.
Liebe Gemeinde, wir können das Seufzen anschauen, wir können dem Tod ins Gesicht sehen, wir müssen nicht davonrennen. Weil wir uns Gott anvertrauen dürfen. Eine Freundin erzählte mir, kürzlich, als ihre Tochter im Krankenhaus war, habe eine Mutter ihrer Tochter verboten, sie zu besuchen, weil sie sonst schockiert sein könnte von dem Elend dort. Das entspricht unserer Haltung: Augen zu vor all dem Seufzen, der Angst, dem Leid von Mensch und aller Kreatur. Christlicher Glaube heißt aber eben nicht, dass wir uns aus den Lebenszusammenhängen zurückziehen, sondern: Augen auf! Diese Freiheit der Kinder Gottes und das Wissen um Vergänglichkeit und Erlösung befreien uns gerade zum Handeln.
Es heißt in unserem Text, die Kreatur warte darauf, dass die Kinder Gottes offenbar werden. Das heißt für mich: Nun zeigt euch als Gotteskinder und legt eine Spur vom Reich Gottes in dieser Welt. Steht auf gegen den Tod in den Folterkammern und den Hungertod! Hört das Seufzen der Hühner, der Schweine, der geschundenen Tierwelt! Werdet zu Haushalterinnen und Haushaltern Gottes in der bedrohten Schöpfung! Nehmt eure Verantwortung wahr! Wer vor dem Tod nicht davonlaufen muss, kann engagiert für das Leben eintreten. Er bleibt nicht bei den Toten stehen, sondern weiß etwas von der Ewigkeit. Wenn Christinnen und Christen davon etwas erkennbar machten in unserer Welt, davon Zeugnis abgäben, dann würden sie selbst erlöster aussehen. Das hat Nietzsche einst gefordert, als er sagte, er könne sich der Sache des Christentums ja annähern, wenn die Christen denn erlöster aussähen. Ja, das wünsche ich mir an diesem Ewigkeitssonntag 2001, dass wir unseren Glauben ernster nehmen und deshalb etwas mehr spüren lassen von der Freiheit und Lebenslust, die er vermittelt. Dass wir sprachfähig sind, von dem reden, was uns trägt und be-geistert. Liebe Christinnen und Christen, seht doch ein bisschen erlöster aus, lasst etwas glänzen von eurer Hoffnung und verkriecht euch nicht ständig mit eurem Glauben.
Mir wird ja nun oft gesagt, ich sollte mich gefälligst um das Eigentliche küm-

mern und mich nicht in Dinge einmischen, von denen ich als Bischöfin nichts verstehe. Solche Dinge wie Gentechnologie, von der nur Wissenschaftler etwas verstehen. Solche Dinge wie Krieg, von denen nur Politiker etwas verstehen. Oder solche Dinge wie Armut, von der nur Sozialexperten was verstehen. Da sage ich doch: Die Freiheit der Einmischung nehm' ich mir. Denn das Eigentliche im christlichen Glauben ist keine weltabgewandte Sonderexistenz, sondern stets das Gottvertrauen, das mitten in der Welt Gott über allen Dinge liebt und den Nächsten wie sich selbst. Und das deshalb fragt, wo andere sich an Gottes Stelle setzen, wie beispielsweise der DAX. Das fragt, wie es den Schwächsten geht, den Kindern, den Obdachlosen, den Alten, den Behinderten, den Kranken, der geschundenen Schöpfung. Das sagt: So kann es nicht weitergehen. Aus der Hoffnung auf Gottes Zukunft heraus lasst uns Spuren legen vom Reich Gottes, lasst uns Haushalterinnen und Haushalter Gottes sein. Selbst wenn das für uns unbequem ist. Selbst wenn das der Spaßgesellschaft als Störung aufstößt. Selbst wenn andere uns nervig finden. Aber wenn wir fröhlich und mutig und mit Gottvertrauen diese Spur legen – in unserer Welt wäre nicht nur das Seufzen der Kreatur zu hören, sondern auch etwas von dem Wissen, dass die Schöpfung sehr gut war, und der Freudenruf von Weihnachten „Friede auf Erden“, ja, dieser Ruf soll hörbar werden. Amen.

Bioethik-Kongress der EKD 20.01.2002

Der Bioethik-Kongress, den die Evangelische Kirche in Deutschland an den beiden Tagen vor der Bundestagsentscheidung über den Import embryonaler Stammzelllinien durchführte, war eng gefüllt von Vorträgen und Diskussionen. Alle Beiträge kamen von Männern, Frauen tauchten zweimal als Moderatorinnen und eben in dieser Andacht auf. Am Abend des ersten Tages habe ich die Andacht deshalb um die Passage mit dem „Gebärneid“, der Spirale und der Abbruchblutung erweitert, weil ich das als nahezu grotesk empfand, wie intensiv auf einmal die Theologen und Mediziner dies diskutierten. Das konnte ich mir in diesem Fall nicht so recht verkneifen, obwohl ich sonst nicht zu solchen Polarisierungen neige ... Die Andacht ist deutlich aus der Situation heraus entstanden. Der Denk- und Verantwortungszusammenhang muss sicher dringend und intensiv in einen weiteren Horizont gestellt werden. Woher sollen all die Eizellen stammen, die für die Forschung benötigt werden? Welche abstrakt getrennte Rolle werden Frau und Embryo zugeschrieben? Und damit kämen wir in die größeren Zusammenhänge von Organhandel, Menschen als Rohstofflager etc. Wer forscht wo zu welchen Zwecken? Welche Forschung bringt Gewinn, während andernorts ein leicht durch Impfung bekämpfbare Krankheit wie Masern Hunderte von Kindern tötet?

Liebe Gemeinde,
was ist der Mensch? Wie bestimmen wir das Wesen des Menschen? Wie sieht das christliche Menschenbild aus? Diese Fragen haben mich, haben uns, haben unsere Kirche wie unsere Gesellschaft in den letzten Monaten und auch gestern intensiv umgetrieben. Natürlich könnten wir kurz und knapp antworten: Der Mensch besteht aus Fett, Zucker und zu 75% aus Wasser. Oder: Ein durchschnittlicher Europäer oder eine Europäerin verbringt in 75 Lebensjahren 3½ Jahre mit Essen, 12 vor dem Fernseher und produziert in dieser Zeit 40.000 Liter Flüssigkeit.[13] Oder wir definieren emotional: Der Mensch ist ein Wunder wie das Kind, das gerade geboren wurde. Ich habe vier Kinder geboren, ein Kind in der Schwangerschaft verloren und – technisch ausgedrückt – mehrere Abbruchblutungen gehabt. Dass Theologen das euphemistisch als „Verschwendungssucht der Natur“ bezeichnen, habe ich erst gestern gelernt. Wie dem auch sei: Ein Kind bleibt für mich Geschöpf Gottes, Wunder bei aller Forschungsdebatte.
Was ist der Mensch? Aus christlicher Perspektive gibt es dazu einiges beizutragen. Im hebräischen Teil der Bibel finden wir die Rede von der Ebenbildlichkeit des Menschen mit dem Schöpfer, die gestern schon so oft bemüht wurde. Da ist

13 VOX, Das Wunderwerk Mensch, 05.08.2000, 22.10 Uhr.

zum einen der Schöpfungsbericht: *„Und Gott schuf den Menschen zu seinem Bilde, zum Bilde Gottes schuf er ihn;"* (Gen 1,27). Dieses Motiv wird zweimal noch aufgegriffen in Psalm 8,5a,6: „Was ist der Mensch, dass du seiner gedenkst ...? ... Du hast ihn wenig niedriger gemacht als Gott, ...". Und schließlich mit Blick auf das Tötungsverbot (Gen 9,6). In der Theologie ist die in der Schöpfungsgeschichte verankerte Gottebenbildlichkeit die Vorraussetzung dafür, dass Gott und Mensch in Beziehung treten können. Ja, Gott hat den Menschen geschaffen, weil Gott Beziehung sucht und wünscht. Klaus Tanner hat gestern betont, dass die Theologie das nicht immer so gesehen hat. Aber wie gut, dass wir das heute entdecken am biblischen Zeugnis und es sich als hilfreich erweist. Theologie und Kontext stehen ja immer in einem lebendigen Zusammenhang.
Jesus zeigt uns, wie er dieses Ebenbild in jedem erkennt: im Zöllner, in der Ehebrecherin. In jedem Menschen ist also etwas von diesem Ebenbild Gottes zu finden, auch dann, wenn er scheitert, wenn er pflegebedürftig ist, nicht entscheidungsfähig. Die Menschenwürde jedes einzelnen Menschen kann von dieser Gottebenbildlichkeit abgeleitet werden. Der evangelische Theologe Wilfried Härle hat deutlich gemacht, dass „Menschenwürde ohne Transzendenzbezug wohl nicht zu verteidigen ist"[14] In der Tat leiten Christinnen und Christen die Menschenwürde, die unser Staat in seiner Verfassung säkular formuliert, aus dieser Transzendenzbindung ab. Weil Gott den Menschen geschaffen hat, weil Gott uns schon im Mutterleib bildet, so der Psalm 139, den wir vorhin gebetet haben, weil Gott uns auch noch hält über den Tod hinaus, gibt es auch im Leben kein einziges Stadium, in dem Würde verloren gehen kann.
Nun wird heftig darum gestritten, gerade auch auf diesem Kongress, wann denn dieses Leben beginnt. Als Christinnen und Christen können wir hier meines Erachtens keine Grenze setzen. Ich persönlich jedenfalls kann in einer befruchteten Eizelle nicht einfach nur einen „Zellklumpen" sehen. Hier ist doch ein Mensch vollständig angelegt. Aber: Gerade wir wissen, dass Menschen fehlbare Wesen sind. Das christliche Menschenbild ist ja ein sehr realistisches! Der Mensch neigt zur Gewalt, das wissen wir seit Kain und Abel. Er möchte ständig selbst Gott sein, das wissen wir seit dem Turmbau zu Babel. Und er ist verführbar, das wissen wir nun wahrhaftig seit Adam und Eva. Deshalb versagen Menschen immer wieder daran, das Ebenbild Gottes in jedem Menschen zu sehen.
Und auch die Kirche hat in dieser Frage in ihrer Geschichte immer wieder versagt. Vielleicht ist deshalb das Ringen um das Pro und Kontra in Sachen Gentechnologie auch so heftig, wir wollen nicht in Versuchung geraten, Leben preiszugeben. Dieses Ringen gehört nun wahrhaftig zum Protestantismus. Der Rat der EKD hat das erst kürzlich in Reaktion auf den Beitrag der Ethikprofessoren erklärt: Der Streit um die Wahrheit ist Teil unserer Kirche, es gibt kein definitives Lehramt, das die Antworten vorgibt. Und: Wer eine Position in Verantwortung

14 W. Härle, Forschung und Lehre 10/2001, 522f.

wagt, muss sich bewusst sein, dass er oder sie irren könnte – Professoren wie Geistliche und alle anderen auch.

Mit Blick auf das christliche Menschenbild ist gerade jene Verführbarkeit von entscheidender Bedeutung. Der Mensch möchte gern selbst Gott sein. Immer wieder ist diese Versuchung in der Bibel thematisiert. Gerade weil Gott ihn zum eigenen Bilde geschaffen hat, will der Mensch selbst zum Schöpfer werden. Ob hier auch die große Dynamik der Gentechnologie liegt: heilen können, den Tod endgültig überwinden, ja den Menschen schaffen? Severino Antinori ist ganz offensichtlich ein Mensch, der selbst gern Gott wäre! Ja, der Gentechnologe Ron Mckay hat erklärt, so der SPIEGEL: „Wir sind besser als Gott.“[15]

Embryonen besitzen, Leben sozusagen in der Tasche oder tiefgefroren im Gefrierschrank haben, das ist Macht. Krankheiten besiegen, vom Leiden und vielleicht sogar vom Tod erlösen, das ist tatsächlich dann wohl eine ganz andere Form der Gottebenbildlichkeit, nämlich das Sein-Wollen wie Gott. Hierin liegt eine ungeheure Dynamik und Verführbarkeit, die vielen Menschen Angst und Hoffnung zugleich macht. Manche sagen gar, der Gebärneid der Männer findet nun seinen Ausdruck: Der Mediziner im Labor kann Kinder schaffen, ja, es gibt sogar Visionen einer mechanischen Gebärmutter, die dann ein Kind außerhalb des Mutterleibes aufziehen kann. Eizellen werden kostbare Ressourcen, ihr Zur-Verfügung-Stellen den Frauen dann sicher gut bezahlt. Und ganze Kirchenkonferenzen debattieren inzwischen über Anwendung und Wirkung der Spirale – da können Frauen nur staunen.

Die erste Verführung liegt also darin, den Menschen frei zu geben für die Forschung, am werdenden Menschen „verbrauchend“ – welch ein Begriff! – zu forschen und damit die Gottebenbildlichkeit des Menschen anzutasten. Eine zweite Verführbarkeit liegt darin, sich selbst zum Schöpfer des Lebens zu machen, nicht gottebenbildlich, sondern gottgleich. Die dritte Verführung liegt darin zu glauben, Leiden und Tod überwinden zu können, die wir als Christinnen und Christen als Teil des Lebens sehen, so sehr wir um Heilung und Heilsein ringen. Und die vierte Verführung, die sehe ich darin, dass wir den perfekten Menschen schaffen wollen. Den Menschen, der nicht nach Gottes Bild geschaffen ist, sondern den Menschen, den wir nach unserem Bilde schaffen, nach unseren Idealbildern nämlich.

Viele sehen die anstehenden Entscheidungen als möglichen Schritt über den Rubikon. Sollte er gegangen werden – und das liegt in der Hand der Politik und nicht der Kirchen, aber sehr wohl auch in der Hand verantwortlicher Christinnen und Christen! – werden wir angesichts neuer Wege weiter ringen müssen. Immer aber geht es um die Frage der Grenze. Das Forschen ist nach christlichem Verständnis Teil des menschlichen Wesens. Kirchen sind nicht per se forschungsfeindlich: Mose am brennenden Dornbusch – er soll fragen, er darf fragen. Aber es gibt eine letzte Grenze, die ist Heiliges Land! Meines Erachtens wird jene

15 DER SPIEGEL 20, 2001, 246.

Grenze überschritten, wenn ein Embryo mit dem Inkaufnehmen seiner Vernichtung als Forschungsgegenstand benutzt wird.
Die Frage nach der Grenze wird allerdings in unserer Gesellschaft nicht gern gehört. Alles soll grenzenlos sein, und so wird Freiheit definiert. Für einen Christen, eine Christin ist das Selbstverständnis, Geschöpf zu sein, von grundlegender Bedeutung. Hieran eröffnen sich Grenzen und Freiheiten, auch die Freiheit zur Bindung und Selbstbegrenzung.
Was ist der Mensch? Das neugeborene Kind in der Krippe, auf der Flucht. Der sterbende Mann am Kreuz. Ja, das ist der Mensch. Und das ist auch Gott. Wie singen wir in der Liturgie: „Geheimnis des Glaubens." Amen.

Nordseelauf
Open-Air-Gottesdienst Bremerhaven, 02.06.2002
Thema: Mach nicht halt, lauf gegen Gewalt

Die Arbeit unseres kirchlichen Dienstes in Freizeit, Erholung und Tourismus stellt eine ungeheure Chance kirchlicher Arbeit dar. Gerade im Urlaub haben viele Menschen Zeit, den großen Sinnfragen des Lebens nachzugehen. Mancher innerfamiliäre Konflikt bricht auf, der im Alltag zurückgedrängt wurde. So sind die gottesdienstlichen, seelsorglichen und kulturellen Angebote unserer Kirche an den Urlaubsorten an der Nordseeküste, in Harz und Lüneburger Heide besonders gefragt.
Der Nordseelauf im Rahmen der ökumenischen Dekade zur Überwindung von Gewalt wurde von der Urlauberseelsorge gemeinsam mit den Tourismusverbänden an der Nordsee geplant. Acht Etappen an neun Tagen mit einer Gesamtlänge von 91 Kilometern führten direkt am Meer entlang. Es ging über Land und Strand von der Elbe bis an die Ems, von Otterndorf nach Emden. Der vorliegende Gottesdienst fand am zweiten Tag des Laufes bei schönstem Sonnenschein direkt am Wasser statt. Eingesetzt wurden unter anderem Pfeifen, die im Rahmen der Dekade nach dem Motto „Ich pfeif auf Gewalt“ entwickelt wurden. Dieses Pfeifen begegnete uns beim Laufen immer wieder. Menschen, die also offensichtlich beim Gottesdienst gewesen waren und nun die Läuferinnen und Läufer anfeuerten. Die Tagesstrecke von 10,5 km bin ich selbst im Anschluss an den Gottesdienst gemeinsam mit unserem für diese Arbeit zuständigen Pastor mitgelaufen.

Liebe Gemeinde,
was macht denn die Kirche nun schon wieder? Verbindet sich mit den Tourismus-Initiativen an der Nordsee für ein Lauftraining? Was sollen wir jetzt machen, Natur entdecken beim Laufen nach der Rede von Jesus: „Sehet die Lilien auf dem Felde“? Das wäre übrigens gar kein schlechter Ansatz ... Aber Kirche und Tourismus, passt das überhaupt zusammen? Und Sport und Kirche? Was soll das Ganze? Nun habe ich einst gelernt, eine übersichtliche Predigt habe drei Punkte. Da wir ja auch noch gut 10 km laufen wollen, will ich mich an diese Übersichtlichkeit halten.

1. Kirche und Tourismus
In den knapp drei Jahren, die ich jetzt Bischöfin bin, habe ich in der hannoverschen Landeskirche – in der Lüneburger Heide, Ostfriesland, dem Harz und anderswo – gelernt, dass Kirche und Tourismus sehr wohl Gemeinsames haben. Im Urlaub kommen für viele Menschen Fragen an die Oberfläche, die sie im Alltag lange unterdrücken. Wie sieht es aus mit meinem Leben? Da werden Brüche

sichtbar in der Ehe, im Beruf, in der Familie. Die Frage nach dem Sinn des Lebens stellt sich. Und mir ist wichtig, dass dann unsere evangelische Kirche mit ihrer ganz spezifischen Botschaft ansprechbar ist: Du kannst dir deinen Sinn nicht erarbeiten. Gott spricht dir Sinn zu. Da sind Menschen, die Zeit zum Gespräch haben. Da gibt es Räume der Stille, des Gottesdienstes, der Musik in den wunderbaren Kirchengebäuden, die wir haben. Das sind ja keine antiken stillgelegten Denkmäler, sondern Räume des Glaubens, die seit Jahrhunderten Menschen einen Ort geben, ihre Fragen, ihr Freud und Leid vor Gott zu bringen und auch Gemeinschaft zu erleben.
Ja, mit solchen Fragen beginnt manches Gespräch über Glaube, Gott und die Welt im Neuen Testament. Deshalb hat unsere evangelische Kirche eine Gesprächskampagne begonnen mit Fragen. *Was ist Glück?* Und pünktlich zur Fußball-WM: *Sind Fußballer unsere wahren Götter?* Und zur Urlaubszeit meine Lieblingsfrage: *Wohin wollen Sie eigentlich?* Das ist ja eine Frage, die wir uns stellen sollten und die im Urlaub manches Mal endlich einen Ort findet. Wo wollen wir eigentlich hin mit unserem Leben, unserer Welt?

2. Kirche und Sport

Manche finden es ja etwas merkwürdig, dass eine Bischöfin hier heute gut 10 km mitlaufen will. Den Körper wahrnehmen, das ist aber nichts Unchristliches, ja das Christentum ist bei weitem nicht so leibfeindlich, wie viele meinen. Mancher Mystiker schon hat erkannt, dass ein Rhythmus wie beim Laufen: links, rechts, links, rechts, den Körper und die Seele frei macht, lösen lässt vom Unwesentlichen und öffnet für das Wesentliche. Ich erlebe das durchaus so: Laufen befreit den Kopf von manchem Zwang und öffnet für Neues, für Gottesgedanken …
Tatsächlich hat der Sport auch durchaus eine gewaltmindernde Funktion. Gerade junge Leute, die ihre Kräfte messen wollen, können sie so fair messen, in einem Rahmen, in dem auch Verlieren keine Schande ist, sondern zum Spiel gehört. „Dabei-Sein ist alles" – das Motto der Olympischen Spiele, ist wichtig für den Sport, damit er nicht kommerzialisiert wird und die Verlierer Versager werden. Sonst gilt es, zum Doping zu greifen, um ewiger Gewinner zu sein.
Auch der Sport kann gegen Gewalt antreten. Und die Kirche tut dies ebenfalls. Und beiden liegt daran, in einer Gesellschaft der Vereinzelung die Gemeinschaft zu fördern, die Verbindlichkeit miteinander. Wir wissen heute, dass gerade Jugendliche, aber auch viele Erwachsene Orte der Zugehörigkeit suchen. Kirchengemeinden und Sportvereine bieten das an. Sie sollten m.E. viel enger kooperieren!

3. Kirche und Gewalt

Wir haben diesen Gottesdienst unter das Motto gestellt:
„Mach nicht Halt, lauf' gegen Gewalt." Weltweit haben Kirchen die ersten zehn Jahre des neuen Jahrhunderts oder Jahrtausends unter das Motto gestellt: Gewalt überwinden. Aus der ganzen Welt wird uns Gewalt gemeldet, täglich über den

Ticker. Da ist die grausame Gewalt in Konflikten wie zwischen Israel und Palästina, die militärische Gewalt, die wir als Bedrohung wahrnehmen, zwischen Indien und Pakistan, wo 1 Million Soldaten sich an den Grenzen gegenüberstehen. Die Gewalt des Terrorismus, der meint, sich ein Recht nehmen zu können, andere willkürlich zu zerstören und zu vernichten mitten im Alltag. Die Gewalt, die dadurch gefördert wird, dass die Staaten der Welt in diesem Jahr 960 Millionen € für Waffen ausgeben, während weltweit 24 000 Kinder verhungern. Und natürlich, es gibt die Gewalt im Alltag. Die Gewalt durch Worte, die uns in diesen Tagen Herr Möllemann wieder vorgeführt hat. Es gibt aber auch die Gewalt durch Taten, bei prügelnden Familienvätern, bei Mobbing am Arbeitsplatz, bei Gruppendruck in der Schule. Gewalt ist leider alltäglich in dieser Welt, ja sie ist sogar zum Spiel entartet auf vielen TV-Sendern und PCs.
Warum soll das nun Thema der Kirchen sein? Das Neue Testament gibt ein eindeutiges Zeugnis: „Christus ist unser Friede" heißt es dort. Jesus Christus hat uns vorgelebt, wie Menschen wahrgenommen werden können in ihrem ganzen Menschsein und wie der Kreislauf der Gewalt durchbrochen werden kann. Er hat jeden Menschen mit den Augen Gottes angesehen, mit den Augen der Liebe. Den Kranken, von Epilepsie oder Aussatz befallenen. Die Frauen, ob sie nun Prostituierte waren oder Ausländerinnen. Die Kinder. Jeden hat er einzeln angesehen und in jedem etwas erblickt vom Ebenbild Gottes. Jeder Mensch hat eine Würde, eine ganz eigene Würde vor Gott. Vor Gott gibt es keine totalen Versager.
Das ist eine Botschaft, von der ich mir wünschte, dass Robert Steinhäuser in Erfurt sie gehört hätte. Selbst wenn jeder dir den Rücken zukehrt, wenn keiner dich mehr hält und liebt, dann ist Gott da und liebt dich immer noch und trägt dich auch in den schwersten Stunden deines Lebens. Darauf vertrauen Christinnen und Christen. Und deshalb treten sie an gegen die Gewalt, weil Gewalt Leben stört, das Gott geschaffen hat.
Das gilt auch für Jesus selbst. Als er im Garten Gethsemane verhaftet wird, greift einer der Jünger zum Schwert. Eine klassische Situation: Hätte er jetzt zugeschlagen, ein furchtbares Gemetzel hätte sich wahrscheinlich angeschlossen. Jesus sagt aber klipp und klar: Steck das Schwert an seinen Ort. War er damit ein Versager? Vor der Welt vielleicht. Aber der Anblick dieses sterbenden Mannes am Kreuz, den Millionen von Christinnen und Christen als ihren Bruder und Gott sehen, ist auf die Dauer von 2000 Jahren provozierender gewesen und bis heute provozierender als alle martialischen Versuche, Gewalt zu legitimieren.
Ja, das Neue Testament zeichnet eine Kontrastgesellschaft. Nicht die Kriegsführer, die Luftabwehr, der Terror werden selig gepriesen, sondern die Sanftmütigen, die Barmherzigen, die, die reinen Herzens sind. Ist das nicht naiv, mögen Sie fragen? Typisch Kirche, so ein bisschen weltfremd und betulich? Nein, ich bin überzeugt, unsere Welt sehnt sich nach dieser Botschaft der Gewaltfreiheit. Jeder Gefolterte, jedes geschlagene Kind, jeder Flüchtling, jedes Kriegsopfer schreit nach der Überwindung von Gewalt. Weil in einer Welt der Gewalt Kinder nicht in Frieden aufwachsen können. Weil es keine Umgebung gibt, in der

Schönheit, Liebe, Geborgenheit Raum haben. Die wahren Helden des 20. Jahrhunderts sind gewiss nicht Hitler, Stalin oder Idi Amin. Nein, es ist Nelson Mandela, der nach 27 Jahre Gefängnis lebensbejahend und versöhnungsfähig aus dem Gefängnis kommt. Es ist Martin Luther King, der seinen Traum vom friedlichen Zusammenleben der Rassen mit dem Tod bezahlte. Es ist Aung San Sun Kyi, die in Burma gewaltfrei gegen die Militärdiktatur antritt. Die Gewaltfreien sind die Hoffnungsträger. Und Hoffnung haben wir als Christinnen und Christen, weil wir glauben, dass Gott eines Tages alle Tränen abwischen wird und Leid und Not und Geschrei ein Ende macht. Deshalb mischen wir uns heute in die Welt ein, um Tränen abzuwischen, wo wir nur können. Und deshalb laufen wir heute unter dem Motto: Mach nicht Halt, lauf gegen Gewalt. Und wir verbinden mit diesem Anliegen Kirche und Sport. Denn auch die Sportverbände haben sich dieses Themas längst angenommen. Wir könnten wahrscheinlich in vielen Bereichen noch viel besser kooperieren. In der Kirche ist Sport, wie gesagt, oft leider ein Randthema. Wir haben inzwischen in unserer Landeskirche viele Aktionen:

- Männer gegen Männergewalt in unseren Männergruppen,
- die Begleitung von Familien in Gewaltsituationen,
- Versöhnungstische in Kindergärten,
- Meditationsseminare, in denen Vermittlung und Eingreifen gelernt werden kann,
- Aktionen an Schulen wie „Schritte gegen Tritte“
- Das Landesjugendcamp findet derzeit mit 2000 Jugendlichen im Sachsenhain zum Thema „Gewalt überwinden“ statt.

Ja, es gibt Hoffnung. Wir wollen gewaltfrei miteinander leben für die Zukunft unserer Kinder, unserer Welt. Ich glaube, dass das eine gut evangelische Sache ist und im besten Sinne von Gottes gutem Geist begleitet. Insofern, nicht nur heute, sondern täglich: *„Macht nicht Halt, lauft gegen Gewalt“*. Amen.

Aussiedlerkirchentag Lüneburg, 14.09.2002

Die Aussiedlerarbeit ist in unserer Landeskirche an etlichen Orten von besonderer Bedeutung. Für viele bedeutet die evangelische Kirche einen Haltepunkt, einen Ort der Zugehörigkeit inmitten schwieriger fremder Lebensumstände. Erstmals fand ein Treffen von Aussiedlern anlässlich der EXPO 2000 statt. Es war so erfolgreich, dass überlegt wurde, das Experiment auf dem Gelände der Universität Lüneburg (der Gottesdienst fand in der Mensa statt) fortzuführen. Allerdings ist es nicht unumstritten: Ist es richtig, so einen Tag zu veranstalten? Bedeutet das nicht noch mehr Separation? Die Spannungen in manchen Gemeinden sind groß. Manche Ortsgemeinde ist verstört, wenn „ihre" Plätze in der Kirche sonntags schon frühzeitig besetzt sind. Die Aussiedler tun sich schwer, beispielsweise mit ordinierten Frauen. Vor Ort werden die separaten Treffen als Brüdergemeinde oft kritisch gesehen. Es kann Auseinandersetzungen geben etwa aus Anlass von Kunst im Kirchenraum wie in einer Gemeinde in Wolfsburg. Jüngere Aussiedler wenden sich von den traditionellen Formen ab, manche sich den Freikirchen zu ... eine große Gemengelage an Problemen und Spannungen. Rund 1000 Menschen waren in Lüneburg dabei, Aussiedlerinnen und Aussiedler, aber auch viele in der Arbeit mit ihnen Engagierte. So ging es in der Predigt einerseits um Beheimatung in der gemeinsamen Kirche, andererseits auch um das vorsichtige Stellen kritischer Fragen.

Liebe Gemeinde,
dieser Kirchentag steht unter dem Wort des Galaterbriefs
„Ihr seid allesamt einer in Christus Jesus". Das ist ja schön und gut, mag manch einer sagen, ein Ideal, das Paulus da zeichnet. Dabei wissen wir doch, dass wir eben nicht alle eins sind: Schon damals gab es klare Trennungen zwischen Juden und Griechen, Sklaven und Freien, und bis heute gibt es Trennungen zwischen Männern und Frauen und auch Aussiedlern und Einheimischen. Eine schöne Idee, ein schönes Leitwort. Aber da sind wir doch eher bitter. Eine Aussiedlerin schrieb mir:
„Die Teilnehmer des 2. Aussiedlerkirchentages werden die Landesbischöfin und ihre Rede mit Applaus begrüßen, so wie sie früher die Präsens eines kommunistischen Parteivorsitzenden bei den Versammlungen mit Applaus begrüßt haben. Nicht mehr. Und nach Hause fahren sie alle mit dem Versprechen: ‚Es ändert sich was.' Aber es ändert sich in Wirklichkeit kaum was. Wir bleiben auch weiterhin ausgegrenzt. Ich denke, dass beide Parteien, Aussiedler und Einheimische, diese Verständniswege finden wollen, aber nicht finden können. Uns das zu ermöglichen, betrachte ich als die größte Aufgabe der Kirche. Das ist für uns, alle

Christen Deutschlands, eine Herausforderung, aber auch gleichzeitig eine große Chance für unsere gemeinsame Zukunft.
Mein Vorschlag: Wir brauchen keinen Extra-Aussiedlerkirchentag. Grenzen Sie uns bitte nicht aus."
Diese Mail ist einerseits bitter, andererseits nicht hoffnungslos. Verständigungswege sollen gefunden werden. Und wären die nicht zu finden?
Für mich gab es im Ökumenischen Rat der Kirchen eine entscheidende Erfahrung: Christinnen und Christen sind Menschen aus allen Nationen und Kulturen der Erde, die gemeinsame Texte kennen, die sie auswendig miteinander sprechen können, in so verschiedenen Sprachen und dennoch wissen: Wir sprechen dasselbe, dieser Text bedeutet uns viel. Das ist beispielsweise so, wenn in einem ökumenischen Gottesdienst das Vaterunser gebetet wird und es heißt: Jeder und jede bete in der eigenen Sprache. Dann kommt ein großes Gemurmel, das fast an den Turmbau zu Babel denken lässt: ein großes Durcheinander der Sprachen. Das kann geradezu beängstigend wirken. Das Beruhigende daran ist: Ich weiß, alle sprechen diese Worte: Vaterunser im Himmel ... Sie beten zu Gott, den wir durch Jesus kennen gelernt haben, auf ihre Weise. Das gleiche gilt für das Glaubensbekenntnis, das wir miteinander sprechen können.
Und dann gibt es ein Bibelwort, das weltweit besonders geliebt wird und bei dessen ersten Worten viele Herzen zu klingen beginnen: *Und ob ich schon wanderte im finsteren Tal.* Manchmal habe ich mich über diesen Psalm 23 geärgert: Fällt denn Konfirmanden wirklich nichts anderes ein, als „Der Herr ist mein Hirte", wenn sie sich einen Konfirmationsspruch suchen sollen? Findet ein Brautpaar wahrhaftig keinen anderen Trauspruch als „Gutes und Barmherzigkeit werden mir folgen eine Leben lang"? Kann die Familie zur Beerdigung nicht etwas kreativer sein als: „Denn du bist bei mir, dein Stecken und Stab trösten mich"? Dieser Psalm 23 muss aber weltweit bei Menschen etwas im Herzen anrühren, bei Juden wie Christen, das sie zutiefst trifft.

1 Der HERR ist mein Hirte, mir wird nichts mangeln.

Dieser Vers drückt ein ungeheures Vertrauen aus. Er ist sozusagen die Grundlegung für ein ganzes Leben. Ich weiß, da gibt es außerordentlich kitschige Motive von Jesus als dem Hirten, der das kleine süße Schaf um den Hals hängen hat. Das habe ich, als ich mein Amt antrat, unter anderem geerbt als Gruß zur Goldenen Hochzeit,. Nein, habe ich gedacht, Kitschmotive aller Orten! Die Urkunde ist jetzt neu gestaltet ...

Der Vers aber ist in keiner Weise kitschig, er ist eine fast trotzige Glaubensaussage. Der Herr ist mein Hirte. Im ursprünglichen Text ist es natürlich nicht *der HERR*, sondern Jahwe, der große Gottesname, der von Jüdinnen und Juden nur mit Ehrfurcht ausgesprochen wird. Vielmehr: Jene vier hebräischen Buchstaben werden gar nicht ausgesprochen, der Name Gottes ist dafür zu heilig und wird umschrieben mit Adonai. Das ist Gottes Name im Judentum. Gott, der du ewig warst, der du ewig sein wirst, du bist mein Hirte. Mir wird nichts mangeln.

Trotzig finde ich diese Aussage, weil natürlich viele Menschen auf der Welt Mangel verspüren. Sie hungern zu Tausenden, ja zu Millionen. Sie sind auf der Flucht überall auf der ganzen Welt. Sie werden vertrieben, gefoltert, vergewaltigt. Trotzig heißt es: Mir wird nicht mangeln. Weil eben Gott unser Hirte ist. Gegen alles, was in der Welt geschieht, vertrauen wir Gott. Selbst da, wo wir ihn nicht erkennen können, in dem, was vor sich geht, ist Gott doch da, auch als der verborgene Gott.

In Deutschland gibt es nicht mehr so viele Hirten nicht. Aber das Bild des Hirten ist uns immer noch bekannt, auch in einer Industriegesellschaft. Ein Hirte strahlt als Figur zuallererst Ruhe aus. Das ist einer, der mit dem Stock dasteht, in Wetter und Wind, in Sonne und Regen. Er steht da und hütet seine Schafe. Er achtet darauf, dass nicht das kleinste verloren geht. Jesus hat das im Gleichnis ja sehr schön dargestellt. Jesus, der gute Hirte, der das verlorene Schaf nicht verloren gibt. Manche Kirchengemeinde nennt sich danach, wenn Sie im Internet nachschauen unter Hirte und Schafe, ist es voll von biblischen Betrachtungen.
Als ich studierte, hängte ein junges Paar das Theologiestudium an den Nagel, um sich ganz der alternativen Landwirtschaft zu widmen, der Mann ließ sich zum Schäfer ausbilden. Ich habe die beiden des öfteren besucht. Sie haben schnell herausgefunden, dass das Hirtendasein in keiner Weise romantisch ist. Das bedeutet harte Arbeit. Es ist entbehrungsreich, trennt von der Familie, liefert dich der Natur aus.
Ich denke, dieses Bild von Gott als dem Hirten drückt eine Ursehnsucht von uns Menschen aus: Da soll jemand sein, der sich um uns sorgt. Jemand, der sich um uns kümmert, selbst wenn wir schon längst erwachsen sind und keine Kinder mehr. Jemand soll uns lieben, darauf achten, dass wir nicht abstürzen, für unser Sein und unsere Nahrung zuständig sein. Doch, ja, auch als Erwachsene haben wir diese Sehnsucht, keine Frage. Lieber Gott, sei du doch bitte zuständig, sei unser Hirte.
Nach meiner Erfahrung ist dieses Urvertrauen gut, vor allen Dingen auch in der Erziehung ein wichtiger Aspekt. Ich weiß sehr wohl, dass ich als Mutter oder auch als Vater versagen werde. Wir sind unseren Kindern nicht immer Vorbilder, und manches Mal machen wir mehr als einen Fehler. Wenn wir unseren Kindern aber das einpflanzen können: Gott ist da, an den kannst du dich wenden, der sorgt noch für das kleinste Schaf, dann ist ein Urvertrauen gepflanzt, auf das ein Leben aufbauen kann.

2 Er weidet mich auf einer grünen Aue und führet mich zum frischen Wasser.

Ja, Gott wird für mich sorgen. Grüne Auen, frisches Wasser, das ist Leben in seiner ganzen Fülle. Davon spricht Jesus selbst ja auch: Ihr sollt Leben in einer ganzen Fülle haben. Das ist die Hoffnung, mit der viele Menschen auch nach Deutschland kommen: das Leben in seiner ganzen Fülle haben, frische grüne Weiden und frisches Wasser sind ein Symbol dafür.
Der Alltag in Deutschland ist sehr viel trockener, da gibt es viel trockenes Gras und viele versiegte Quellen. Das weiß ich wohl. Menschen grenzen sich von einander ab: mein Grundstück, mein Haus, mein Auto, meine Familie. Da sind Aussiedler und Aussiedlerinnen oft wenig willkommen. Sie sprechen eine andere Sprache, sie sitzen mit Kopftuch in der Gemeinde, sie benehmen sich anders als die hier Geborenen. Aber das gilt nicht nur für Aussiedler, das gilt auch für Flüchtlinge aus dem Iran, aus Afghanistan, aus dem Kongo und aus Sri Lanka, es gilt für die Enkelkinder der ersten Türkinnen und Türken, die als sogenannte Gastarbeiter nach Deutschland geholt wurden. Kein frisches Gras, keine grünen Weiden. Kein erfülltes Leben, sondern Demütigung, Ausgrenzung und vielleicht sogar Angst.

3 Er erquicket meine Seele. Er führet mich auf rechter Straße um seines Namens willen.

Inmitten dieser Dürre gibt es Erquickung – ein altes Wort, das wir heute gar nicht mehr benutzen. Unsere Kinder würden vielleicht sagen: eine eisgekühlte Cola. Eine Erfrischung – aber nicht für den Körper, sondern für die Seele. Die Seele, die so oft verletzt ist, die dünne Haut, die wir oft verbergen unter unserer dicken Schicht von angeblichem Selbstbewusstsein. Gott kann ich auch meine Seele anvertrauen, vor Gott gibt es kein Verbergen und kein Schummeln.
Inmitten aller Unsicherheiten zeigt Gott uns einen Weg, die Straße, auf der unser Leben weitergehen kann. Diese Straße ist eine Einbahnstrasse, sie führt auf Gottes Zukunft hin. Aber sie ist keine Sackgasse, die mit unserem Tod endet. Nein, sie ist eine Straße über den Tod hinaus. Für diese Straße hat Gott uns ein paar Straßenverkehrsregeln mit auf den Weg gegeben sozusagen: Wir sollen Gott über alle Dinge lieben und unseren Nächsten wie uns selbst, beispielsweise. Markierungspunkte, wenn wir auf unserem Lebensweg Entscheidungen zu treffen haben …
Warum tut Gott das für uns? Um seines Namens willen, heißt es. Da ist er wieder, dieser Name Gottes. Ich bin, der ich bin, ich werde sein, der ich sein werde – Gott hat einen Namen, Gott ist uns nicht fremd, Gott ist treu und zuverlässig. Wir verstehen das heute gut, denke ich. Da sagt einer: „Ich lasse mir meinen guten Namen nicht kaputt machen durch diese Aktion." So meint Gott: Um meines Namens will, um meiner Zuverlässigkeit willen, werde ich Menschen nicht allein lassen auf dem Lebensweg.
Für Christinnen und Christen ist dieser Name Gottes in Jesus uns noch näher gekommen: Wir dürfen Gott mit „Vater" anreden. „Abba", sagt Jesus, das heißt

auf hebräisch „lieber Vater“, ist fast zärtlich gemeint. Es ist der Ausdruck vollkommnen Vertrauens eines Gotteskindes. Aber Gott ist nicht darauf festgelegt, etwa ein Mann zu sein. Nein, Gottes Wirklichkeit ist viel größer als alle unsere Festlegungen, und deshalb dürfen wir Gott auch als „Mutter“ anreden oder als „Herr“ oder als „Freundin“.

4 Und ob ich schon wanderte im finstern Tal, fürchte ich kein Unglück; denn du bist bei mir, dein Stecken und Stab trösten mich.

Der 28. August ist der Gedenktag der Vertreibung der Wolgadeutschen 1941. Das war ein finsteres Tal. Ein Dekret Stalins, das ihnen vorwarf, Kollaborateure des Deutschen Reiches zu sein, führte zur grausamen Deportation von fast 400 000 Menschen nach Sibirien, Kasachstan, Kirgistan und Tadschikistan. Weitere Deportationen auch aus Leningrad und dem Südkaukasus, aus der Ukraine und dem Warthegau folgten. Hunger, Kälte, Willkür und Schwerstarbeit waren die Folge. Sie wurden als „Deutsche“ diffamiert und oft wurde deutsch „gleichgesetzt mit „christlich“ … keine Empfehlung in Sowjetzeiten.
Ach doch, das finstre Tal, das kennen viele von ihnen. Schlimm war das auch nach 1956, als die Verbannungsorte verlassen werden konnten, in der Sowjetunion im Kalten Krieg. Ausgeschlossen, gebrandmarkt als Deutsche, verdächtigt. Da war die Gemeinschaft im Glauben eine große Stütze. Es gab Trost, miteinander zu beten, Gottes Wort zu hören, zu singen. An Gott, an die Gemeinschaft konnte man sich anlehnen. Und dann war da die Hoffnung, in Deutschland gäbe es die grünen Auen.
Aber wiederum war und ist manches finstre Tal zu durchschreiten. Aussiedler in Wittstock trauen sich kaum noch auf die Straße, nachdem ein junger Mann ermordet wurde, anderen eine Bierflasche über den Kopf flog. Vielerorts werden Aussiedler gebrandmarkt als „Russen“ – paradox, nun alles andersherum. War es falsch zu gehen? Werden die Kinder hier Wurzeln schlagen? Waren die Alten nicht zu alt, um noch einmal verpflanzt zu werden? Werden die alten Sitten und Bräuche in der fremden neuen Heimat zerstört? Noch immer ein finstres Tal …

5 Du bereitest vor mir einen Tisch im Angesicht meiner Feinde.

Der Psalmbeter empfindet Gottes Zusagen als Auszeichnung, als Privileg. Inmitten der Anfeindung ein gedeckter Tisch – es ist erstaunlich, wie gut wir uns das Tausende von Jahren nach der Verfassung des Psalms vorstellen können. Da sind Menschen, die mich nicht mögen, die mich ablehnen, ja hassen. Und jemand kommt, deckt mir einen Tisch, ich esse daran. In einem piekfeinen Restaurant, und die Neider gucken. Habe ein fröhliches Picknick am See, lasse es mir gut gehen, und die Hasser ärgern sich. Ein bisschen diebische Freude ist da schon dabei, oder? So ein Gefühl: Tja, hättet ihr nicht gedacht, was? Oder denken wir an Asylsuchende. Im Tempel, im Gotteshaus Ruhe finden vor Verfolgung, Schutz, einen gedeckten Tisch gar angesichts drohender Abschiebung?

Aber der gedeckte Tisch hat für uns als Christinnen und Christen auch den Anklang des Abendmahls: Jesus deckt den Tisch für uns, gibt uns sich selbst als Brot und Wein. Das hatte der Psalmbeter nicht vor Augen, aber es kann für uns mitschwingen. Der gedeckte Tisch für uns. Der Tisch, um den wir uns versammeln. Und an diesem Tisch dürfen wir uns erinnern. „Zu seinem Gedächtnis" teilen wir Brot und Wein. In Erinnerung daran, dass Jesus selbst mit den Jüngerinnen und Jüngern zusammenkam, um zu essen, um zu trinken und sie auf seinen Tod und seine Auferstehung vorzubereiten.
Und wir kommen auch zusammen zu unserem Gedächtnis. Es ist wichtig, die eigene Geschichte zu erinnern. Es geht darum, sie auf diesen Tisch der Gemeinschaft mit Gott und den Menschen zu legen. Wir müssen nicht vertuschen, wer wir sind und woher wir kommen. Menschen haben Wurzeln – und selbst wenn sie gekappt sind, ist doch der junge Trieb nichts ohne diesen Ursprung. Eine Kultur der Erinnerung tut not. Vielleicht sollten sie mehr erzählen und hier Geborene mehr hören. Vielleicht sollten wir mehr Zeit miteinander als vor den Fernsehern verbringen, damit wir uns näher kommen, wie es sich die Briefschreiberin vom Anfang wünscht. Die Bibel selbst ist ein Buch der Glaubensgeschichten, und jede Generation schreibt auf der Grundlage der Bibel ihren Glauben fort. Wir haben eine große Erzähltradition, die wir pflegen sollten.

Du salbest mein Haupt mit Öl und schenkest mir voll ein.

Das Salben eines Hauptes hat in der Bibel eine besondere Bedeutung. Wer gesalbt wird, ist Mann Gottes. Das Salben kann den König David auswählen. Eine Frau salbt Jesus die Füße mit Öl und trocknet sie mit ihren Haaren. Salben ist eine Auszeichnung. Öl ist kostbar. Wir können uns von Gott gesalbt fühlen. Gott will uns nahe sein, uns hegen, uns seine Liebe zeigen. Voll wird uns eingeschenkt. Nicht ein bisschen zum Probieren, sondern Gott wendet sich uns ganz und gar zu. Da gibt es keinerlei Vorbehalte.

6 Gutes und Barmherzigkeit werden mir folgen ein Leben lang, und ich werde bleiben im Hause des HERRN immerdar.

Als ich als junge Pastorin zum ersten Mal an einem Sterbebett saß und die Hand des alten Mannes hielt, sagte er: „Frau Pfarrer, ich habe Schlimmes erlebet im Leben. Zwei Weltkriege, ein Kind, das mir gestorben ist, meine Frau, die sich mit dem Krebs so entsetzlich gequält hat. Aber da war auch immer das Gefühl der Nähe Gottes, Gott, der mich hält in guten und in schlechten Tagen." Ja, das Gute ist nicht immer erkennbar. Da gibt es schwarze Tage in unserem Leben, wie es der 11. September für viele Amerikaner war. In dieser Woche haben wir besonders an die Menschen gedacht, die vor einem Jahr so gnadenlos in den Tod gerissen wurden.
Einer von ihnen, Todd Beamer, saß im United Airlines Flug 93 und hatte gehört,

was in New York passierte, erlebte, dass Terroristen auch seine Maschine in der Gewalt hatten. Er rief von einem Nottelefon aus an, erzählte der Frau am anderen Ende von seiner aussichtslosen Lage. Dann betete er mit ihr ein Vaterunser und den 23. Psalm. Schließlich bat er sie, seine Frau und seine beiden Söhne zu grüßen. Dann forderte er andere Passagiere auf, mit ihm gegen die Terroristen anzutreten. „Let's roll", „Auf geht's", sind die letzten Worte, die von dem 31-Jährigen überliefert sind. Sind ihm nun Gutes und Barmherzigkeit gefolgt? O ja, er wusste, dass Gott ihm beisteht über den Tod hinaus. Das Haus Gottes ist größer als unser Leben. Wir werden bleiben im Hause des Herrn, auch wenn unser Leben hier ein Ende nimmt.

Ja, liebe Gemeinde, ein Trostpsalm für Gottes Herde. Diese Herde ist eine, das sagt Paulus im Galaterbrief. Sie teilt das große Erbe des Wortes Gottes, sie baut ein vorläufiges Haus hier auf der Erde in den vielen Gotteshäusern, die wir bauen.

Ich bin überzeugt, als Christinnen und Christen können wir viel dazu beitragen, dass Menschen miteinander und nicht nebeneinander oder gegeneinander leben. Wir sind ein Volk aus vielen Völkern. Durch die Taufe werden wir zu einem Volk. Da ist es ganz egal, woher wir kommen, ob aus Kasachstan oder Niedersachsen, aus Kirgisien oder Bayern. Und auch egal, ob aus dem Sudan oder der Türkei, aus Brasilien oder Palästina oder Indonesien.

Das Volk Gottes überschreitet alle Grenzen von Kulturen und Nationen. Sollte es nicht zu einem Hoffnungsvolk in allen Völkern werden können? Ich bin überzeugt, dass das möglich ist, wenn wir uns auf die Gemeinsamkeiten besinnen, auf den Grund unseres Glaubens, darauf, das uns mehr verbindet, als uns trennt. Wir verleugnen den, der für unsere Einheit zum Vater gebetet hat (Joh 17), wenn wir ständig unsere Trennungen und Vorurteile pflegen. Gott hat die Welt geschaffen, wir sind seine Geschöpfe, und wir sind ihm gegenüber rechenschaftspflichtig. Gott hat uns beschenkt mit dem Glaubensbuch Bibel, Jesus ruft uns zur Gemeinschaft, und wir lassen uns in die Nachfolge rufen. Ich wünsche mir sehr, dass dieser Aussiedlerkirchentag einen Beitrag zur Gemeinschaft liefert und nicht zur Trennung, dass er Wurzeln stärkt und Mut macht für die Mühen des Alltags. Dazu gebe Gott seinen reichen Segen. Amen.

2 Grundsatzpredigten

Immer wieder werde ich gebeten, zu einem biblischen Grundsatzthema zu predigen: den Geboten, dem Vaterunser etc. Das halte ich für eine gute Gelegenheit, Elementares aus unserem Glauben zu vermitteln. Vielen sind die biblischen Texte fremd geworden, sie sind unsicher, was denn der eigene Glaube bedeutet, während gleichzeitig viele meinen, das Christentum sei „ein alter Hut". Jede dieser Predigten ist also eine besondere Chance.

Seligpreisungen – Neujahrsbegegnung Christophoruskirche Göttingen, 23.01.2000

Die Christophorusgemeinde in Göttingen ist in gesellschaftlichen Fragen besonders engagiert. 3700 Gemeindeglieder in einem Mischgebiet aus Wohneinheiten, wissenschaftlichen Einrichtungen sowie Unternehmen aus Industrie und Handel. In der Selbstdarstellung heißt es: „Der jungen Tradition unserer Gemeinde folgend sind wir offen für Neues und Unkonventionelles ... Typisch ist für uns der hohe Anteil ausländischer Menschen, durch Uni und Zuwanderung, sowie die große Zahl von jungen Erwachsenen."
Die Neujahrsbegegnungen gibt es seit 1992. Es werden jeweils Persönlichkeiten von außerhalb um eine Gastrede, ein zeitrelevantes Statement im Rahmen eines Abendgottesdienstes mit anschließendem Empfang und Gespräch gebeten. Lieselotte Funke, Rudolf von Thadden, Dorothee Sölle sind einige der bisherigen Gäste. Ich wurde spezifisch eingeladen, eine Predigt zu den Seligpreisungen einzubringen. Anschließend gab es eine Diskussion um unterschiedlichste gesellschaftliche und kirchliche Fragen.

Liebe Gemeinde,
träumen am Beginn des neuen Jahres, Jahrzehnts, Jahrhunderts, Jahrtausends? Wir sind doch aufgeklärte und abgeklärte Menschen des nunmehr 21. Jahrhunderts! Wer träumt denn noch? Schon wenige Tage nach dem von manchen mit Spannung erwarteten und zum Großereignis stilisierten Jahreswechsel ist deutlich geworden: Nichts ändert sich, Kriegsmeldungen und Korruptionsgeschichten beherrschen die Schlagzeilen. Und da wollen Sie hier in Göttingen von Träumen sprechen, denen wir das Leben geben? Träumer, das sind doch Utopisten, nicht gemacht für den Machtkampf der Welt. Und Träumerinnen, die sind eben ein bisschen schräg oder spinnert, keine Ahnung von der Realität. Ungerechtigkeit

gehört zur Welt wie das Amen in die Kirche. Kriege wird es immer geben. Jeder ist sich selbst der Nächste. Und die Klimakatastrophe, die kommt sowieso. Das ist der cantus firmus der Welt. Resignation macht sich breit, mancherorts auch eine Verliebtheit in den Untergang, die Klage. Und es gibt auch die Angst vor Veränderung, das krampfhafte Festhalten des Eigenen, dessen, was wir vorfinden, kennen. Es träumt sich wohl leichter, wenn man wenig zu verlieren hat.
Menschen haben aber stets geträumt, haben aus ihren Träumen die Kraft und den Mut zu Veränderungen geschöpft. Sie haben sich von ihren Träumen leiten lassen, Wegweisung Gottes erkannt. Die meisten kennen den größten Träumer der Bibel, Joseph. Dass er seinen Träumen nachging, hat ein ganzes Volk vor der Hungerkatastrophe bewahrt. Da ist Jakob mit seinem Traum von der Himmelsleiter, in dem Gott ihm Zuversicht gibt über den weiteren Weg. Oder denken wir an die drei Weisen, denen Gott im Traum zeigte, dass sie nicht bei Herodes vorbeischauen auf dem Rückweg von Bethlehem. In der biblischen Tradition sind Träume also Wegweisungen. Nun hat uns spätestens seit Sigmund Freud die Psychologie einen naiven Zugang zu unseren Träumen der Nacht verbaut. Dennoch stehen Träume noch heute für Zukunftsentwürfe, auch wenn unsere so aufgeklärte Zeit ihnen skeptisch gegenübersteht.
Und die Seligpreisungen, die wir gehört haben. Was ist das denn nun? Utopie? Vorwegnahme des Reiches Gottes? Oder: Jesus ein Träumer? Kaum ein Text hat so viele Menschen beeindruckt, beeinflusst, beflügelt wie dieser. „Mit der Bergpredigt kann man keine Politik machen", sagte Altbundeskanzler Helmut Schmidt. „Ich wüsste gar nicht, wie ich ohne die Bergpredigt Politik machen sollte", sagt Ministerpräsident Reinhard Höppner. Hören wir in den Text hinein:

> Mt 5,1–12
> *1 Als er aber das Volk sah, ging er auf einen Berg und setzte sich; und seine Jünger traten zu ihm. 2 Und er tat seinen Mund auf, lehrte sie und sprach: 3 Selig sind, die da geistlich arm sind; denn ihrer ist das Himmelreich.*

Du liebe Zeit, die geistlich Armen, wo kommen wir da hin? Es müssen doch die Besten, die Klugen, die Leistungsträger sein, die unsere Welt gestalten – und wohl auch das Himmelreich. Wen meint Jesus eigentlich mit den geistlich Armen? Lukas spricht an der parallelen Stelle einfach von den Armen: Selig seid ihr Armen. Gemeint ist hier wohl dasselbe. Aber das Wort „arm" hat auch im Griechischen einen doppelten Sinn. Hier ist die innere Haltung gemeint. Es geht um Menschen, die aufgrund ihrer Lebenssituation alles von Gott erwarten müssen. Sie sind ganz und gar auf Gott angewiesen. Und weil sie Gott die Treue halten, werden sie verspottet. Es sind, wie Julius Schniewind sagt, „die Stillen im Land". Es ist das Armsein, das Luther meint, wenn er sagt: „Wir sind Bettler, das ist wahr." Nicht wegen einer Gabe, wegen eines Mangels werden Menschen selig gepriesen. Die Verachteten, die am Rande. Das ist ein eklatanter Widerspruch zu den Kriterien unserer Leistungsgesellschaft. Wenn neuere Übersetzungen das „selig" mit „glücklich" übersetzen, wird das noch offensichtlicher. Unsere Gesellschaft lebt doch nach dem Dogma: Geld und Erfolg machen glücklich. Jesus spricht denen Glück zu, die sich nur noch auf Gott verlassen. Wegen eines Mangels, nicht einer Leistung werden sie selig gesprochen. Dabei ist selig noch etwas anderes als der heute so entleerte Glücksbegriff. Selig weist auf eine Balance, auf Lebensfülle, Gottesnähe.

> *4 Selig sind, die da Leid tragen; denn sie sollen getröstet werden.*

Trost für die Leidtragenden Trost für die schreienden Mütter in Grosny. Für den langsam sterbenden alten Mann. Trost für das vergewaltigte kleine Mädchen in Bangkok und für den von einer Mine zerfetzten Soldaten? Ja, selig sollen sie sein, glücklich. Vielleicht wird hier am besten sichtbar, wie die Hoffnung der Seligpreisungen unsere Zeit und Welt überschreiten, aber doch gleichzeitig in ihr wurzeln. Das Leiden auf Erden ist unermesslich. Auch das 21. Jahrhundert wird kein Friedensreich schaffen. Vor allem wird der Tod sein. Aber einst wird der Tod überwunden. Die Botschaft von der Auferstehung klingt hier an.

> *5 Selig sind die Sanftmütigen; denn sie werden das Erdreich besitzen.*

Die Sanftmütigen, sind das nicht die Naiven? Was ist heute ein Bild für Sanftmut? Mütterlich, Väterlich? 1995 habe ich in Brasilien die Xukuru-Indianer besucht. Im Nordosten fuhren wir durch unwegsames Gelände mit einem LKW, bis wir an den Ort kamen, an dem sie sich neu ansiedelten. Ihr Stamm war dort von den Kolonisatoren vertrieben worden. In aller Naivität sind sie eines Tages entschlossen auf ihr altes Land gezogen. Der junge wahrhaftig sanftmütige Häuptling sagte: „In den Slums der Vorstädte wären wir untergegangen. Das können wir auch hier." So saßen sie da, knapp einhundert Leute. Ihr größter Schatz waren drei Säcke Saatgut, und ihr größtes Glück war ein 16-jähriges Mädchen, das ein Baby geboren hatte. Das erste Xukuru-Kind auf Xukuru-Land seid 300 Jahren. Nur drei Monate duldete der Großgrundbesitzer die Besetzung, dann wurden sie mit Gewehren vertrieben …

> *6 Selig sind, die da hungert und dürstet nach der Gerechtigkeit; denn sie sollen satt werden.*

Satt an Gerechtigkeit. Weil alle Arbeit haben? Weil Kinder kein Armutsrisiko mehr sind? Weil jeder Mensch Nahrung und Obdach und Bildung erhält? Manches Mal habe ich den Eindruck, wir gewöhnen uns so an das Unrecht, dass wir Hunger und Durst gar nicht mehr als bittere elementare Probleme wahrnehmen. Aber es gibt die, die sich nicht einfinden in die Realpolitik. Die den Fremden Obdach geben. Vorfindliche Grenzen überschreiten.

7 Selig sind die Barmherzigen; denn sie werden Barmherzigkeit erlangen.

Sich eines anderen erbarmen. Mit der Geschichte vom Barmherzigen Samariter hat Jesus uns ein Beispiel hinterlassen, das die Wegschaugesellschaft provoziert.

8 Selig sind, die reinen Herzens sind; denn sie werden Gott schauen.

Schaffe in mir, Gott, ein reines Herz, haben wir als Kinder gebetet. Und schon als Jugendlichen kam uns das bald lächerlich vor. Ein reines Herz. Sich öffnen, vertrauen, lieben. Ehrlich sein und das nicht als dumm empfinden.

9 Selig sind die Friedfertigen; denn sie werden Gottes Kinder heißen.

Ach, wenn die Kirchen das doch gelernt hätten, aus den vergangenen Jahrhunderten, dass das Friedensstiften ihre Sache ist und nicht die Legitimation von Krieg. Ich setze persönlich große Hoffnungen auf das Programm zur Überwindung der Gewalt, das der Ökumenische Rat der Kirchen für die ersten zehn Jahre des Neuen Jahrtausends ausgerufen hat. Die Kirchen wahrhaftig als Friedensstifter. In der Familie, im Miteinander der Gesellschaft, in internationalen Konflikten. Das ist wahrhaftig ein Traum für eine neue Zeit.

10 Selig sind, die um der Gerechtigkeit willen verfolgt werden; denn ihrer ist das Himmelreich.

An die großen Szenarien können wir denken. Ken Saro Wiwa, hingerichtet, weil er für die Rechte der Ogoni eintrat in Nigeria. Weil er die Militärdiktatur störte und die Konzerne. Aber auch die kleinen Szenarien. Wer heute in unserem Land von Verteilungsgerechtigkeit spricht, wird schnell mundtot gemacht mit dem Argument, die Planwirtschaft sei diskreditiert, nun müsse der Markt sich entfalten.

11 Selig seid ihr, wenn euch die Menschen um meinetwillen schmähen und verfolgen und reden allerlei Übles gegen euch, wenn sie damit lügen. 12 Seid fröhlich und getrost; es wird euch im Himmel reichlich belohnt werden. Denn ebenso haben sie verfolgt die Propheten, die vor euch gewesen sind.

Gewiss, Gemeinden, die verfolgt werden, hat es immer gegeben. Die gibt es auch heute, beispielsweise im Sudan, in Indonesien, in Pakistan. Zu einer christlichen Gemeinde zu gehören, kann dort lebensgefährlich sein. Hier in unserem Land gibt es noch eine andere Konstellation. In der Kirche sein wirkt peinlich. „Du, in der Kirche, hast du das nötig?“ Gottvertrauen – da werden wir ja fast schon zu den geistlich Armen gezählt.

Liebe Gemeinde, was ist das für ein gewaltiger Text. Jede Seligpreisung ist ja eine eigene Predigt wert. Was für ein Traum! Das kann einen zu Tränen rühren in dieser so verwirrten, ja scheinbar aussichtslosen Zeit. Und nicht nur heute: Über 2000 Jahre hinweg wurde er in allen Kontexten und Kulturen verstanden. Ich wünsche mir, dass wir als Christinnen und Christen an diesem Traum festhalten. Wir wissen, alle Tränen wird erst Gott abwischen, wenn Leid und Tod und Geschrei nicht mehr sein werden. Diese Fähigkeit zum Blick über das jetzt und hier hinaus kann aber beflügeln, das jetzt und hier Mögliche zu tun. „I have a dream“ – diese berühmte Rede Martin Luther Kings wird ein Hoffnungsschimmer sein, der aus dem von Kriegen zerrissenen 20. Jahrhundert in die Zukunft leuchtet.

Jesus malt Bilder gegen die Wirklichkeit. Seine Seligpreisungen überschreiten das real Erlebte. Es kann auch ganz anders sein, sagt er. Wir können unseren Träumen nachspüren, uns finden, Wirklichkeit verarbeiten, Wege in die Zukunft erkennen. Wir dürfen uns auch inspirieren lassen davon, dass Jesus ein Miteinander der Menschen gezeichnet hat jenseits der Machtkämpfe, Intrigen und Leistungsansprüche, jenseits des Gegensatzes von Arm und Reich, von bedeutend und unbedeutend. Die Welt könnte gelingen. Die UN schreibt in ihrem Jahresbericht, dass der Zirkel von Armut und Elend innerhalb einer Generation überwunden werden könnte. Wir könnten in Frieden miteinander leben. Wir könnten nachhaltig wirtschaften. Vielleicht ist es die dringlichste Aufgabe der Christinnen und Christen heute, diese andere Lesart, diese Hoffnung einzubringen in unsere Zeit und Welt. Ich weiß es wohl als Bischöfin, die Stellenplanung drückt, und die Angst vor einer Finanzkrise durch die Steuerreform geht um. Aber all das darf uns nicht entmutigen, von den unbändigen Hoffnungen zu sprechen, die unser Glaube uns gibt. Wir reden von einem Auferstandenen, nicht von einem Toten! Wir können etwas ausstrahlen von der Lebenslust, die wir doch haben, weil Gott uns Lebensrecht und Würde zuspricht. Wir wissen von Schuld und Verfehlung, von Scheitern, aber das kann doch unsere Hoffnung nicht eindämmen, vor allem, weil wir auch von Vergebung wissen. Bei allem, was uns bedrückt, wissen wir doch um das große Geschenk der Freiheit der Kinder Gottes. Auch Paulus war in keiner beschaulichen Situation und hat doch glühend von dieser Freiheit zu reden gewusst. Viele Kirchen heute in den Ländern des Südens sind in finanziell wesentlich schwierigeren Situation als wir, und doch strahlen sie geradezu von Freude über die Liebe Gottes.

Das wünsche ich mir auch für uns hier in Deutschland: nicht Rückzug in eine Nische, sei sie noch so kuschelig, sondern mutig hinein in die Auseinandersetzungen unserer Zeit. Dabei müssen wir wissen, wo wir stehen. Wir brauchen eine Substanz des Glaubens, von der wir zehren können. Wir brauchen eine Spiritualität, die unseren Glauben erfahrbar macht, lebendig werden lässt. Wir benötigen eine Gemeinschaft, die uns hält. Und eine Hoffnung, Träume, die alles Scheitern und alle Alltagsprobleme überschreiten. Die Bibel lehrt uns, über die Grenzen des Vorfindlichen hinauszudenken.

Aus der Glaubenssubstanz, der lebendigen Spiritualität und der Gemeinschaft

werden wir die Kraft finden, die großen Träume, die uns die Bergpredigt vorgibt, hier und da, im Miteinander in der Familie, am Arbeitsplatz, in Kontakt mit Fremden in unserem Land, im Engagement in Politik und Vereinen umzusetzen. Unsere Gesellschaft wartet geradezu auf Eckdaten, Orientierungspunkte. Auf Gegenbilder.
Gebe Gott uns allen die Kraft und Ausdauer der Träumerinnen und Träumer. Amen.

Zum 1. Gebot – Orientierung im Leben
Marktkirche St. Jacobi Einbeck, 4.03.2001

Die evangelische Kirchengemeinde in Einbeck führt immer wieder Predigtreihen durch. Hier wurde ich gebeten, eine Reihe zu den Geboten zu eröffnen, die u.a. mit Laienpredigern aus unterschiedlichen gesellschaftlichen Bereichen fortgeführt wurde.

Liebe Gemeinde,
wir leben in einer Zeit des Wertewandels, des Werteverlustes und der Desorientierung. Allerorten wird beklagt, dass Eckpfeiler für die Orientierung fehlten. Ich halte es deshalb für eine hervorragende Entscheidung, eine Predigtreihe zu den Zehn Geboten durchzuführen. Die Zehn Gebote sind eine Art Leitfaden für ethisches Handeln. Und ich halte sie nicht für überholt! Wenn sich heute 20 Menschen zusammensetzen würden, um zu überlegen, welche Grundregeln ihre Gemeinschaft braucht, würden sie dann nicht ganz ähnliche Schlussfolgerungen ziehen: einander nicht bestehlen, nicht belügen, nicht begehren, was dem Anderen gehört, die Ehe nicht brechen? Hinzu kommt der Gottesgedanke.
Unsere Gesellschaft hat den Gottesgedanken aus dem Blick verloren. Die Menschen glauben, die Macher ihres eigenen Lebens zu sein. Die Gentechnologen gaukeln uns vor, wir hätten ein Recht auf ein gesundes Kind und könnten gesund 150 Jahre leben. Die aktiven Sterbehelfer erklären uns, wir hätten ein Recht auf die Bestimmung des Zeitpunkts unseres Todes und darauf, ihn dann auch klinisch sauber durchzuführen. Aber tief im Inneren ahnen die meisten Menschen, dass es etwas Unverfügbares gibt, dass es Gott gibt. Lassen Sie uns also die Predigtreihe beginnen mit dem 1. Gebot: Ich bin der Herr dein Gott. Du sollst nicht andere Götter haben neben mir. Und ich möchte gern hineinnehmen, was Martin Luther heraus gelassen hat, was aber im 2. Buch Mose zu lesen ist:

> Ex 20,2f
> *„2 Ich bin der HERR, dein Gott, der ich dich aus Ägyptenland, aus der Knechtschaft, geführt habe. 3 Du sollst keine anderen Götter haben neben mir.“*

Martin Luther nennt dieses 1. Gebot den „Reif und Kranz“, der die Zehn Gebote „alle zusammen hält“. Er bezeichnet dieses 1. Gebot im großen Katechismus als ein Licht, „das seinen Glanz in alle anderen (Gebote) geben soll“. Nähern wir uns dem Gebot an:

1. *Zuallererst* geht es um ein Ich und ein Du. Ich bin dein Gott. Gott ist nicht ein diffuses Etwas, ein „an sich“, sondern etwas, was wir spüren, Gott ist personales Gegenüber. Gott ist der Gott, den wir geschichtlich erfahren, den das Volk Israel erfahren konnte und dem wir als Christinnen und Christen in Jesus Christus begegnen. Gott ist der, der sein wird. Im 2. Gebot zum Namen Gottes werden wir das noch deutlicher herausarbeiten können. Das Tetragramm J H W H, die vier Buchstaben des Hebräischen, die den Gottesnamen umschreiben, der in Israel ja nicht ausgesprochen wird, sie bedeuten „ich bin, der ich bin“ oder „ich werde sein, der ich sein werde“. Weil Gott Person ist, kann Gott Gegenüber sein, kann Gott in Beziehung treten zum Mensch. Weil Gott Gott ist, kann der Mensch Mensch sein. Keine Verwechslung darf es hier geben. Die Göttlichkeit Gottes ist für den Menschen nicht nachahmbar. Der Mensch ist Ebenbild Gottes, aber nicht Gott. Die große Geschichte beispielsweise vom Turmbau zu Babel zeigt, in welcher Versuchung der Mensch immer wieder steht, selbst Gott zu werden. Und ich möchte sagen: In dieser Versuchung stehen wir heute. Genannt habe ich bereits die Gentechnologie, die meint, die Sprache Gottes entschlüsselt zu haben und nun Leben schaffen zu können, menschliches Leben, wie nur Gott es kann. Nicht Gott soll mehr Herr über Leben und Tod sein, sondern die Medizin, der Mensch selbst. „Ich bin dein Gott“ heißt aber: Der Mensch ist Mensch, hier gibt es keine Verwechslung. Gott ist ein Gott der Beziehung, der das Du sucht. Der das Du geschaffen hat in Zuwendung, weil Gott beziehungsfähig ist.
Wie Gott aussieht, wir wissen es nicht. Wir sollen uns davon auch kein Bildnis machen. Und doch haben wir viele Umschreibungen und Bilder. Da ist Gott als der liebevolle alte Herr. Als der zürnende große Übervater. Als die umsorgende Mutter. Als vertrauensvolle Schwester. Das alles sind aber nur Annäherungen an Gott, der größer ist als unsere Verständnisse von Menschsein, von Geschlecht.
Wenn Christinnen und Christen von Gott sprechen, sprechen sie von dem dreieinigen Gott. Das ist im Dialog mit anderen Religionen oft irritierend. Gerade der jüdische Glaube betont ja, was im 5. Buch Mose, Kapitel 6, Vers 4 steht: Gott ist ein einziger Gott. Als Christinnen und Christen stimmen wir darin überein. Der lateinische Begriff *persona* kann mit *Besonderheit* übersetzt werden. Die eine göttliche Person begegnet uns auf drei verschiedene Weisen, als Vater, als Sohn und als heiliger Geist. Nicht drei Götter, nicht drei Subjekte, sondern Gott offenbart sich in drei verschiedenen Gestalten, weil er kein abstrakter, sondern ein geschichtlicher Gott ist. Ich und du also, Gott ein Wesen in Beziehung. Gott wendet sich uns zu, tut dies aber in Ausschließlichkeit. Es gibt – und das ist der zweite Teil des Gebotes –

2. keine anderen Götter, wenn wir an Gott glauben. Ach, liebe Gemeinde, von den anderen Göttern wissen wir auch heute eine ganze Menge. Ich habe den Eindruck, es werden immer mehr. Da sind einerseits die vielen Götter im religiösen Bereich. Plötzlich ist Feuerlaufen die erlösende Gotteserfahrung. Dann wieder sind es Schwitzhütten, dann Hexenkulte. Dann Reiki. Mal sind Amulette „in“,

dann buddhistische Bänder, dann die indianische göttliche Urerfahrung. Und andere Götter gibt es natürlich auch. Luther sagt: „Woran du dein Herz hängst und worauf du dich verlässest, das ist eigentlich dein Gott.“ Dann könnten wir schon fragen, ob Gott der Gott der Gesellschaft ist. Am DAX scheint unser Wohl und Wehe zu hängen. Täglich wird gefragt, wie es ihm geht. Arbeit kann zum Gott werden, wenn sich das ganze Leben nur noch darum dreht. Oder nehmen wir den Markt. Vor allem aber den Konsum. Wenn ich konsumiere, dann bin ich. Was ich mir kaufen kann, zeigt meinen Status im Leben. Wer frustriert ist, geht einkaufen. „Geh und kauf dir doch was Nettes“, das ist Trost in mancher Situation. Für mich bleibt das eklatanteste Beispiel eine Autowerbung: Ein Mann steht am Abgrund und sinnt nach: Woher komme ich, wohin gehe ich. Wenn Sie eine Seite weiter blättern, heißt es: Und warum weiß mein Auto die Antwort? Ein Konsumartikel gibt also auf *die* religiöse Frage die Antwort. Was ich mir kaufe, ist mein Gott. Oder dass ich kaufen kann.

Nun möchte ich das Christentum gar nicht konsumfeindlich sehen. Es ist sicher nicht immer nur weltabgewandt und lustfeindlich. Aber wenn Konsum zum Lebenszweck wird, zu dem, woran wir unser Herz hängen, dann wird Konsum tatsächlich zum Götzen. Ein schönes Beispiel für Götzenhaltung ist für mich auch der Architekt der Autostadt in Wolfsburg, Gunter Henn. Bei der Einweihung der Autostadt sagte er: „Die Kirchen sind tot, die Unternehmen werden die Sinnstifter der Zukunft sein“. Das halte ich tatsächlich für eine überhebliche Fehleinschätzung! Unternehmen können sicher vieles leisten, können Zugehörigkeitsgefühle, Solidarität und Identität stiften, aber keinen Sinn. Sinn stiften kann nur der Gottesbezug, der das Unverfügbare im Leben anspricht und ihm einen Rahmen gibt. Keine anderen Götter! Das ist nach dem Zuspruch *Ich bin dein Gott* auch der Anspruch. Zuspruch und Anspruch gehören zusammen. Gleichzeitig ist dieses erste Gebot ein Gebot der Freiheit. Wer sich auf Gott verlässt, muss vor anderen Herren und Göttern keine Furcht haben. Er hat dieses gut Lutherische „Ich stehe hier und kann nicht anders“ gegenüber allen andern Autoritäten, die Sinnstiftung und Verehrung beanspruchen, in sich eingepflanzt. Damit kommen wir zum dritten Punkt, der Freiheit.

3. Der von Luther weggelassene Einschub „der dich aus Ägyptenland geführt hat“ ist in dieser Beziehung für mich von Bedeutung. Gott ist ein Gott, der befreit. Der Menschen befreit von allen andern, die sie beherrschen wollen. Das kennt jeder und jede von Ihnen, den Druck, der entstehen kann durch Mächte und Gewalten, durch Menschen-Institutionen, die uns unter Druck setzen. Die Freiheit eines Christenmenschen ist keine Freiheit von aller Verantwortung, sondern eine Freiheit, die sich an diesen Gott, an unseren Gott, bindet, der uns ein Gegenüber ist, ein Du, der sich in Beziehung zu uns als ein Ich setzt, sie führt zur Freiheit.

Wichtig ist mir, das es sich hier nicht um ein diffuses göttliches Prinzip handelt. In unserer Gesellschaft können wir uns unter dem Obertitel „Gott“ mit vielen zusammenfinden. Irgendwie gibt es Gott. Der Gott, von dem wir als Christinnen und Christen sprechen, ist aber für uns nur erkennbar durch Jesus Christus. In ihm hat sich der Gott Israels den anderen Völkern offenbart. In Jesus Christus erkennen wir Gott. In der Zuwendung von Jesus Christus zu Menschen, in der Art und Weise, wie er sie liebevoll wahrgenommen hat, in der Hingabe des eigenen Lebens für die anderen erfahren wir Gottes Liebe. Hier ist das Angebot, Gott ganz und gar zu vertrauen. Die Beziehung zu diesem Gott stiftet Freiheit, nicht Abhängigkeit. Gott selbst macht sich in Jesus Christus verwundbar. Er leidet mit uns, er kennt selbst das Leiden. Gott macht uns ein Angebot über den Tod hinaus. Liebe Gemeinde, dieses 1. Gebot ist tatsächlich die Grundlage aller Gebote. Ich bin überzeugt, dass wir als Christinnen und Christen heute deutlicher von Gott sprechen müssen. Von Jesus Christus und dem, was er uns in den Evangelien hinterlassen hat. Solche Sprachkompetenz gewinnen wir vielleicht zuallererst wieder, wenn wir die Normen und Grundlagen christlicher Ethik aus der Bibel direkt selbst gewinnen. Deshalb ist es gut, mit dem 1. Gebot zu beginnen. Was bedeutet das 1. Gebot? Martin Luther fasst unnachahmlich mit seiner Frage „Was ist das?“ zusammen: Wir sollen Gott über alle Dinge fürchten, lieben und vertrauen. Amen.

Zum 2. Gebot – 750-jähriges Kirchbaujubiläum Marienhafe, 03.09.2000

Marienhafe ist eine traditionelle Landgemeinde, die im ostfriesischen Tourismus vor allem durch ihren Störtebeckerturm bekannt ist. Dieser mächtige Turm im westlichen Ostfriesland ist „das Herz im Zentrum des Brookmerlands". Die Kirche hatte eine wechselvolle Geschichte, hat manchen Krieg und manche Sturmflut überstanden. Beispielsweise fanden die Vitalienbrüder während der Häuptlingszeit unter der Familie Brok im Kirchturm Quartier. Heute ist er Kulisse der Störtebecker-Festspiele, die großen Zuspruch finden.
In der Einführung sagte der Ortspastor, ein Bischof sei hier in den 750 Jahren seit der Gemeindegründung noch nie gewesen, eine Bischöfin schon gar nicht. Selbstbewusstes ostfriesisches Christentum, nicht frömmelnd, aufrecht und frei – mich hat das von Anfang an sympathisch eingenommen. Interessant war: Es gab kein Mikrofon, aber eine so hervorragende Akustik, dass die Stimme ohne Probleme trug. Und: Traditionelle Musik in Chor und Orgel wurde ergänzt durch neuere Kirchenmusik mit Gospel- und Kinderchor. Eine lebendige Gemeinde mitten in Ostfriesland!

Liebe Gemeinde,
großartig ist das, dass Sie Ihr 750-jähriges Kirchbaujubiläum heute feiern können. Mich beeindruckt immer wieder, wie stark unsere Gebäude predigen. Sie predigen von einem Glauben, der viele Jahrhunderte überdauert hat. Sie atmen das Wissen um Menschen, die in all diesen Jahren hier gebetet und gesungen, Freud und Leid vor Gott gebracht haben. Stellen wir uns das vor, wie es im Jahr 1250 hier ausgesehen hat. Die kleine Broschüre über die Renovierung Ihrer Kirche von 1982 gibt ein paar Vorstellungen davon. An dieser Stelle also zuallererst gratuliere ich Ihnen im Namen unserer evangelisch-lutherischen Landeskirche zu diesem Jubiläum. Das ist verbunden mit dem Wunsch, dass Sie den christlichen Glauben an diesem Ort lebendig erhalten, ihn weitergeben von Generation zu Generation. Das ist für uns heute die wohl größte Herausforderung.
Liebe Gemeinde, dass der Glaube an Jesus Christus durch die Jahrhunderte hindurch Bestand hatte, ist für mich eine kraftvolle Glaubensaussage in sich selbst. Gewiss, die Zeiten haben sich verändert. Die Menschen haben sich verändert. Die Kirchen haben sich verändert. Aber nur weil sich in Europa etliche Menschen von der Kirche abwenden, sind wir doch nicht am Ende; der Glaube an den auferstandenen Christus, Gottes Sohn, gibt Menschen auch heute Kraft und Orientierung in ihrem Leben. Es stimmt doch nicht, dass es heute keine Werte mehr gibt, dass wir nicht wissen, was gut und böse ist. Meines Erachtens hat Martin Luther in seinem Kleinen Katechismus gut zusammengefasst, was die Basis christlicher

Orientierung ist. Nämlich die Zehn Gebote, das Glaubensbekenntnis, das Vaterunser und die Sakramente Taufe und Abendmahl. Deshalb möchte ich heute, an einem Tag, an dem wir auf 750 Jahre Kirchengeschichte an Ihrem Ort zurückblicken, auf eines dieser Fundamente zu sprechen kommen, auf eines der Zehn Gebote. Das 2. Gebot, lautet nach der Zählung Martin Luthers:

> Ex 20,7
> *„Du sollst den Namen des HERRN deines Gottes nicht unnütz gebrauchen; denn der HERR wird den nicht ungestraft lassen, der seinen Namen missbraucht."*

Sie finden das übrigens in Ihrem Gesangbuch, wo der Kleine Katechismus unter der Nummer 806 abgedruckt ist. Viele Menschen fragen mich heute, nützen die Zehn Gebote noch etwas? Hat sich die Zeit nicht völlig verändert? Kann uns ein so altes Wort aus dem 2. Buch Mose noch etwas bedeuten? Ich meine, ja, und deshalb bitte ich Sie, sich heute mit mir auf die Suche zu begeben nach der Bedeutung dieses Gebots im Jahr 2000.

Ein Name, was bedeutet das? Ein Name ist wichtig. Eltern überlegen oft lange vor der Geburt, welchen Namen das Kind tragen soll. Manches trägt einen Traditionsnamen, den der Großeltern, um die Tradition zu achten. Oder einen Namen, der aus einem Film stammt. Mein erster Konfirmandenjahrgang war besetzt mit mehreren Tanjas und Tatjanas. Dann kam Kevin in Mode aus dem Film „Kevin allein zu Haus“. Und zur Zeit kommen die alten Namen wie Fritz und Maria, die jahrelang als hoffnungslos altmodisch galten, wieder in Mode. Ein Name ist etwas besonderes. Manche leiden ein Leben lang unter Ihrem Namen. Paare streiten, welcher Name der Familiename wird. Und als die Königin im Märchen Rumpelstilzchens Namen weiß, da ist seine Macht dahin.

Gott hat einen Namen. Gott ist nicht irgendeine Macht, anonym, sondern Gott hat einen Namen. Als ich Generalsekretärin des Deutschen Evangelischen Kirchentags war, habe ich in einer Übersetzungsgruppe mitgearbeitet, die jeweils versuchte, die biblischen Texte für einen Kirchentag neu zu übersetzen mit Blick auf die Situation, den Kontext, die Sprache, Erkenntnisse des jüdisch-christlichen Dialogs und der feministischen Theologie. Dabei habe ich gelernt, dass wir, wenn wir den Gottesnamen im Alten Testament einfach „Jahwe“ nennen, die jüdischen Wurzeln des Glaubens ignorieren. Der Name Jahwe, die Umschreibung Gottes mit den vier Konsonanten JHWE wird im Hebräischen gerade nicht ausgesprochen, eben um den Namen Gottes zu achten. Wo immer das Tetragramm, also die vier Konsonanten JHWE, steht, sagt ein gläubiger Jude bzw. eine Jüdin „Adonai“. Adonai, weil der Name Gottes so heilig ist, dass er nicht ausgesprochen, sondern umschrieben wird. Der Name ist eben nicht „Schall und Rauch“, sondern jede Verfügung über diesen Namen soll ausgeschlossen sein. Kein Bildnis – das ist ja das Gebot, das Luther hier übergangen hat – kein Bildnis sollen wir uns von Gott machen. Gottes Namen nicht unnütz führen. Gottes Name ist heilig im Judentum.

Jeder Versuch, Gott festzulegen auf einen Namen, scheitert in der Bibel. Auch als Mose den Namen unbedingt erfahren will, erhält er nur die Antwort „Ich bin, der ich bin“ (Ex 3,14). Was soll das für ein Name sein? Heißt das: Gott hat einen Namen, aber wir kennen ihn nicht? Oder: Es gibt viele Namen für Gott? Vielleicht ist „Ich bin, der ich bin“ oder die andere Übersetzung „Ich werde sein, der ich sein werde“ aber auch die treffendste Beschreibung, weil sie nicht festlegt, weil sie offen lässt, wie und wo und wann wir Gott erfahren. In jedem Fall ist dieser Name keine Festlegung, sondern ein Versprechen: Ich werde da sein, für euch da sein. Ich denke, Gottes Name steht so für Gottes Treue. Gott ist nicht einzuengen, nicht festzulegen. Wie oft wollen wir Gott festhalten, für uns gebrauchen. Da haben Menschen „Gott mit uns“ auf ihre Koppeln geschrieben. Da soll Gott festgelegt werden als Herr, der Allmächtige, ein Mann, den wir uns irgendwie herrschend vorstellen. Nein, befürchten Sie nichts, genauso merkwürdig finde ich es, wenn Gott die Göttin sein soll, die ewig liebende Mutter. Wir suchen Bilder, mit denen wir Gott eingrenzen, festlegen können. Oder Menschen wollen Gott gar nicht mehr als Gegenüber erfahren und bezeichnen Gott als „Alles in Allem“, irgendwie schwebend, irgendwie in uns, irgendwie aber auch ganz woanders. Gott ist Gott. Wir können nicht festlegen, wer Gott ist und wie Gott ist, weil Gott größer ist, als alles, was wir uns vorstellen können. Gottes Name „Ich werde sein, der ich sein werde“ lässt sich nicht festlegen auf den ewig liebenden Papa-Gott, auf den strafenden, allmächtigen Herrn oder die große Mutter.

Dennoch, viele führen den Namen unseres Gottes ständig völlig gedankenlos im Mund. Denken Sie einmal nach: „Großer Gott“, „Ach du lieber Gott“, „Mein Gott!“ – Ausrufe, die oft gar nichts mit Gott zu tun haben, sondern einfach in der Umgangssprache gedankenlos verwendet werden, etwa wenn jemand empört ist, sich ärgert. Sind wir noch sensibel für solchen Gebrauch des Gottesnamens in Situationen, in denen es uns überhaupt nicht um Gott geht? Und: „Ich schwöre bei Gott“ – was bedeutet das? Viel Diskussion gab es darum, welche Minister ihr Amt antraten mit der Formel „So wahr mir Gott helfe“. Und als alle, die diese Formel nicht gebrauchten, verdächtigt wurden, sich von der christlich-abendländischen Kultur zu verabschieden. Da kam einer, der Präses unserer EKD-Synode, Jürgen Schmude, und erklärte: Er selbst als überzeugter Christ habe diese Formel nicht gebraucht, weil beim Namen Gottes nicht zu schwören sei. Mit dem Schwören haben wir so unser Unbehagen in diesen Tagen. Da sind zwei Menschen, die einst vertraut waren, Duzfreunde, wie es in den Nachrichten heißt, und nun beeiden beide einen völlig gegensätzlichen Standpunkt. Wolfgang Schäuble ist ein aufrechter Protestant, Brigitte Baumeister sicher nicht weniger. Einer von beiden lügt, und beide beeiden. Bei Gott? Oder ist da eine letzte Hemmung, bei Gott zu beeiden? Auch treibt uns in diesen Tagen um, dass Monika Böttcher, ehemals Monika Weimar, verurteilt wird wegen des Mordes an ihren beiden Töchtern. Auch sie schwört bei Gott, dass sie es nicht getan habe.

Liebe Gemeinde, ich habe immer Unbehagen, wenn Gott angerufen wird zum

Beweis, zur Unterstützung der eigenen Argumentation. Bei Gott schwören meint ja, dass Lüge ausgeschlossen ist, weil der schwörenden Person der Name Gottes so heilig ist. Wem aber der Name Gottes heilig ist, der wird nun gerade nicht bei diesem Namen schwören. Noch einmal: Was ist der Name unseres Gottes? Von Gott allgemein sprechen – darauf einigen sich schnell Buddhisten, Muslime, Juden und Christen, auch die Esoteriker, die an keinen konkreten Gott glauben, aber Gott irgendwie anreden können. Für uns Christinnen und Christen hat Gott einen Namen, und der heißt Jesus Christus. Aber das ist nicht so furchtbar beliebt. „Ich bin Buddhist", sagt einer. Und alle sagen: „Wow, wie spannend!" Eine andere sagt: „Ich glaube an Jesus Christus", und alle sagen „Oh nein, wie altmodisch". Für Christinnen und Christen ist der Name Gottes in Jesus Christus sichtbar geworden, erkennbar. Wir wollen den Namen Gottes heiligen, indem wir ihn mit Vorsicht gebrauchen. Unsere Gottesbeziehung darf nicht missbraucht werden für Kleinigkeiten, für Schwören, für Rechthaberei. Sie ist heilig im Sinne von zart, zerstörbar, verletzbar, zu pflegen. Wir wollen sie schützen, bewahren.

Wie können wir uns dem annähern? Vielleicht kann ich Sie fragen: Liebe Gemeinde, was ist Ihnen das Liebste? Das, worum keine Scherze gemacht werden sollen? Wo Verletzung entsteht, wenn darüber gelacht wird? Ihre Liebe, Ihre Familie, Ihr Besitz? So ist es mit Gott. Gott darf nicht missbraucht werden für Formeln, für etwas, was wir tun oder sagen. So ist es mit Gottes Namen, er ist uns lieb und teuer. Wir gebrauchen ihn, wenn wir an Gottes Treue denken. Sie erweist sich kontinuierlich in den biblischen Geschichten. Gott rettet – aus Ägyptenland, aus Hunger und Not. Gott liebt Menschen, Jesus hat uns das wunderbar gezeigt. Gott will Leben, über den Tod hinaus. Deshalb achten wir Gottes Namen, wenn wir Gottesdienst feiern im Namen Gottes, den wir als Vater, Sohn und Heiligen Geist kennen. Wir heiligen Gottes Namen, wenn wir Kinder segnen, wenn wir beten, wenn wir für Arme, für Gerechtigkeit einstehen. Unnütz gebraucht wird Gottes Namen, wenn wir in diesem Namen Krieg führen, Menschen versklaven, andere verachten. Gottes Name, er will lebendig sein in unserem Leben. Dieser Name ruft zum Guten, zur Hoffnung in diesem Leben und über dieses Leben hinaus.

Liebe Gemeinde, das 2. Gebot, die meisten wissen gar nicht mehr, wie es lautet, aber es verbindet uns durch die Jahrhunderte, durch die Jahrtausende mit Menschen, denen dieses Gebot etwas bedeutet hat. Ich bin überzeugt, dass die Zehn Gebote uns auch heute Orientierung geben in unserer Zeit. Lassen Sie uns achtsam sein mit unserer Sprache. Wir wollen den Namen des Herrn unseres Gottes nicht unnützlich führen, ihn nicht missbrauchen. Wie sagt doch Martin Luther im Kleinen Katechismus:

„Was ist das? Wir sollen Gott fürchten und lieben, dass wir bei seinem Namen nicht fluchen, schwören, zaubern, lügen oder trügen, sondern ihn in allen Nöten anrufen, beten, loben und danken."

Das bedeutet mir viel. Gott ist ein Gott des Vertrauens. Zu ihm können wir rufen, zu ihm können wir gehen mit den tiefsten Fragen und Problemen und Freuden unseres Lebens. Kein Gott, den wir öffentlich salopp, schlampig, affig, gebrauchen. Nein, der Gott, der sich ums uns sorgt, um uns kümmert. Vorsichtig, mit Respekt, mit Distanz, aber auch mit Nähe nähern wir uns Gott. Und deshalb werden wir mit aller Vorsicht seinen Namen nennen. Und wissen: „Ich werde sein, der ich sein werde", das heißt, Gott wird für uns da sein, uns begleiten wie seit 2000 Jahren, seit 750 Jahren, so auch in Zukunft

Und der Friede Gottes, der höher ist als alle menschliche Vernunft, bewahre unsere Herzen und Sinne in Christus Jesus. Amen.

Zum 3. Gebot – Sonntag der Seefahrt Seemannsmission Bremerhaven, Rundfunkgottesdienst 17.09.2000

Dieser Gottesdienst fand mitten in einer Werfthalle statt. Offensichtlich waren einerseits Mitglieder aus Kirchengemeinden gekommen, aber auch viele, die sich über die Arbeit in der Werft, eigene Arbeit oder Angehörige mit der Werft oder der Seemannsmission verbunden fühlen. Im Anschluss wurde eine Führung durch die Werft angeboten, an der sich viele beteiligten. Ein Shantychor sang, die Teilnehmenden saßen auf Holzbänken. „Seemannsmission" klingt in Gefilden außerhalb Norddeutschlands wahrscheinlich ein wenig merkwürdig. Sie ist aber ein gewichtiger Faktor für die mehr als eine Millionen Menschen, die zur See fahren. Allein die deutsche Seemannsmission unterhält in 35 Hafenstädten ihre Einrichtungen. Weltweit gibt es in 300 Häfen einen Platz, der Seeleute aufnimmt. Dabei hat sich die Arbeit vielfach verändert. Die kurzen Liegezeiten machen mehr Besuche an Bord notwendig, kleine Anlaufstellen wurden an den Containerterminals errichtet – in Cuxhaven beispielsweise nur ein Container –, da der Hafen immer öfter von der Stadt weit entfernt ist.

Eine Seefahrt ist heute meist nicht sehr lustig. Rationalisierung, Flexibilisierung, Effektivität bestimmen die Abläufe. Meist kommen die Seeleute aus Ländern großer Armut und leben teilweise unter schwierigsten Bedingungen, eingebunden in die Hierarchie an Bord, in national und kulturell gemischten Besatzungen mit Sprachschwierigkeiten, weit weg von einer Gewerkschaft, die für ihre Rechte eintritt. Im Leitbild der Deutschen Seemannsmission heißt es: „Immer wieder begegnen wir Seeleuten, die unter Bedingungen arbeiten, die wir als unwürdig empfinden … Unser Engagement zielt auf Verbesserungen aktueller Lebens- und Arbeitsbedingungen und ist damit im umfassenden Sinn support of seafarers' dignity."

Zu Beginn des Gottesdienstes wurde diese Situation geschildert. Das war offensichtlich für viele Rundfunkhörerinnen und -hörer neu und eindrücklich, so dass nicht nur das Predigtmanuskript, sondern auch dieser Text vielfach abgerufen wurden. Er ist daher wie auch im Gottesdienstablauf der Predigt vorangestellt.

Beitrag von Seemannspastor Hermann Bohlmann, Bremerhaven

Verehrte, liebe Hörerinnen und Hörer,
liebe Angehörige der Werft,
liebe Gemeinde,
eines finde ich immer noch richtig spannend. Auch nach 15 Jahren Arbeit bei der Seemannsmission noch. Nämlich: Was ich alles von den Seeleuten aus den verschiedensten Teilen der Welt lernen kann. Wie viel mir neu aufgeht und klarer wird bei unserer Arbeit mit den Seeleuten an Bord der Schiffe im Hafen, in unserem Seemannsheim oder in unserem Club, der Guten Stube, direkt im hektischen Treiben des Containerterminals. Ich erfahre immer wieder Neues. Und darum bin ich gerne dabei.
Ich weiß nicht, ob Sie sich zu Hause das so vorstellen können. Wie viel die Seeleute bei ihrer Arbeit entbehren müssen von dem, was uns so selbstverständlich ist: monatelang getrennt von den Lieben, weit weg von den Freunden, kein Kontakt zu ihrem Verein, keine besonderen Unternehmungen.
Und das alles entbehren sie ja auch für uns. Damit uns die Waren aus Übersee zur Verfügung stehen, die wir täglich brauchen. Damit wir unsere Produkte in aller Welt verkaufen können.
Heute will ich einen Punkt besonders herausgreifen: „Du siehst ja nie ne feste Stelle, wenns'de auf See bist. Es bewegt sich ja alles." So sagte das ein Seemann. Und das ist eine ganz besondere Erfahrung:
Selbst bei dem riesigsten Containerschiff ist bei Seegang alles in Bewegung. Ich habe das auf einem Fischtrawler zwischen Island und Grönland erlebt. Und das ist schon merkwürdig, diese Erfahrung: Du hast jetzt keinen festen Bezugspunkt mehr. Nur See.
Früher gehörten ein gutes Seebesteck, genaue Seekarten, und ein seemännischer Fachmann dazu, um festzustellen, wo sich das Schiff exakt befindet. Das hat sich grundlegend geändert: Ein kleiner Apparat in der Größe eines Handys kann heute innerhalb von Minuten die genaue Lage peilen. Das GPS, das Globale Positionierungs-System, macht es möglich. Im Display erscheint die Position nach Längen- und Breitengrad bis auf Minuten und Sekunden genau. Satelliten sind dabei die festen Bezugspunkte.
Aber innerlich, seelisch meine ich, ist die Lage geblieben wie früher. Alles ist in Bewegung, und du hast keinen festen Bezugspunkt. Eine moderne Erfahrung, und nicht nur an Bord, meine ich. Aber die Seeleute wissen darum und können das auch benennen: „Du brauchst unbedingt etwas, wo du dich dran festhalten kannst", sagen sie. Eben den festen Bezugspunkt.
Und nicht nur früher gehörte der Blick zu den Sternen, zur Sonne, der Blick zum Himmel dazu. „We hope you continue the Mission, a heaven in Bremerhaven." – „Wir wünschen, ihr erhaltet die Seemannsmission. Sie ist ein" – und nun kommt ein Wortspiel – „Hafen bzw. ein Himmel in Bremerhaven.", so lautet die letzte Eintragung im Gästebuch der Guten Stube. Von einem asiatischen Seemann der

Hual Trinita, einem großen Autotransporter, wurde das geschrieben. Ja, wir erleben, auch unsere Clubs können ihn bieten, den festen Bezugspunkt. Schade, dass nur noch so wenige deutsche Seeleute dies erfahren, weil es nur noch wenige aktive deutsche Seefahrer gibt. Und es handelt sich hierbei ja im wahren Sinn des Wortes um Erfahrung. Mit dem Schiff auf den Meeren der Welt die Schöpfung erfahren. Vor allem die Jugendlichen in unserem Land brauchen das. Sie brauchen die Erfahrung, dass es richtig Spaß machen kann, fremde Menschen kennen zu lernen, Ausländer als Freunde zu gewinnen. Neues vom vielfältigen Leben aus dem gesamten Zoo Gottes zu erfahren. Ich gewinne immer mehr den Eindruck: Es lohnt sich durchaus wieder, Seemann zu sein, Seefrau zu sein. Auch für Europäer und auch für Deutsche.

Und wenn es um den festen Bezugspunkt geht. Es ist nicht von ungefähr, dass die Religion und der Glaube für eine Reihe von Seeleuten eine solch wichtige Rolle spielen. Der Blick zum Himmel eben.

Lassen Sie mich das an einem Beispiel deutlich machen:

Da ist auf einem kleineren Containerschiff ein russischer Seemann gestorben. Dass ich für ihn einen Gottesdienst halte, ist dem deutschen Kapitän, den russischen Kameraden aus Estland und besonders den Philippinen aus der Mannschaft dieses Schiffes wichtig. Und vor allem muss ich das Schiff und sie segnen. Früher hätte ich das eher für abergläubisch gehalten. Heute weiß ich: Der feste Bezugspunkt auch auf diesem Schiff zu Gott muss wieder hergestellt werden.

Ähnlich gilt das mit dem festen Bezugspunkt auch für uns, die Mitarbeiterinnen und Mitarbeiter der Seemannsmission. Fremdes muss mir keine Angst machen, wenn ich einen zuverlässigen Haltepunkt im Glauben an Gott erfahre. Im Gegenteil: Ich kann umso großzügiger mit allem mir Ungewohnten, Ausländischen umgehen, je mehr ich mich selbst gehalten weiß. Umso mehr kann ich die Eigenarten und Besonderheiten der Seeleute achten.

Und nun zum Schluss ganz eindeutig: Ich werde nicht müde werden, Folgendes weiter zu sagen: Es ist schon einige Jahre her, da erklärte uns dies der Kapitän auf seinem indonesischen Schiff an einem Feiertag. Er sagte: "In dieser Messe hier feiern jeden Freitag die Muslime aus unserer Mannschaft ihren Gottesdienst und am Sonntag die Christen, aber die großen Feste beider Religionen feiern wir gemeinsam."

Liebe Hörerinnen und Hörer, dieser Kapitän war weitsichtiger, als vieles, was heute in Teilen Indonesiens an Schlimmen geschieht, vermuten lässt. Ich denke, er war der Wahrheit Gottes näher. Und ich bin sicher, Frau Lolita Lahaja-Ginzel, die zur Zeit eine Seemannsmissionsstation in Batam in Indonesien aufbaut, wird diese christliche und muslimische Wahrheit unterstützen und fördern. Dieser indonesische Kapitän war der Wahrheit näher als viele Dumme in unserem Land, die sich gegen Fremdes, gegen Menschen aus anderen Ländern dick machen wollen.

Es ist einfach gut und schön, miteinander zu feiern und positive Erfahrungen zu sammeln. Gerade auch mit Menschen aus vielen anderen Ländern, gerade mit

Ausländern. Eine Erfahrung, die Angehörige auf der Werft hier sicher bestätigen können.
Was wir immer wieder dabei spüren, scheint auf den ersten Blick merkwürdig und ist doch eine uralte Erfahrung: Wenn ich anderen Menschen etwas gebe oder bringe, erhalte ich selber Gewinn davon. Auch darum bin ich gerne bei der Seemannsmission. Bei dieser Arbeit, in der wir gemeinsam mit den Seefahrern den festen Bezugspunkt erfahren.

Predigt

Liebe Gemeinde hier in Bremerhaven
und liebe Gemeinde, die über den Rundfunk an unserem Gottesdienst teilnimmt, das ist auch für mich als Landesbischöfin etwas Besonderes, am Sonntag der Seefahrt auf einer Werft in Bremerhaven einen Gottesdienst zu feiern. Einen Gottesdienst mitten im Leben, mitten im Arbeitsleben sozusagen. In einem Hafen gibt es keine Arbeitspause, keine Hafenruhe, sondern da heißt es: „ranklotzen" sieben Tage die Woche. Und dennoch ist auch hier im Hafen der Sonntag ein besonderer Tag. Das ist kein Wunschdenken einer Bischöfin. Der Sonntag ist ein besonderer Tag, weil er uns von Gott geschenkt wird. Und so wurde für diesen Sonntag der Seefahrt das 3. Gebot ausgesucht, das lautet:

> Ex 20,8
> *Gedenke des Sabbattages, dass du ihn heiligest.*

Viele haben das aus den Augen verloren. Sie sagen: „Am Sonntag langweile ich mich doch nur." Warum also nicht: Die Geschäfte auf, die Ladenschlusszeiten verändern, der Sonntag ein Tag unter anderen?
Wissen Sie, was mich wundert? Dass in den Zehn Geboten nicht ein Arbeitsgebot steht, sondern das Gebot, mit der Arbeit aufzuhören. Das widerspricht ja völlig unserem Denken. Arbeit ist doch das Wichtigste im Leben. „Du sollst arbeiten", das ist das erste Gebot unserer Gesellschaft. Nicht umsonst sind die 4 Millionen Arbeitslosen in unserem Land unglücklich darüber, dass sie anscheinend überflüssig sind, zur Seite gelegt werden. Nicht umsonst plagt die Werften die Angst um Arbeitsplätze, ist Bremerhaven geprägt vom Ringen um Arbeit. Ein ganzer Kerl, das ist doch einer, der rund um die Uhr schuftet. Ein anständiger Gehaltszettel, das ist die echte Anerkennung. Zeit zur Muße hat ja keiner mehr. Alle sind ständig durch Arbeit überlastet. Wehe dem, der erklärt, er hätte so richtig viel Zeit! Das muss schon ein schräger Vogel sein. Wer nichts zu tun hat, muss sich schlecht fühlen, wird nicht anerkannt.
Das biblische Gebot sieht das ganz anders. Der siebte Tag soll geheiligt werden. Es soll ein besonderer Tag sein. Das Volk Israel hat diesen siebten Tag als Ruhetag gefeiert und das auf Gott selbst zurückgeführt. Gott, der auch die Wellen,

von denen wir gesungen haben, und das Meer geschaffen hat, hat nach den sechs Schöpfungstagen einen Ruhetag eingelegt. Wie sollen wir uns das denn nun vorstellen? Schließen Sie doch einmal die Augen und überlegen Sie, wie Gott da ausgeruht haben mag am 7. Tag. Eine Kollegin hat Konfirmandinnen und Konfirmanden das malen lassen. Und wie haben sie sich Gott vorgestellt? In einer Hängematte, die Cola in der einen, eine Illustrierte in der anderen Hand. Die Sonne scheint, die Vögel zwitschern. Gott, lässt es sich gut gehen, ist ganz der Lebensfreude hingegeben. Nicht schlecht getroffen, finde ich.

Dieser besondere Tag ist aber nicht eine Erfindung der Moderne, sondern wird seit Jahrhunderten geachtet. Das Volk Israel hat diesen Sabbattag nicht nur mit dem Ruhen Gottes nach der Schöpfung, sondern auch mit der Erinnerung an die Befreiung aus der Sklaverei in Ägypten verbunden. Befreiung aus Unterdrückung. Der Mensch ist Mensch in Freiheit, weil Gott ihm Freiheit geschenkt hat. Freiheit auch von dem Druck und der Last der Arbeit. Und zwar für alle, auch für die Knechte und Mägde, ja sogar für das Vieh. Und beispielsweise für die Hausfrau, die nicht waschen und kochen musste. Als junge Frau habe ich darüber gelächelt, dass am Sonntag keine Wäsche gewaschen werden durfte. Heute erkenne ich: Die Sabbatregeln, von denen manche in unsere Kultur Eingang gefunden haben, sie sind ein Schutzmechanismus. Die Sonntagskleidung, das besondere Geschirr, der Sonntagsspaziergang – was uns als Jugendlichen auf den Wecker ging, es war doch liebevoll, hob den Tag hervor unter anderen.

Christinnen und Christen haben den Feiertag aus seinen jüdischen Wurzeln übernommen. Wir feiern den Sonntag als Tag der Erinnerung an die Auferstehung Jesu. Uns verbindet mit dem Judentum der Gedanke der Freiheit – die Auferstehung als Befreiung von der Angst vor Leiden und Tod. Durch Jesus haben wir erfahren, wie Gott sich in Liebe allen Menschen zuwendet. In ihm können wir erkennen, dass Gott uns liebt, bevor wir irgend etwas geleistet haben. Gott sagt uns Leben zu, Leben, das weit über diese Zeit und Welt hinausgeht. Der Sonntag ist unsere Erinnerung daran. Wir besinnen uns auf die wesentlichen Fragen unseres Lebens. Uns begeistert und erfüllt, wie wunderbar Gott diese Welt geschaffen hat. Dankbar sind wir, dass wir all unser Scheitern, unser Leiden, die Ungerechtigkeit und den Unfrieden, unsere Fehlleistungen vor Gott bringen können. Wir kommen zusammen als Gemeinschaft, feiern Gottesdienst, loben Gott dafür, dass die Welt so wunderbar geschaffen ist. Und wir bringen unser Leid vor Gott, das, woran wir verzagen, wo wir auch selbst versagt haben. Ach ja, ich wünsche mir, dass unsere Gottesdienste so sind, dass wir uns an ihnen freuen, dass wir es kaum erwarten können, am Sonntag zusammenzukommen. Erlebt habe ich das in anderen Ländern, aus denen manche unserer Seefahrer heute kommen. Dass dieser Tag erwartet wird. Dass dieses Joch des Arbeitens, das Elend auf dem Müllberg in den Philippinen oder das harte Ringen um Mais auf dem Acker in Kenia ein Ende hat und an dem einen Tag in der Woche Freiheit da ist. Ein ganzer Mensch, der feiert, der sich Gott zuwendet, dem Gott, der Leben zuspricht. Gottesdienste können Lebensmittel sein. Solche Gottesdienste wünsche ich mir, weil sie dann uns einen Weg eröffnen, die Predigt und Gottes Wort nicht zu verachten, sondern, wie Martin Luther formuliert, es heilig zu halten, gerne zu hören und zu lernen.

Einen solchen Gottesdienst habe ich beispielsweise in Bolivien erlebt. Die Menschen kamen aus vielen Stadtvierteln, ja aus der Umgebung angelaufen, manche hatten drei Stunden Weg hinter sich. Es wurde gesungen und getanzt. Es gab eine Predigt, noch eine Predigt. Menschen haben erzählt aus ihrem Leben, der Jugendchor hat gesungen. Kinder liefen umher. Wir haben gebetet. Eine große fröhliche Gemeinschaft entstand. Nach 4 ½ Stunden Gottesdienst wurden Kartoffeln geteilt mit einer scharfen Soße. Das Fest ging weiter. Und am Schluss gingen wir erfüllt auseinander, und viele haben gesagt: „Bis zum kommenden Sonntag". Fast alle hatten das Elend der kommenden Woche vor Augen. Aber sie wussten: Da ist etwas, worauf ich mich freuen kann. Ein Fest des Lebens, so wie Gott es gewollt hat.

Der Sonntag, der Feiertag, wir sollten ihn bewusst wahrnehmen, ob wir nun mitten im Arbeitsleben stehen, einen Haushalt versorgen, zur Schule gehen, ob wir arbeitslos sind, zu den Rentnerinnen und Rentnern gehören oder mit einer Krankheit zu kämpfen haben. Festtage geben dem Leben Kraft, weil sie Höhepunkte sind. Deshalb gilt es, neue Formen zu entdecken, wie wir den Sonntag als Feiertag gestalten. Liebevoll. Zu etwas Besonderem machen. Feiertag – das heißt nicht, fernsehen bis zum Umfallen, sich vollsaufen, im Bett bleiben. Feiertag heißt, es anders machen, sich auf das Leben besinnen. Loslassen den ewigen Kampf in der Arbeitswelt, den Streit in der Familie, das Leiden unter der Einsamkeit, die Verzweiflung an der Krankheit. Es geht um das Aufspüren der Freiheit von allen den Zwängen, weil wir Kinder Gottes sind. Befreit zum Leben. Der Feiertag, er kann die Zwänge abfallen lassen. Er zeigt uns, dass der Mensch nicht vom Brot allein lebt. Der Feiertag verweist auf die Schönheit des Lebens in allem Unglück, auf das Leben, wie Gott es gewollt hat. Hier in Bremerhaven kamen vor zwei Wochen nahezu zwei Millionen Menschen zusammen, um die „Sail 2000" zu erleben. Große, majestätische Segelschiffe waren zu sehen. Ohne den Feiertagsrhythmus wäre auch ein so schönes gemeinsames Erlebnis nicht möglich.

Der Rhythmus von Alltag und Feiertag ist ein guter Rhythmus, den Gott uns vorgegeben hat. Der Sonntag ist etwas ganz besonderes, etwas, was unsere Gesellschaft dringend bewahren muss. Wenn Manager unter dem Burn-out-Syndrom leiden, heißt es, sie hätten den Rhythmus von Schaffen und Ruhen verloren. Das kann auch einer ganzen Gesellschaft den Kollaps bringen. Es macht mich unruhig, wenn ich Traktoren auf dem Feld sehe am Sonntag. Dann weiß ich, dieser Landwirt kann dem gnadenlosen Druck der Wirtschaft nicht standhalten. Und ich bin traurig, wenn Menschen am Sonntag einkaufen gehen wollen. Sie haben den Bezug zum Sinn ihres Lebens verloren, sie wissen mit sich selbst, ihrer Familie, der Ruhe nichts mehr anzufangen, erliegen der Versuchung der Ablenkungsgesellschaft.

Gewiss, viele Menschen müssen am Sonntag arbeiten. Von den Seeleuten haben wir das am Anfang des Gottesdienstes erfahren. Aber auch sie brauchen einen Ort der Freiheit. Einen Punkt der Ruhe. Einen Feiertag, den sie heiligen können. Auch wenn sie arbeiten müssen, wissen sie doch im Hinterkopf, dass dies ein besonderer Tag ist. Und finden vielleicht den besonderen Moment. Können sich hoffentlich einen Ruhepunkt schaffen. Die Sehnsucht nach dem Ruhetag, dem Feiertag, die kennen wohl besonders die Menschen, denen er nicht vergönnt ist. So wünsche ich mir, dass wir als Gesellschaft unseren Sonntag erhalten. Dass wir als Kirche Gottesdienste so gestalten, dass sie Lebensmittel für Menschen werden. Und dass diejenigen, die am Sonntag gezwungen sind zu arbeiten, eine Form finden, ihn als Feiertag wahrzunehmen. Amen.

Reformationstag
Stiftskirche Wunstorf, 31.10.2000

Niedersachsen ist sehr evangelisch geprägt, nur im Emsland und im Eichsfeld befinden die Evangelischen sich in der Diaspora. Manches Mal scheinen sich Gemeinden dieser Selbstverständlichkeit geradezu zu schämen und betonen nur noch das Gemeinsame, nie das Trennende. Das ist einerseits gut und richtig im Zeitalter der Ökumene, protestantisches Selbstbewusstsein hat aber auch seinen Ort. Die Stiftskirche in Wunstorf ist wahrhaft historischer Grund. Eine traditionelle, lebendig interessierte Gemeinde mit vielfältigem Gemeindeleben.

Liebe Gemeinde,
Reformationstag 2000. Vor einem Jahr wurde in Augsburg die Gemeinsame Erklärung zur Rechtfertigungslehre feierlich unterzeichnet. So, wie die Römisch-katholische Kirche und die Evangelisch-lutherische Kirche ihre Überlegungen zur Rechtfertigung dort formuliert haben, werden sie von den Verwerfungen des 16. Jahrhunderts nicht getroffen, wurde erklärt. Große Hoffnungen auf baldige Durchbrüche, vor allem in der Abendmahlsfrage begleiteten den Prozess. Ein Jahr später ist die Stimmungslage ganz anders. Ernüchterung hat sich breit gemacht. Nach der Erklärung „Dominus Jesus", in der die Römisch-katholische Kirche noch einmal deutlich erklärt hat, dass sie allein sich als wahre Kirche Jesu Christi versteht. Hinzu kommt eine Note aus dem Vatikan, die eine Bezeichnung evangelischer Kirchen als Schwesterkirchen untersagt. Die einen sehen ihre Hoffnungen enttäuscht, die anderen ihr Misstrauen bestätigt. Beginnt nun also eine ökumenische Eiszeit?
Nein, aber ich denke es ist durchaus Zeit, sich am Reformationstag darauf zu besinnen, dass nach lutherischem Verständnis die Kirchen der Reformation nicht etwa neu entstandene Kirchen sind, sondern Erben der Alten Kirche, die die Reformation schon durchlaufen haben. Freiheit und Verantwortung, Rechtfertigung allein aus Glauben und Priestertum aller Gläubigen, das sind die Grundüberzeugungen, mit denen Luther die Reformation einleitete. Und diese Grundüberzeugungen hat er durchaus drastisch dargelegt. Unter anderem in *dem* Reformationstagslied „Ein feste Burg ist unser Gott".

Du liebe Zeit, liebe Bischöfin, wollen sie das heute wirklich singen lassen? Das mag mancher entrüstet denken. Ja, tatsächlich, dieses Lied, das Luther 1529 nach Psalm 46 dichtete, es ist uns doch etwas unbehaglich geworden. Deutsch-national wurde es vereinnahmt, der deutsche Protestantismus hat sich mit heroisiert. Und vor allem die Kampfesmetaphorik hat es manchem unbehaglich werden lassen. Ich selbst bin damit aufgewachsen, dass man dieses Lied eigentlich lieber nicht

singt. 1985 war ich dann in Argentinien zu einer Sitzung des Zentralausschusses des Ökumenischen Rates der Kirchen. Die Evangelische Kirche in Argentinien war durch manche Anfechtung gegangen in der Zeit des Militärregimes. So hat es Menschen gegeben, die die Militärdiktatur durchaus unterstützt haben. Andere, die tapfer sich eingereiht haben unter die Dissidenten, etwa Mütter auf der Plaza de Majo, die das Verschwinden ihrer Kinder öffentlich machten. Tapfere Frauen, mit weißen Kopftüchern und nichts als diesen weißen Kopftüchern und den Namen ihrer Kinder bewaffnet, haben sie der Militärdiktatur Paroli geboten. Und dann eine Halle, in der wir empfangen wurden, mehrere tausend Menschen, und am Ende der Versammlung standen sie auf und sangen laut und schmetternd „Ein feste Burg ist unser Gott". Mir hat es fast die Sprache verschlagen. Passt das denn zusammen? Ein solches Schutz- und Trutz-Lied? Ein solches Kampfeslied von Wehr und Waffen, von der Vernichtung des Feindes, von Gott, der für uns streitet, und vom „Fürst dieser Welt", der gefällt wird?
Was wollte Luther mit diesem Lied? Ich habe mich dem Lied in der Vergangenheit wieder angenähert und es auch singen lassen, beispielsweise bei der Synode der Konföderation evangelischer Kirchen in Niedersachsen. Was hat Luther gemeint? Ich glaube, dass wir uns zunächst klarmachen müssen, dass dieses Lied realistische Ohnmachterfahrungen besingt. Menschen erfahren sich selbst als ohnmächtig mit Blick auf Geburt und Tod, Krankheit und Gesundheit, Gelingen und Versagen, politische und wirtschaftliche Entwicklungen. Ein Ohnmachtgefühl, das wir selbst tatsächlich erfahren. Die Angst vor dem Krebs beispielsweise. Der plötzliche Tod eines geliebten Menschen. Die Erfahrung von Ausgrenzung durch Arbeitslosigkeit oder dieses große Ohnmachtgefühl, wenn wir sehen, dass in Deutschland 55 Jahre nach dem Ende des Zweiten Weltkrieges Menschen wieder meinen, jüdische Mahnmale schänden oder Jüdinnen und Juden bedrohen zu müssen. Was für ein Ohnmachtgefühl! Da sage ich, dass wir dankbar sein können, dass wieder jüdische Gemeinden unter uns leben. Und erhalte Briefe, in denen Menschen mich beschimpfen, weil sie froh sind, dass es kaum Jüdinnen und Juden gibt. Ein Ohnmachtgefühl, eine ungeheure Scham, ein Erschrecken davor, dass alles menschliche Streben und Erklären und alle Vernunft anscheinend wenig bewirken. Oder blicken wir in diesen Tagen auf Israel. Welche Enttäuschung, welche Ohnmacht. Ein Friedensprozess, den viele Menschen intensiv begleitet haben. Auf allen Seiten wohlgemerkt! Palästinenser und Israelis, Juden, Christen und Muslime. Ja, es betrifft uns Not, und der altböse Feind, er meint es durchaus ernst. Macht und Grausamkeit zeichnen das Böse aus. Liebe Gemeinde, ich glaube Luther ist hier ganz realistisch. Es gibt Teufelserfahrung, wie er das ausdrücken würde. Wir können heute vielleicht sagen: Das Böse ist existent. Ich werde oft gefragt: Wie denn? Gibt es nicht Gott? Ja, aber die Welt ist trotzdem angefüllt von dem Bösen, und immer wieder erfahren wir unsere Ohnmacht. Wir leben nicht in einer erlösten Welt, sondern in der Welt nach der Vertreibung aus dem Paradies, wie die Bibel das ausdrückt. „Mit unserer Macht ist nichts getan". Nein, wir sind nicht mächtig. Wir können strampeln und streiten und unser Bes-

tes tun, aber mit unserer Leistung und unserer Macht werden wir keinen Himmel auf Erden schaffen. Ein realistisches Menschen- und Weltbild hat Luther da.
Also muss Gott für uns streiten. Ohnmachterfahrung und Gottvertrauen gehören für Luther ganz eng zusammen. Wir singen: „Und wenn die Welt voll Teufel *wär*". Sie ist eben nicht voll Teufel, im tiefsten Sinne nicht. Im tiefsten Sinne ist es Gottes Welt, Gottes hilfreiche Macht können wir erfahren. Der Fürst dieser Welt, das Böse also, das, was sich gegen Gott stellt, kann uns im Letzten nichts tun. Luther stellt neben die Ohnmachterfahrung die Glaubenserfahrung. Und diese Glaubenserfahrung, sie ist nun gerade in dem erfahrbar, der eben nicht durch Nachgeben oder Verharmlosen, durch seine Schwäche vielmehr, durch seine Aufopferung, den Kreislauf der Gewalt und Gegengewalt durchbricht. „Fragst du wer der ist? Er heißt Jesus Christ". Der, der dem Teufel, dem Bösen, wie wir sagen, Paroli bietet, ist der sterbende Mann am Kreuz. Das ist das Kind, das in einem Stall zur Welt kommt. Wie in Christus wird der Kreislauf des Bösen durchbrochen. Dieser Widerspruch treibt Christinnen und Christen immer wieder neu an. Treibt sie auch an gegen die Ohnmacht. Bringt Christinnen und Christen in Palästina dazu, trotz aller Steine und Geschosse von Frieden zu reden. Bringt eine Mutter dazu, auf der Plaza de Majo zu demonstrieren. Ermutigt Gemeinden bei uns, sich an die Seite der jüdischen Gemeinden zu stellen.
Liebe Gemeinde, das ist kein Trutzlied, kein Protestlied, sondern ein Trostlied. Es geht nicht um hier die böse Welt und da die guten Christen, sondern um Realismus. Es gibt den Kampf zwischen Gut und Böse, in unserer Welt, und wir werden Maßstäbe gewinnen und Kraft daran setzen müssen, für Gerechtigkeit, für Frieden, für Nachhaltigkeit einzutreten. Und wir wissen, dieser Kampf zwischen Gut und Böse, zwischen Gott und Teufel, geht auch mitten durch uns hindurch. Luther weiß etwas von den Anfechtungen in unserem eigenen Leben. Soll uns doch egal sein, was in Afrika passiert. Was geht's mich an, wenn da jemand verhungert oder stirbt. Meine Steuern sollen doch nicht zum Fenster rausgeschleudert werden. Ja, mit dem Egoismus, mit der Selbstsucht, mit dem Bösen haben wir selber alle auch zu kämpfen. Ein Trostlied also. Gott als die feste Burg. Oder wie Psalm 46 sagt: Gott als unser Schutz, was Luther in die Schutzburg umgeschmolzen hat. Gott als unser Refugium, unsere Zuflucht, von der aus wir Stärke und Kraft für das Leben erfahren.
Von hier aus finden wir die Freiheit, Verantwortung zu übernehmen. Das ist die Freiheit des Wortes, des kleinen Wortes, der heiligen Schrift, die das Böse fällen kann. Der Sinn meines Lebens, die Liebe Gottes, von der kann mich nichts scheiden, das schreibt auch Paulus im Römerbrief. Wenn es also in der 4. Strophe heißt: „Gut, Ehr, Kind und Weib: Lass fahren dahin, sie haben's kein' Gewinn", dann ist das keine Missachtung, keine Vergleichgültigung, wie ich selbst es auch immer wahrgenommen habe. Es geht wohl eher darum: Selbst wenn mir alles genommen wird, was meinem Leben Sinn gibt, das, woran mein Herz hängt, was mir alles bedeutet, meine Liebe, mein Besitz, dann ist doch auch der Sinn meines Lebens nicht verloren, weil Gott diesem Leben Sinn gibt. Nicht das, was ich tue,

und das, was ich habe, sondern Gott allein gibt ihm Sinn. Das ist das Zentrum der Rechtfertigungslehre.
Ja, ein Trostlied also. Ein Lied, das nicht mit Pathos daherkommt, wie es auf den ersten Blick scheint, sondern das Vertrauen auf Gott thematisiert, dazu begeistern will, ja verlocken. Lassen Sie mich am Reformationstag 2000 noch einen Bogen schlagen zur EXPO. Sie geht in diesen Stunden zu Ende. Auf der EXPO wurde deutlich, dass Religion im 21. Jahrhundert nicht passé ist. Was die Reformatoren meinten, wenn sie von „semper reformanda“ gesprochen haben, von der Erneuerung, von der stetigen Veränderung der reformatorischen Kirchen, ist auf der EXPO sichtbar geworden. Die Menschen haben unseren Christus-Pavillon als Ort erfahren, der abseits von Trubel und Elektronik, von Computeranimation und Videosession sie selbst anspricht. Ein Ort, an dem von der Menschenfreundlichkeit Gottes etwas ausgestrahlt wurde. Ein Ort der Stille, des Stundengebetes, des Gottesdienstes. Übrigens auch ein Ort, an dem wir die Römisch-katholische Kirche als Schwesterkirche erlebt haben, an dem Ökumene praktiziert wurde, was immer im Vatikan gedacht wird. Eine geschwisterliche Kirche. Das finde ich ermutigend. Die Religion ist präsent im 21. Jahrhundert, und wir können unsere Kirche so reformieren, dass sie auf die diffuse Religiosität des säkularen Menschen konkrete Antworten gibt wie Freiheit und Verantwortung.
Wir sind heute als Christinnen und Christen gerufen, das Wort von der Freiheit, zu der uns Christus befreit hat – so der Apostel Paulus –. das Wort von der Verantwortung, in die uns Gott stellt, die Lehre von der beständigen Erneuerung der Kirche, von der Rechtfertigung allein aus Glauben und dem Priestertum aller Gläubigen zu übersetzen in unsere Zeit hinein. Ich bin überzeugt, die Reformation dauert fort. Und unsere Zeit braucht eine kraftvolle Kirche, die Gott als Schutz sieht. Vielleicht nicht als Wehr und Waffen, sondern als Leuchtturm im tosenden Meer, als Friedenssymbol in der Zeit der Waffen, als Brot in einer Zeit der Armut. Amen.

Vaterunser – Einweihung der spanischen Orgel Rundfunkgottesdienst Neustädter Hof- und Stadtkirche Hannover, 20.05.2001

Die Neustädter Hof- und Stadtkirche wird von der Musikhochschule Hannover als Übungsort für Studierende des Faches Orgel genutzt. Die Installation der spanischen Orgel war insofern ein besonderes Ereignis, als diese Orgel für die Gemeinde wie für die Studierenden ein besonderer Klangkörper ist. Um das Projekt des Baus einer spanischen Orgel wurde lange Jahre (seit 1994) gerungen. Landeskirche, Hochschule für Musik und Theater sowie die Hanns-Lilje-Stiftung haben es gemeinsam realisiert. In einer Projektbeschreibung heißt es: „Die Ermöglichung dieses Projektes des Baus einer spanischen Orgel würde für den norddeutschen Raum eine kulturelle Großtat bedeuten, die der reichen Tradition der Silbermann-Orgeln vergleichbar ist … Mithilfe dieses Instrumentes wird es möglich, die klassische und zeitgenössische spanische Orgelkunst als konstitutiver Bestandteil europäischer Musikkultur bewusst zu machen und zu pflegen."
Die Gemeinde bestand somit aus Beteiligten aus der Hochschule für Musik und Theater Hannover, einem kulturell an diesem besonderen Klang interessierten Personenkreis sowie aus Mitgliedern der Ortsgemeinde, die – ebenfalls in der Innenstadt Hannovers – oft Wahlgemeinde ist. Die Kirche liegt unmittelbar neben dem Landeskirchenamt und wird auch für Einführungen u.a. genutzt.
Das größte Problem bei der Predigtvorbereitung lag darin, einerseits das Vaterunser aufgreifen zu sollen – darum hatte der Vorbereitungskreis gebeten –, sich andererseits an die vorgegebene Kürze zu halten. Die Rundfunkübertragung sollte natürlich besonders ausführlich dem Klang dieses ungewöhnlichen Instrumentes gewidmet sein.

Liebe Gemeinde,
bei einem Gespräch in einer Schule sagte mir eine junge Frau: „Das klappt nicht mit dem Beten, Frau Bischöfin. Ich habe es versucht, als mein Vater letztes Jahr gestorben ist. Nein, es hat einfach nicht funktioniert." Ja, wie ist das mit dem Beten? Viele Menschen haben heute den Eindruck, sie können nicht mehr beten. Sie haben auch gar nicht mehr beten gelernt. Weder als Ritual bei Tisch, noch als Abendgebet, das die Sorgen des Tages und die Freuden des Tages Gott übergibt. Die Entwöhnung vom Gebet scheint mir auch Zeichen einer großen Gottverlassenheit zu sein. Menschen stehen schlicht und ergreifend nicht mehr im Gespräch mit Gott.
Das Gebet braucht wohl zweierlei: Gewohnheit und Vertrauen. Und es kann missbraucht werden. Früher hatten Menschen einen gewissen Fundus an Gebeten zur Verfügung. Da ist Luthers Morgensegen, das Tischgebet am Mittag oder auch

Psalm 31 zur guten Nacht. Mich hat nachhaltig eine Szene in dem alten Film „Das doppelte Lottchen“ beeindruckt. Schwarzweiß, Anfang der 50er Jahre gedreht, stehen die beiden Mädchen vor der Tür, hinter der die Eltern darüber entscheiden, wie es weitergeht: Können sie zusammen bleiben, müssen sie sich trennen? Ein schicksalhafter Moment also! Da sagt die eine Schwester zur anderen: „Jetzt müsste man doch beten, weißt du eins?“ Und die andere sagt voller Inbrunst mit gefalteten Händen: „Komm Herr Jesus, sei du unser Gast und segne, was du uns bescheret hast.“
Ja, das ist lustig. Und andererseits macht es sehr nachdenklich. Dieses Mädchen hatte in höchster Not wenigstens noch Worte zur Verfügung, mit denen sie sich an Gott wenden konnte. Viele kennen solche Worte heute nicht mehr. Und doch wollen sie sich anvertrauen.
Natürlich wird Beten auch missbraucht. Jesus selbst spricht vom Plappern der Heiden. Da gibt es auch manches christliches Geplapper. Beten, das anderen imponieren will. Oder mir wird gesagt: „Beten Sie mit Homosexuellen, dass sie geheilt werden.“ Beten als so eine Art Beschwörung also. Und es gibt tatsächlich auch Leistungsbeten. Davon wusste schon Luther zu berichten, der in seiner Zelle betete und betete und dem dabei immer elender wurde. Später dichtete er: „Ich fiel auch immer tiefer drein, es war kein Guts am Leben mein, die Sünd’ hat mich besessen.“ Es geht also nicht um die Quantität von Beten, möglichst viel beten, um mich, andere oder vielleicht auch Gott zu beeindrucken. Nein, es geht um die Qualität des Betens, das sich Gott anvertraut.
Wir können deshalb dankbar sein, dass uns ein Gebet von Jesus direkt mitgegeben wurde und dieses Gebet bis heute seinen Sinn erhalten hat. Wir können uns in dieses Gebet fallen lassen, weil es alles umfasst, was Menschen Gott anvertrauen. Seit 2000 Jahren in allen Ländern dieser Erde, in allen Kontexten und Situationen haben Menschen mit diesem Gebet ihr Vertrauen auf Gott geworfen. Mich beeindruckt das immer wieder nachhaltig, wenn es bei einer Sitzung des Ökumenischen Rates in einem Gottesdienst heißt: „Wir beten das Vaterunser jeder und jede in der eigenen Sprache.“ Dann folgt ein großes Gemurmel in den unterschiedlichsten Sprachen. Menschen vertrauen sich in ihrer Muttersprache Gott an. Wer da zuhört, mag denken: ein riesiges Durcheinander. Es ist aber eben kein Durcheinander, sondern das gemeinsame Gebet zu Gott. Jeder und jede weiß sich Gott wie den anderen in diesem Gebet verbunden über die Grenzen von Sprachen, Kulturen und Zeiten hinweg.

Vater unser,

Wenn diese Zeile angestimmt wird, dann stimmt die Gemeinde ein. „Vater unser“ sagen wir, weil wir Gott Vater nennen dürfen. Das hat uns Jesus selbst beigebracht. Gott ist nicht fern, Gott ist kein ganz anderer, sondern unser Vater. Ja, unsere Mutter, das können wir ebenso sagen. Die Anrede ist der Ausdruck vollkommenen Vertrauens, das Sich-Anvertrauen, so wie Jesus selbst sich mit den Worten „Abba“ anvertraut hat.

Der du bist im Himmel.

Gott, der du nicht in der Erde vollkommen aufgehst, sondern größer bist als alles, was wir kennen und sehen.

Geheiligt werde dein Name.

Wie es schon das zweite Gebot sagt: Dieser Name soll geheiligt sein. Gott ist nicht verfügbar! Mit Respekt und Ehrfrucht sollen wir diesen Namen nennen. Den Namen, der heißt: Ich bin, der ich bin, ich werde sein, der ich sein werde.

Dein Reich komme.

Eine ungeheure Provokation für alle ewigen Reiche, die bestehen sollen auf Erden. Gottes Reich wird kommen! Ja, es soll kommen. Das haben Menschen mit Inbrunst gebetet, schon zur Zeit des römischen Reiches, in Osteuropa zur Zeit des Sowjetreiches und auch in Deutschland, als ein 1000-jähriges Reich meinte, alles beherrschen zu können.

Dein Wille geschehe wie im Himmel so auf Erden.

Wie gerne sagen wir immer: Mein Wille geschehe. Es soll gehen, wie ich denke. Das hat schon Jesus in Gethsemane aufnehmen müssen: Dein Wille, nicht mein Wille. Liebe Gemeinde, das ist ein ungeheures Korrektiv für uns. Manches, was wir uns wünschen, wonach wir uns sehnen, es sieht wohl anders aus, wenn wir nachfragen, was wohl Gottes Wille ist.

Unser tägliches Brot gib uns heute.

Ja, der Mensch lebt nicht vom Brot allein. Aber er ist nichts ohne das tägliche Brot. Täglich dankbar sein für dieses Brot, das uns ernährt. Das geht manchen von uns in den reichen Industrienationen verloren. Die Bitte um das tägliche Brot ist elementar. Das weiß jeder, der dieses Brot nicht selbstverständlich hat. Für mich geht es aber auch immer um das andere Brot, das Brot für die Seele, das Lebensbrot, das uns innerlich frei macht.

Und vergib uns unsere Schuld,

Das ist die wirkliche Befreiung, dass wir unsere Schuld auf Gott werfen können, all unser Scheitern und Versagen. Und so auch die Freiheit finden zu sagen:

wie auch wir vergeben unsern Schuldigern.

Selbst vergeben können führt zur wahren Freiheit.

Und führe uns nicht in Versuchung,

Gib, dass wir nicht in Versuchung geführt werden. Wir wissen doch um die vielen Versuchungen. Zu lügen, zu stehlen, nur das Eigene zu sehen, diese Ich-Welt, in der wir leben. Und wir wissen, wie leicht verführbar wir sind.

sondern erlöse uns von dem Bösen.

Das Böse, das sind nicht dunkle Mächte in Horrorfilmen. Krieg, Vertreibung, Unrecht – das Böse ist für viele Menschen sehr real erfahrbar in der Welt!

Denn Dein ist das Reich und die Kraft und die Herrlichkeit in Ewigkeit.

Menschliche Reiche, unsere Kräfte, all das, was wir verherrlichen und verehren, ist zeitlich bedingt. Reiche vergehen, Lebenskräfte schwinden, Ehre und Ruhm sind zeitlich bedingt. All das, was Gottes ist, wird ewig sein. Es geht über unser Leben und unsere Zeit hinaus. Wir dürfen glauben, dass wir uns über den Tod hinaus Gott anvertrauen können.

Amen.

So sei es, das ist gewisslich wahr.

Liebe Gemeinde, dieses Gebet ist ein Gebet über die Jahrtausende hinweg. Schon im dritten Jahrtausend beten wir es nun. Wieder vertrauen wir uns an mit gefalteten Händen, ein Zeichen dafür, dass wir uns in Gottes Willen gefangen geben, freiwillig.
Beten heißt, sich anvertrauen. Wir wissen, dass Menschen sich auch heute danach sehnen. Beim ersten bundesweiten Handy-Gottesdienst Anfang dieses Monats haben Menschen sich per SMS beteiligt, und das waren Gebete. Ich zitiere: „Ein Mädchen von meiner Schule hat sich gestern umgebracht. Für solche Menschen möchte ich um Hoffnung beten". Und ein anderer schickt eine SMS: „Mein Bruder liegt im Wachkoma, sitzt im Rollstuhl, kann nicht sprechen. Betet bitte um Heilung." Und natürlich gibt es auch das: „Könnt ihr dafür beten, dass ich eine gute Physikarbeit schreibe? Gottes fetten Segen für euch."
Menschen suchen neue Formen, und wir sollten uns für diese Formen öffnen. Wenn sie sich sehnen danach, können wir ihnen sagen: „Übt euch ein ins Gebet, ins Gespräch mit Gott." Ich bin überzeugt, Gott nimmt auch eine SMS als Gebet an! Und wenn wir gar keine Worte finden, wenn wir vor Leid oder auch vor Glück sprachlos sind, dann können wir, wie Menschen seit 2000 Jahren, sprechen: Unser Vater im Himmel.
Und der Friede Gottes, der höher ist als alle menschliche Vernunft, bewahre eure Herzen und Sinne in Christus Jesus. Amen.

Pfingsten
Open-Air-Gottesdienst vor der Marktkirche Hannover, 03.06.2001

Dieser Gottesdienst stellte den Auftakt für eine neue Tradition dar. Am 03.06.01 hatte ich meinen 43. Geburtstag, und die Idee im Stadtkirchenverband war, diesen Geburtstag und den Geburtstag der Kirche mitten im Altstadtfest in Hannover open air zu verknüpfen. Unter dem Motto „Happy Birthday Kirche" veranstaltet der Stadtkirchenverband Hannover seitdem jeden Pfingstsonntag einen zentralen Gottesdienst. Ein für mich unvergesslicher Gottesdienst – es regnete in Strömen, stürmte, aber die Gemeinde blieb wacker vor Ort. Kurz vor dem Gottesdienst wurde die Entscheidung getroffen, trotz dunkler Wolken open air zu bleiben, da dieser Gottesdienst Teil des Altstadtfestes sein sollte – wiederum Geh-Struktur der Kirche. Viele waren sicher gekommen, um anschließend das Altstadtfest zu besuchen. Kinder waren musikalisch beteiligt und übergaben mir am Ende des Gottesdienstes unter Anleitung des Stadtsuperintendenten Wolfgang Puschmann und mit einem Geburtstagslied von Fritz Baltruweit einzeln Rosen, die zu einem großen Strauß wurden.
Kirche mitten im Altstadtfest und trotz Regen gute Stimmung. Aber was ist Pfingsten? Viele Menschen auch im inneren Bereich der Kirche wissen das nicht mehr. Hier auf dem Altstadtfest wäre jede Umfrage wahrscheinlich mit dramatischen Quoten von „Nichtwissern" ausgegangen. Schon während des Gottesdienstes bedienten sich die Ersten an den Bierständen – Pfingsten als Freizeitparty? Für die Predigt hieß das also: Es geht um Grundsätzliches, das Menschen abholt, ohne sie vor den Kopf zu stoßen, eine etwas leichtere Stimmung, die auch solche mitnimmt, die einen Kirchenraum vielleicht nicht betreten hätten und schon Richtung Bratwürstchenstand schielen. Was ist Pfingsten – das ist die Frage …

Apg 2,1–13
1 Und als der Pfingsttag gekommen war, waren sie alle an „einem" Ort
beieinander. 2 Und es geschah plötzlich ein Brausen vom Himmel wie
von einem gewaltigen Wind und erfüllte das ganze Haus, in dem sie saßen. 3 Und es erschienen ihnen Zungen, zerteilt wie von Feuer; und er
setzte sich auf einen jeden von ihnen, 4 und sie wurden alle erfüllt von
dem Heiligen Geist und fingen an zu predigen in andern Sprachen, wie
der Geist ihnen gab auszusprechen. 5 Es wohnten aber in Jerusalem
Juden, die waren gottesfürchtige Männer aus allen Völkern unter dem
Himmel. 6 Als nun dieses Brausen geschah, kam die Menge zusammen
und wurde bestürzt; denn ein jeder hörte sie in seiner eigenen Sprache

reden. 7 Sie entsetzten sich aber, verwunderten sich und sprachen: Siehe, sind nicht diese alle, die da reden, aus Galiläa? 8 Wie hören wir denn jeder seine eigene Muttersprache? 9 Parther und Meder und Elamiter und die wir wohnen in Mesopotamien und Judäa, Kappadozien, Pontus und der Provinz Asien, 10 Phrygien und Pamphylien, Ägypten und der Gegend von Kyrene in Libyen und Einwanderer aus Rom, 11 Juden und Judengenossen, Kreter und Araber: wir hören sie in unsern Sprachen von den großen Taten Gottes reden. 12 Sie entsetzten sich aber alle und wurden ratlos und sprachen einer zu dem andern: Was will das werden? 13 Andere aber hatten ihren Spott und sprachen: Sie sind voll von süßem Wein.

Liebe Gemeinde,
Pfingsten, was ist das.? Wenn ich jetzt herunter käme, Mikrophon in der Hand, und Sie fragen würde? Was würden Sie sagen? „Äh, Oh. Also, ich weiß nicht …“ Peinlich, peinlich!
Wenn jemand etwas wissen wollte, heute über Pfingsten, wo würde er nachfragen? Was kann man tun, um etwas über Pfingsten zu erfahren? Ach, habe ich gedacht, da guckt man ins Internet. Unter „Pfingsten“ habe ich tatsächlich 19 Einträge gefunden (wer das Internet kennt, weiß, das ist nicht viel!). Aber was findet sich da?

- „Spaß ohne Ende mit einer Biker Truppe“,
- Prof. Dr. Pfingsten, Experte für Kreditwesen,
- Schwitzhütten und Lowanpi Heilungszeremonien im Spirituellen indianischen Camp in der Schweiz“,
- Karneval der Kulturen über Pfingsten in Berlin,
- Wave Gotik Treffen in Leipzig mit einem Link zu easy world purespace,
- Rock am Ring,
- immerhin zum Glück noch: eine Sternwallfahrt ins Untermarchtal.

Ein zweiter Versuch mit dem Heiligen Geist war nicht viel besser. Unter „Heiliger Geist“ gibt es nur zwei Einträge: einen Internetkatalog über Charismatiker und die Kirchenband der Kuratorie Heiliger Geist. Interessanterweise gibt es dann einen Link von „Heiliger Geist“ zu Gesellschaft und Politik – warum das so ist, darüber kann ich nur rätseln! Vielleicht wünscht jemand Gesellschaft und Politik den Heiligen Geist! Dort finden sich 16 653 Einträge! Da habe ich dann aufgegeben.
Also: Das Internet weiß über den Heiligen Geist und Pfingsten nichts, außer dass es sich um einen Feiertag handelt, an dem der Mensch reisen kann. Und dafür gibt's dann Angebote auf dem Markt, wie unsere Gesellschaft eben so ist. Wir müssen wohl doch „back to the roots“, zurück zu den Wurzeln, und das ist für Christinnen und Christen die Bibel. Der Oberbürgermeister hat eben aus der biblischen Pfingstgeschichte gelesen. Die Jüngerinnen und Jünger waren zusammengekommen und erlebten plötzlich ein großes „Brausen“, wie es in der Bibel

heißt. Und sie alle redeten, und jeder hörte sie in der eigenen Muttersprache, ja, jeder und jede konnten verstehen, was gesagt wurde. Und es heißt:
Sie entsetzten sich aber alle und wurden ratlos und sprachen einer zu dem anderen: Was will das werden? Andere aber hatten ihren Spott und sprachen: Sie sind voll von süßem Wein." Dann folgt die Pfingstpredigt des Petrus, die wir gehört haben.

Was ist passiert an diesem ersten Pfingsttag?

Wir müssen uns das vorstellen: 50 Tage nach Ostern – Pentekoste heißt griechisch der 50. Tag, daher kommt der Begriff „Pfingsten". Die Jüngerinnen und Jünger waren niedergeschlagen, verängstigt. Jesus war tot. Ende und Aus. Alle Hoffnungen begraben. Da tat sich nichts außer ein paar Leuten, die behaupteten, Jesus als Auferstandenen gesehen zu haben. Oh Mann, haben einige gedacht, das sind fixierte Typen, Psychopathen halt, die nicht loslassen können. Oder doch? Oder sollte doch etwas dran sein an der Sache? Sie haben jedenfalls nicht ganz losgelassen, die Gemeinschaft gesucht, wohl auch die Stille. Und sie haben sich geöffnet für Gott.
Pfingsten passiert etwas Besonderes. Plötzlich ist allen klar: Doch, er lebt. Gott ist ja nicht gestorben ein für allemal. Nein, Gott zeigt uns, dass er den Tod kennt, aber er ist präsent mitten unter uns. Das Leben siegt. Er ist auferstanden. Und unter diesen Fischern und Huren und Zöllnern und Schreinern bricht es heraus: Gott ist da, Gott sagt unserem Leben Sinn zu. Genau wie Christus es versprochen hat, begleitet uns Gott auf unserem Weg. Der Heilige Geist gibt uns Kraft zum Leben und Mut zum Sterben.
Das muss so aus ihnen herausgebrochen sein, dass jeder sie verstanden hat. Und das ist wahrhaftig nicht bei jeder Predigt der Fall! Sie haben begeistert davon gesprochen, wie Gott ihr Leben trägt. Be-geistert im wahrsten Sinne des Wortes. Sie waren angefüllt von Gottes gutem Geist. Vielleicht denken Sie jetzt, was soll das? Wie verstehen wir das? Suchen wir nach Beispielen:
– Ich finde, es ist einem Haus abzuspüren, welcher Geist dort wohnt. Ob es eine eher kühle Atmosphäre ist oder eine herzliche. Ob dort Geld regiert oder Liebe. Das ist der Geist eines Hauses, eines privaten wie eines öffentlichen.
– Oder denken wir an den Geist der olympischen Spiele. Damit gemeint ist, dass es wichtiger ist, dabei zu sein als zu siegen. Dass Völkergemeinschaft sichtbar wird und der Geist des „fair sports". Und wenn dieser Geist weichen muss dem Doping und dem Geld, dann ist das sehr wohl spürbar.
– Wie wäre es mit Musik? Ein Rockkonzert ebenso wie ein Orgelkonzert oder eine Oper: Da kann jemand total begeistert sein, weil etwas „rüberkommt", eine Botschaft, eine Stimmung.
– Auch eine Naturerfahrung kann uns im Innersten treffen. Kann eine Ahnung von Mächten und Gewalten vermitteln, die wir nicht kennen. Oder kann einen Menschen zu Tränen rühren. Ein stiller Abend am Meer, das kann unsere Seele antasten.

Was ist das nun? Wir können es wissenschaftlich nicht fassen, es ist nicht herstellbar, nicht käuflich, nicht machbar. Da ist etwas am Werk, was wir nicht fassen können und mit Geist bezeichnen. Und weil das, was zu Gott gehört, heilig ist, sprechen wir vom Heiligen Geist. Gottes Geist ist daran erkennbar, dass er Menschen bewegt, von Gott, von der Erfahrung mit Jesus Christus zu sprechen. Er wird Tröster genannt, als Mutter wahrgenommen, als Ermutigung erfahren.
Wenn die ersten Jüngerinnen und Jünger diesen Geist Gottes nicht gespürt, erfahren hätten, dann gäbe es gar keine Kirche! Deshalb ist heute tatsächlich der Geburtstag der Kirche. Ohne Gottes Geist wären die Jüngerinnen und Jünger stumm geblieben, hätten sich ängstlich weggeduckt, vielleicht geschämt für ihren Glauben.
Liebe Gemeinde, wir brauchen heute dringend Gottes Geist. Ich habe den Eindruck, unsere Kirche wird immer verzagter. Es heißt in einer vor drei Tagen veröffentlichten Umfrage, bei den unter 30-Jährigen seien nur noch 13 Prozent der Auffassung, dass die Kirche gut in unsere Zeit passt. Und für 47 Prozent in dieser Altersgruppe hat die Kirche nur wenig mit dem Leben zu tun. Ach, seufzt da so mancher, ja, so ist es. Wir werden halt immer weniger. Und das Geld wird immer knapper. Und was können wir schon tun? Ach, ach, es geht zu Ende mit der Kirche! Dieses Lamento höre ich oft, ich kenne es in vielen Variationen. Manche sind fast schon verliebt in diesen Lobgesang des Untergangs. Und dann denke ich: Du lieber Heiliger Geist, nun lass es doch bitte mal ein bisschen brausen. Wären wir bereit für solches Brausen? Würden wir uns öffnen wie die Menschen damals in Jerusalem? Haben wir den Mut und die Lust zu reden von dem, was wir glauben, von dem, was unserem Leben Kraft und Sinn gibt? Oder würden wir die Lippen fest aufeinander pressen und sagen: Ist ja peinlich! Bloß nichts sagen.
So wäre Kirche jedenfalls nicht geboren. Vielleicht können wir den Heiligen Geist als die Wehen der Kirche bezeichnen. Wissen Sie, das ist ja so: Wenn die Wehen einsetzen, dann kann eine Frau sich nicht wehren. Ein Brausen beginnt in ihrem Körper, und der Geburtsprozess wird ausgelöst. Sie ist ganz und gar erfüllt von dem Geschehen. Es gibt kein Zurück, das Leben will geboren werden. Ja, vielleicht können wir den Heiligen Geist als Hebamme der Kirche bezeichnen. Dazu gehören wie in der Pfingstgeschichte vor fast 2000 Jahren heute ebenfalls drei Dinge:

- Das Zusammenkommen und Schweigen und Hören auf Gottes Wort,
- ein Sich-Öffnen für das Wirken, das Brausen des Heiligen Geistes
- und verständliche Rede von unserem Glauben.

Ich wünsche mir, dass wir uns diesem Geburtsprozess heute neu anvertrauen. Dass wir uns neu begeistern lassen als Christinnen und Christen in diesem Land. Wir können reden von dem, was uns trägt. Gott sagt unserem Leben Sinn zu. Jesus zeigt uns, dass der Tod keine Grenze ist, sondern Gott uns trägt über Leiden und Sterben hinaus. Wenn das kein Grund zum Feiern ist!
Happy Birthday, Kirche! Amen.

Synoden-Eröffnungsgottesdienst Marktkirche Hannover, 20.02.2002

Alle sechs Jahre wird eine neue Synode gewählt. Bei der Wahl im Jahr 2001 wurden zwei Drittel der Synode durch „Neue“ bestückt. Ein enormer Umbruch also. Der Eröffnungsgottesdienst in der Marktkirche hatte damit besondere Bedeutung. Ein Wir-Gefühl muss erst noch wachsen, Gemeinschaft entstehen. Viele sind noch unsicher, wissen nicht, was die neue Aufgabe bedeutet.
In diesem Gottesdienst habe ich jedem Synodalen per Handschlag die Verpflichtung abgenommen auf das neue Amt mit den Worten: „Sie sind in die 23. Landessynode unserer Kirche gewählt und berufen worden. In diesem Gottesdienst werden Sie feierlich auf ihr neues Amt verpflichtet. Das Gelöbnis hat den folgenden Wortlaut:
‚Ich gelobe vor Gott und dieser christliche Gemeinde, dass ich als Mitglied der Landessynode gehorsam dem göttlichen Wort in Treue gegen das Bekenntnis der evangelisch-lutherischen Kirche danach trachten will, dass die Kirche in Einigkeit des Glaubens und in Gemeinschaft der Liebe wachse zu dem hin, der das Haupt ist, Christus.‘
So bitte ich Sie nun, in etwa drei Gruppen nach vorne zu treten und sich in einem Halbkreis um den Altar aufzustellen. Ich werde zu Ihnen kommen, Ihnen die Hand reichen und bitte Sie, mir dabei zu sagen: ‚Ich gelobe es vor Gott‘ …“

Liebe Gemeinde,
wenn einer eine Reise tut, dann kann er was erzählen – dieses Sprichwort hat sich für die meisten Menschen bewahrheitet. Viele Reisegeschichten sind zu hören: Weißt du noch, als in Sizilien der Koffer weg war! Erinnerst du dich an die Besichtigung von Notre Dame. Damals beim Urlaub in Spanien … Ja, es gibt so viel zu erzählen, dass manches Mal Freunde und Verwandte schon etwas verzagen und die Einladung zum Dia-Abend höflich absagen.
Um eine Reise geht es auch im Predigttext für den kommenden Sonntag. Das ist ja für die Predigerin die Qual der Wahl bei so einem Synodengottesdienst: Losung, Lehrtext, Wochenspruch, Monatsspruch? Warum nicht diesen Predigttext – da können wir uns alle schon ein wenig vorbereiten auf den Fastensonntag Reminiscere: Gedenke. Hören wir also aus dem Brief an die Hebräer:

Hebr 11,8–10
8 Durch den Glauben wurde „Abraham“ gehorsam, als er berufen wurde, in ein Land zu ziehen, das er erben sollte; und er zog aus und wusste nicht, wo er hinkäme. 9 Durch den Glauben ist er ein Fremdling gewesen in dem verheißenen Lande wie in einem fremden und wohnte in Zelten mit Isaak und Jakob, den Miterben derselben Verheißung. 10

Denn er wartete auf die Stadt, die einen festen Grund hat, deren Baumeister und Schöpfer Gott ist.

Gott, hilf uns, dein Wort zu hören und zu verstehen. Amen.

Drei Dinge braucht der Mann, wenn er eine Reise tut – ebenso übrigens auch die Frau. Nein, nicht Feuer, Pfeife, Stanwell (Sie erinnern sich?), sondern Ausgangspunkt, Streckenführung und Ziel. Lassen sie uns den Predigttext von Abrahams Lebensreise an diesen Eckdaten verfolgen.

1. Der Ausgangspunkt oder: Vom Aufbrechen
Wissen Sie, was eine Coverversion ist? Das ist ein vorhandenes Musikstück, das neu interpretiert wird. Dabei geht es um Songs, die schon Ohrwürmer sind, wir haben sie sozusagen im Ohr. Dazu kommen dann meist ein neuer Interpret oder eine Interpretin und ein neuer Rhythmus, neue Instrumente. Viele Coverversionen sind derzeit auf dem Markt. Denken wir allein an Robbie Williams, der mit Songs von Frank Sinatra Begeisterungsstürme auslöst. Ja es gibt sogar Songs wie „From Sarah with Love" – uns Niedersachsen natürlich besonders nahe wegen Delmenhorst –, die erst kurz auf dem Markt sind und durch die Originalinterpretin selbst eine Coverversion erfahren. Es geht wohl vor allem darum, den Song so lange wie möglich in den Charts zu halten oder neu in die Charts zu bringen.
Das Prinzip scheint mir Folgendes zu sein: Da ist eine Grundmelodie, die wir kennen, die Vertrautes anklingen lässt. Sie wird neu angesprochen, wir hören sie gern wieder, und sie vertieft sich in der Wahrnehmung. Dieses Prinzip gilt auch für das Christentum: Wir erzählen die alten Geschichten in jedem Jahrhundert neu, in jedem Kontext wieder. Dadurch entsteht eine Vielzahl von Cover-Versionen, die aber alle den Urtext anklingen lassen. Beispielsweise tut das schon der Hebräerbrief. Er greift immer wieder auf Texte des Alten Testamentes, auf bekannte Geschichten zurück und interpretiert sie neu. So sagt er der Gemeinde: Schaut auf die Ursprünge, und ihr findet Anregung für eure Situation heute, für euren oft so müde gewordenen Glauben – ja, das gab's auch schon damals.
Und das gilt wohl auch für uns: Von den Quellen, von der biblischen Überlieferung her, wird sich die Kirche, wird sich unser Glaube erneuern. Wo immer wir aufbrechen, reformieren, werden wir das von den biblischen Ursprüngen her tun, die wir neu wahrnehmen, an denen wir Neues entdecken. Das *sola scriptura* – allein die Schrift – der Reformatoren bewährt sich so immer wieder. Ein neues Schriftverständnis des Römerbriefes stand schließlich an der Wiege der Reformation!
Kommen wir damit zu

2. Der Weg oder: die Streckenführung
Aus Glauben zog Abraham los. Können wir uns das heute vorstellen? Oder sagen wir: verantwortungslos, so im Alter noch einmal loszuziehen ins Ungewisse.

Verspätete Midlife Crisis oder was? Ortswechsel aus Glauben? Das gab's vielleicht vor fast hundert Jahren, als die Marienschwestern in Hamburg sich aufmachten ohne konkretes Ziel, in Rotenburg landeten und dort ein großes diakonisches Werk aufbauten. Aber heute?
Mobilität ist ja geradezu ein Kennzeichen unserer Gesellschaft. Aber doch nicht aus Glauben. Oder gar Gehorsam! Mobilität kann heute vielmehr geradezu zum Faktor von Verantwortungslosigkeit werden. Da werden Bindungen leichtfertig aufgegeben. Da soll alles grenzenlos sein. Freiheit ist die Freiheit, jederzeit tun und lassen zu können, was ich will, ohne Rücksicht auf Verluste. Gehen, wohin ich will und wann immer es mir passt. Wenn wir uns heute als Kirche auf den Weg machen, sind wir dann vielleicht so etwas wie Auswanderer aus Glauben? Fremde wie Abraham aus Glauben, und zwar Fremde in unserer ach so säkularen Gesellschaft! Fremd, weil wir versuchen, an etwas festzuhalten, was gegenläufig ist zum Trend. An bestimmten Werten, an Mitmenschlichkeit, Solidarität und am Glauben an Jesus Christus? Fremd-Sein, dass hat einen bitteren Beigeschmack, da brauchen wir wohl nur einen Flüchtling in unserem Land zu fragen.
In unserer Gesellschaft heute scheint es für manche tatsächlich ein Wagnis, sich zum christlichen Glauben zu bekennen. Unsere Kirche, unsere Gemeinschaft kann eine gegenseitige Ermutigung sein auf dem Weg, dies glaubwürdig, überzeugend und für unsere Zeit und Gesellschaft relevant zu tun.
Brechen wir auf um des Glaubens willen? Oder versuchen wir nicht viel zu oft, unsere Nicht-Aufbrüche, unser Beharrungsvermögen mit Glauben zu rechtfertigen? Ein schönes Beispiel etwa sind in jüngster Zeit das Musical GODSPELL und die Auseinandersetzungen darum. Die einen schimpfen, es sei Gotteslästerung, die anderen sagen, es sei viel zu fromm, dritte vermissen ein angemessenes Niveau. Das gibt es leider oft in der Kirche: Statt sich zu freuen und zu sagen: „Na prima, zwar nicht ganz mein Stil, und ich habe einige – wahrscheinlich berechtigte! – Anfragen, aber gut, dass es dies gibt“, kommt gleich der kritische Hammer: Dies darf nicht sein, und das geht nicht. Heißt das, besser hocken bleiben, kein Wagnis eingehen? Und dann gibt es dort Grabenkämpfe und hier die Beleidigten, und wir sind wieder wunderbar mit uns selbst beschäftigt. Nur nicht aufbrechen, sondern stehen bleiben, verteidigen, was wir vermeintlich festhalten können.
Das allerdings ist wahr: Ein Weg könnte ja auch in die falsche Richtung gehen. Wer aufbricht, wagt etwas. Und wer etwas wagt, könnte scheitern. Sind wir aus Angst oft so festgefahren?
Als ich über den Text nachdachte, waren wir mit dem Auto unterwegs. Es gab einen Stau. Das Navigationssystem zeigte eine Umleitung an. Mein Fahrer, Herr Bollmann, aber hatte im Kopf, dass es einen besseren Weg geben müsste und wehrte sich stur, dem System zu folgen. Während die freundliche Computerdame immer wieder sagte: „Wenn möglich, bitte wenden“, war der selbst gefundene Weg offensichtlich besser. Na, dachte ich, das ist doch spannend!
Liebe Synode, glauben wir, wenn wir nur dem Schema, einem vermeintlich vor-

gegebenen Weg, folgen, dann kommen wir schon an? Oder müssen wir nicht immer wieder überlegen, was denn der beste Weg wäre im Glauben, etwas austesten mit unsrer Kirche und auch einmal wagen, in einer Sackgasse zu landen oder auf einem Feldweg. Ich bin überzeugt, wir werden immer neu um den Weg ringen müssen.

Aber da gibt es noch eine Anmerkung: Es braucht Weggefährtinnen und Weggefährten. Viele Jahre war für mich ganz persönlich der Ökumenische Rat der Kirchen eine Weggemeinschaft. In den letzten Tagen habe ich zwei langjährige Gefährten verloren. Am 7. Februar starb Jan Kok aus Holland, seit 23 Jahren für die Publikationen des ÖRK zuständig, und am 12. Februar starb Marga Bührig, Schweizerin, Jahrgang 1915, eine der Pionierfrauen in der ökumenischen Bewegung. Beide haben mir persönlich viel bedeutet, und ich spüre diesen Verlust auf dem Weg, den wir doch miteinander immer wieder gesucht haben. Ja, den Weg können wir nicht allein gehen, da braucht es andere an unserer Seite ...

3. Vom Ziel oder Die Stadt unserer Hoffnung

Auf dem Weg sein heißt, ein Ziel vor Augen haben. Das Abraham verheißene Land, von dem im Hebräerbrief die Rede ist, wird zur erwarteten Stadt. Diese erwartete Stadt ist eine Cover-Version für viele eschatologische Hoffnungstexte der Bibel: eines Tages, wenn Gott unter uns wohnt! Ja, sie heißt Jerusalem als Symbol der Hoffnung auf die endgültige Gemeinschaft mit Gott. Aber gerade Jerusalem! Wenn wir die biblischen Bezüge, so manchen Psalmvers lesen, wird uns erst recht bewusst, wie weit wir von dem Ziel der endgültigen Gottesherrschaft entfernt sind, vom Friedensreich Gottes, in dem die Völker versöhnt miteinander leben werden. Jerusalem ist heute Symbol für Terror und Gewalt, für Unterdrückung und Aggression und Ratlosigkeit, aber auch für den Unfrieden der drei großen Weltreligionen untereinander, die sich auf Abraham beziehen. Kann es sein, dass Jerusalem heute geradezu ein Symbol dafür ist, dass wir die Hoffnung auf Gottes Zukunft verloren haben? Nicht nur die Naherwartung, die Wiederkehr des Christus abgeschrieben haben, sondern auch jede Fernerwartung? Hoffnungslos verloren im Gestrüpp der Auseinandersetzung mit unser friedlosen Welt? Und deshalb die Parole: lieber festhalten, bloß nicht aufbrechen?

Oder haben wir das Ziel nur noch formelhaft vor uns, in Phrasen sozusagen, aber nicht mehr im Herzen? Hand aufs Herz: Was glaubst du, was glaube ich? Verkündigen wir den Tod des Herrn, „bis er kommt", in dem festen Glauben, *dass* er kommt? Glaube, so sagt der Hebräerbrief im ersten Vers desselben Kapitels, „ist eine feste Zuversicht auf das, was man hofft und ein Nichtzweifeln an dem, was man nicht sieht". Eine schöne Definition! Glaube lebt eben von der Hoffnung auf etwas, was wir nicht in Formeln beweisen können. Vielleicht ist er gerade deshalb so provozierend in einer Welt, die meint, alles analysieren und fassen zu können.

In diesem Fall gilt nicht: „Der Weg ist das Ziel". Nein, das Ziel, die biblischen wie unsere eigenen Bilder von der Stadt Gottes, beeinflussen unser Leben heute.

Das Ziel bestimmt unseren Weg! Weil Gott einst alle Tränen abwischen wird, deshalb trocknen wir heute Tränen ab. Weil Gerechtigkeit und Frieden sich küssen werden, ringen wir auf dem Weg in Gottes Zukunft um Gerechtigkeit und Frieden. Weil die da Leid tragen, getröstet werden sollen, deshalb trösten wir. Auf Hoffnung, auf Gottes Ziel hin. Jesus sendet die, die ihm nachfolgen in die Welt zum Predigen, zum Trösten, zum Heilen. Das wird in der Welt, in der wir leben, nie vollkommen sein, ist aber getragen von der Sehnsucht nach der Vollkommenheit Gottes in Zukunft.

Liebe Gemeinde, auch diese Synode begibt sich auf eine Reise. Eine sechsjährige zunächst. Sie wird sich zuallererst ihres Grundes versichern müssen, deshalb beginnen wir die Tagung und auch jeden Tagungstag mit Gottesdienst oder Andacht. Und wir feiern die Gemeinschaft, die uns geschenkt ist über alle Differenzen hinweg: die Gemeinschaft mit Gott und untereinander im Abendmahl. Über den Reiseweg wissen wir noch nicht viel, aber einige Hürden und Klippen können wir uns vorstellen, vielleicht auch Feldwege. Die Synode wird Gottes Beistand brauchen, um unserer Kirche Wegmarkierungen vorzugeben. Und das Ziel? Das himmlische Jerusalem werden wir wohl nicht erreicht haben in sechs Jahren, bzw. das liegt nicht in unserer Entscheidung. Wenn aber eine Cover-Version unserer Kirche zu Beginn des 21. Jahrhunderts entstanden ist, wenn die Hoffnung auf Gottes Zukunft Spuren im Hier und Jetzt legt, dann wäre das Ziel gewiss erreicht. Machen wir uns also mutig auf die Reise wie einst Abraham. Aus Glauben.

Und der Friede Gottes, der höher ist als alle menschliche Vernunft, bewahre unsere Herzen und Sinne in Christus Jesus. Amen.

3 Predigten bei besonderen Anlässen und Jubiläen

Das gehört wahrscheinlich zum „Kerngeschäft" des bischöflichen Amtes: öffentliche Ereignisse und Jubiläen. Jedes Jahr gehen in meiner Kanzlei etliche Anfragen ein, zum 450. Jubiläum der Einführung der Reformation, zum 750. Kirchweihjubiläum o.ä. zum Festgottesdienst zu kommen. Das alles wird sortiert und Ende Februar des Vorjahres entschieden. Dabei geht es nach Alter (750 Jahre haben eher eine Chance als 50 Jahre), Region (möglichst die Präsenz der Bischöfin über die große Fläche verteilen) und manchmal auch nach inhaltlicher Priorität (die Schließung eines Predigerseminars darf nicht zum Trauerakt verkommen). Dazu kommen Gottesdienste, denen sich die Bischöfin kaum entziehen kann, etwa die Jubiläen von Religionspädagogischem Institut oder Akademie. Und es gibt Lustentscheidungen, wie das Jubiläum der Evangelischen Frauenhilfe, die einfach großartige Arbeit, vor allem ehrenamtlich, geleistet hat. Immer wieder aber: eine besondere Situation, keine Möglichkeit, „einen alten Hirsch zu frischem Wasser zu tragen" und eine große Erwartungshaltung.

Einführung als Bischöfin[16]
Marktkirche Hannover, 04.09.1999

Ein besonderer Tag im Leben: als Bischöfin eingeführt werden. Das gibt es nur einmal, es ist wie die Hochzeit oder die Geburt der Kinder: lange vorbereitet und mit großer Spannung erwartet. In diesem Fall war der Erwartungsdruck besonders hoch, weil ich selbst in Hannover völlig unbekannt war. Wie sieht sie aus, was hat sie an, kann sie predigen? Die Marktkirche war mit 1200 Personen prall gefüllt. Auf dem Marktplatz hatten sich 4000 Menschen versammelt, die auf Stühlen über eine Großbildleinwand das Geschen in der Kirche nicht nur verfolgen, sondern mitfeiern konnten. Damit die Gemeinde zu einer wurde, gab es beispielsweise die schöne Idee, manche der Choräle abwechselnd drinnen und draußen singen zu lassen. Eine große Zahl kirchlicher und weltlicher Würdenträger, vom Ratsvorsitzenden der EKD, dem römisch-katholischen Bischof von Hildesheim, dem Bundeskanzler bis zum niedersächsischen Ministerpräsidenten, war anwesend. Als ich nach der Einsegnung durch meinen Amtsvorgänger als leiten-

16 Erstveröffentlichung in: M. Käßmann, Was steht ihr da und seht zum Himmel, Hannover 1999, S. 21–30.

dem Bischof der VELKD zur Kanzel ging, sang der Bach-Chor: „Er hat seinen Engeln befohlen, dich zu behüten“: Was kann da noch passieren?
Diese Predigt habe ich intensiv vorbereitet. Ich habe sie in einer ersten Fassung an meinen Vikarsvater, meine Schwester, eine befreundete Pfarrerin, einen im Rundfunk geschulten Pastor und eine Freundin geschickt. Alle fünf haben frei und vielfältig Kritik geübt, bis ein Text entstand, der ganz und gar meiner war. Ein Beispiel: Ich wollte die Frage der Sonntagsheiligung am „Shopping-Beispiel“ erläutern. Die Rückmeldung war: Die Diskussion ist so intensiv, das brauchst du nur andeuten, und alle wissen Bescheid. Und in der Tat, es gab „Heiterkeit“, als ich sagte: „Stellen wir uns nur vor, er wäre shoppen gegangen.“ Wenn ich die Zeit hätte, würde ich viel öfter Predigten so im Dialog vorbereiten. Das lohnt sich.
Vermieden habe ich, die Predigt als eine Art Regierungserklärung zu missbrauchen. Das hat vor der Synode seinen Ort. Hier geht es um die Auslegung der Bibel in einem besonderen Gottesdienst. Aber ich selbst als Person sollte auch der Erwartungshaltung entsprechend vorkommen. Das ist ein Balanceakt.

Liebe Gemeinde,
ein gutes, ein schönes Zusammensein ist das heute hier in Hannover. Abschieds- und Geburtstagsfest für den einen, Willkommensfest und Einsegnung für die andere. Ein wenig Kirchentagsstimmung spüre ich, das tut mir gut und tut, so hoffe ich, uns allen gemeinsam gut. Solche Gemeinschaft, solche Festzeiten stärken uns für den Alltag, stärken den Glauben.
Denn: Mit dem Glaubensalltag ist es heute ja wahrhaftig nicht einfach! Ein Rabbi, der durch Palästina zieht, eindrucksvoll predigt, Menschen heilt, aber dann doch als Volksverhetzer hingerichtet wird – der: für uns gestorben, auferstanden, den Tod überwunden, Gottes Sohn? Der soll für mich eine Bedeutung haben 2000 Jahre später? Schwer zu glauben! Die einen sagen, sie brauchen diesen Glauben nicht als aufgeklärte Menschen der Postmoderne. Die anderen machen sich lustig über die hinterwäldlerischen Christen: Du in der Kirche – hast du das nötig? Wieder andere schließlich greifen durchaus scharf an: Die Kirche hat zu viele Privilegien im Staat. Und wir in der Kirche? Wir ziehen uns oft, allzu oft zurück, verärgert, verletzt, verzagt, vorwurfsvoll – und damit nicht gerade anziehend. Dabei müssen wir doch gerade heute vom Glauben reden, weil wir die Zukunft der Welt kritisch zu begleiten und mitzugestalten haben. Worauf soll diese Zukunft denn aufgebaut werden, wenn nicht auf Glaube und Vernunft? Wir brauchen beides, dringend.
Es ist geradezu beruhigend, dass schon die johanneische Gemeinde vor nahezu 2000 Jahren mit dem Phänomen des Unglaubens zu kämpfen hatte. Die Geschichte vom ungläubigen Thomas, aus der der Lehrtext für den heutigen Tag stammt, ist ein gutes Beispiel dafür. Im 20. Kapitel des Johannesevangeliums heißt es:

Joh 20,19–29

19 Am Abend aber dieses ersten Tages der Woche, als die Jünger ver-
sammelt und die Türen verschlossen waren aus Furcht vor den Juden,
kam Jesus und trat mitten unter sie und spricht zu ihnen: Friede sei mit
euch! 20 Und als er das gesagt hatte, zeigte er ihnen die Hände und
seine Seite. Da wurden die Jünger froh, dass sie den Herrn sahen. 21
Da sprach Jesus abermals zu ihnen: Friede sei mit euch! Wie mich der
Vater gesandt hat, so sende ich euch. 22 Und als er das gesagt hatte,
blies er sie an und spricht zu ihnen: Nehmt hin den Heiligen Geist! 23
Welchen ihr die Sünden erlasst, denen sind sie erlassen; und welchen
ihr sie behaltet, denen sind sie behalten.
24 Thomas aber, der Zwilling genannt wird, einer der Zwölf, war nicht
bei ihnen, als Jesus kam. 25 Da sagten die andern Jünger zu ihm: Wir
haben den Herrn gesehen. Er aber sprach zu ihnen: Wenn ich nicht in
seinen Händen die Nägelmale sehe und meinen Finger in die Nägelmale
lege und meine Hand in seine Seite lege, kann ich's nicht glauben. 26
Und nach acht Tagen waren seine Jünger abermals drinnen versammelt
und Thomas war bei ihnen. Kommt Jesus, als die Türen verschlossen
waren, und tritt mitten unter sie und spricht: Friede sei mit euch! 27
Danach spricht er zu Thomas: Reiche deinen Finger her und sieh meine
Hände, und reiche deine Hand her und lege sie in meine Seite, und sei
nicht ungläubig, sondern gläubig! 28 Thomas antwortete und sprach zu
ihm: Mein Herr und mein Gott! 29 Spricht Jesus zu ihm: Weil du mich
gesehen hast, Thomas, darum glaubst du. Selig sind, die nicht sehen und
doch glauben!

Thomas überwindet den Zweifel und findet zum Glauben. Wie wird Glauben möglich? Vielleicht können wir uns den Antworten von Johannes am besten annähern, wenn wir uns die Protagonisten der Erzählung genauer ansehen.
Da ist zunächst *Thomas*. Er gehört zum engeren Kreis der Jüngerinnen und Jünger. Er war nicht anwesend, als Jesus den Jüngern erschien und sie in die Nachfolge gesandt hat, sie autorisiert hat, Sünden zu vergeben und zu behalten. Selbstbewusst erzählen sie nun: Wir haben den Herrn gesehen. Thomas muss sich ausgeschlossen fühlen. Du warst nicht dabei als das Wichtigste passierte. Du hast ja nicht erlebt wie … Thomas zweifelt, oder sagen wir, gibt sich als traditioneller Naturwissenschaftler: Was ich nicht selbst gesehen und erlebt habe, glaube ich nicht. Mehr als nur sehen will er, er möchte tasten, anfassen. Er will selbst die Hand in die offene Wunde legen. Thomas kann das Leiden nicht vergessen. Er hat es ja selbst gesehen: Jesus hat ganz real gelitten, ist gestorben am Kreuz. Dem Evangelisten Johannes geht es vor allem darum, dass der Auferstandene kein anderer ist als der Irdische, dass Christus kein anderer ist als Jesus selbst. Das ist für die Nachfolge von zentraler Bedeutung.
Doch ebenso wie Thomas den Glauben der anderen nicht einfach übernehmen

kann, so kann er sich seine Gewissheit auch nicht selbst schaffen. Acht Tage muss er warten bis zum Sonntag, dem ersten Tag der Woche. Dieses Mal hat er sie nicht verpasst, die Chance, den Sinn seines Lebens zu begreifen. Stellen Sie sich bloß vor, Thomas wäre zum Shopping gegangen …
Was überzeugt ihn denn nun? Seine Antwort auf das Erscheinen des Auferstandenen heißt ja: „Mein Herr und mein Gott“. Unmittelbares Vertrauen, geschenkter Glaube! Es gibt solche Momente im Leben, da geschieht das. Die Angst schnürt mir den Hals zu, und plötzlich finde ich Worte zum Beten. Ein Kind wird geboren, und ich kann danken, weil ich sehe, das ist ein Wunder, das ist mehr, als ich verstehe. Solchen Glauben kann keiner und keine von uns schaffen, leisten, erringen. Aber solcher Glaube braucht offene Herzen und offene Türen, Aufmerksamkeit für Gott. Thomas hat warten müssen, und er hat gehofft auf diese Begegnung. Er ist in der Gemeinschaft geblieben, nicht beim ersten Zweifel, der ersten Enttäuschung gleich ausgetreten. Seine Glaubensfragen waren ihm existentiell wichtig. Zum Glauben gehört auch ein eigenes Ringen, das sich nicht ablenken lässt, auch nicht durch das, was manchmal ärgerlich sein mag an der Kirche.
Glaube wird also geschenkt. Aber er wird auch erbeten und ringt mit dem Zweifel. Glaube beruht auf dem Wagnis, sich anzuvertrauen.
Und nun*: Die Jünger, oder sagen wir: die Menschen, die Jesus nachfolgen wollen, damals wie heute.* Thomas ist ja durchaus nicht der einzige, der zweifelt. Auch die anderen werden erst in Bewegung gesetzt, als sie selbst gesehen haben. „Selig sind, die nicht sehen und doch glauben“ – unsere Geschichte geht sehr kritisch mit all den beschriebenen Wundern und Erscheinungen um. Gottes Wort, wie es in Jesus sichtbar wurde, steht im Zentrum, wie es auch am Beginn des Evangeliums steht: Am Anfang war das Wort. Das haben wir in der lutherischen Tradition ins Zentrum gestellt. Hier erwarte ich auch den Ausgangspunkt für die Erneuerung der Kirche: Die Bibel erzählt vom Glauben. Und wir müssen von den Erfahrungen und Geschichten des Glaubens weitererzählen in unserer Zeit. Wir müssen uns neu der Bibel zuwenden. Viel zu oft reden wir über alles Mögliche, aber nicht von diesen Texten. Wie sagte die Frau aus dem Pazifik: „Ich weiß nicht, was ihr Deutschen für Probleme mit dem Glauben habt. Die Geschichten, die Jesus vom Kanu aus erzählt hat von Senfkorn, Sauerteig und Saat, das versteht der dümmste Mensch in meinem Dorf!“ Christlicher Glaube schwebt nicht irgendwo in der Luft, sondern bezieht sich auf die Bibel als Grundlage und kritisches Pendant der eigenen Glaubenserfahrung. Der Glaube der Kirche ruht noch immer auf der Glaubenserfahrung der ersten Zeuginnen und Zeugen. Beweise, die den Glauben überflüssig machen, sind diese aber nicht. Wir begegnen heute dem Auferstandenen in Wort und Sakrament, in Meditation und Gebet – und in anderen Menschen. Davon haben wir zu reden in unserer Zeit und Sprache, wir können davon Zeugnis geben. Unseren Kindern. Unseren Mitmenschen. Der Welt.
Zu solchem Hören und Erzählen ruft Jesus Männer und Frauen in die Nachfolge. Die Bevollmächtigten, die nach unserem evangelischen Verständnis eben nicht

nur die Pfarrerinnen und Pfarrer, Bischöfinnen und Bischöfe sind, sondern alle Getauften. Jeder und jede kann dem anderen Zeugnis abgeben vom eigenen Glauben. Das ist ja wohl das einander Priestersein: sich hinwenden, zuwenden. Maria von Magdala ist nach Johannes die erste. Sie erhält direkt den Auftrag, zu den Brüdern zu gehen und zu berichten. Sie ist die erste, die sagt: Ich habe den Herrn gesehen. Also ist sie Apostelin. Wenn Johannes später nur von den Jüngern spricht, mag das daran liegen, dass es in unserem Text um Vollmacht und Bevollmächtigung in der frühen Kirche geht. Frauen werden als die ersten Zeuginnen der Auferstehung anerkannt. Aber sie als diejenigen zu verstehen, die auch die Kirche leiten, das war um 100 oder 300 nach Christus zu viel verlangt – für manche vielleicht ja gar noch heute ...

Es geht beim Glauben um das Hören und das Reden des Wortes Gottes. Und: Wir müssen das Wort leibhaftig wahrnehmen. Das Wort ward Fleisch. Es bleibt ja nicht abstrakt, intellektuell, kopflastig. Ihr lieben Protestantinnen und Protestanten, lasst uns neu die Sinnlichkeit des Wortes lernen. Mit Feiern und Tanzen, Lachen und Weinen, Trauern und Loben, Meditieren und Singen!

Glaube also muss auf der biblischen Grundlage stehen und er muss bezeugt, er muss in Wort und Leben lebendig werden.

Schließlich zu *Jesus*. Er kommt mit dem Friedensgruß. Jesus tritt durch verschlossene Türen. „Friede sei mit euch". Das sagt er immer wieder, das ist sein Leitmotiv. Und was heißt das nicht alles, wenn uns tatsächlich Frieden zugesprochen wird. Weiß Gott, wir sind unfriedlich! Jeder und jede von uns. Da wird Häme ausgeschüttet, wenn jemand versagt, gegeifert wird über die anderen. Auch über eine Regierung, die um den rechten Weg ringt, das kennen Sie gut, Herr Bundeskanzler. Da ist die Angst vor allem Fremden, die Abgrenzung gegenüber den anderen. Und das alles ist ein Unfriede, auf dem ganz schnell und leicht Hass zu säen ist. Wir alle haben das im Kosovo in den letzten Monaten vor Augen geführt bekommen. Aber doch nicht nur dort. Auch in Ruanda und Burundi. In Äthiopien und Eritrea. In China und Taiwan. In Indonesien und Osttimor. In Nordirland. Und machen wir uns nichts vor, auch in unserem eigenen Land. Weiß Gott, diese Welt ist voller Unfrieden. Können wir so auftreten, liebe Gemeinde, Frieden zusagen einer vom Unfrieden im Kleinen wie im Großen zerrissenen Welt? Das ist immer noch meine große Hoffnung. Dass wir als Christinnen und Christen, die in so vielen Ländern und Kulturen existieren, einander diesen Frieden zusprechen können und damit einen Beitrag leisten zum Frieden vor Ort wie zum Frieden der Welt.

Friede sei mit euch! Der Friedensgruß schafft Gemeinde. Liebe hier Versammelte, auch ihr, wir, sie sind heute erst einmal eine Art zusammengewürfelte Menge. Hier drinnen in der Kirche und draußen auf dem Platz. Menschen aus den hannoverschen Kirchenkreisen und besonders geladene Gäste, Mitglieder der Familie von Altbischof Horst Hirschler und meiner Familie, Fremde und Freundinnen und Freunde. Lasst uns heute hier Gemeinde werden durch Gottes Geist. So bitte ich Sie deshalb, Ihren Nachbarn, Ihre Nachbarin wahrzunehmen, einander

jetzt und hier zu sagen: Friede sei mit dir. Ob Fernsehübertragung oder nicht, diese wenigen Momente sollten wir uns nehmen.
Jesus sagt nicht: Thomas, ich bin enttäuscht von dir. Du hättest doch auf Anhieb glauben müssen! Dann wäre die Seligpreisung derer, die nicht sehen und doch glauben, eine richtige Gesetzespredigt. Nein, Jesus hat eine un-glaubliche Nachsicht mit dem Unglauben, mit dem Zweifel – ich habe den Eindruck, viel mehr als seine Kirche. Er geht liebevoll auf Thomas zu. So ist Jesus ja auch zu Lebzeiten auf Menschen zugegangen, auf die Frau am Brunnen, den Zöllner. Jesus nachfolgen heißt deshalb für mich heute genau das: sich den Menschen zuwenden in ihren Ängsten und Nöten. Das gehört zum Friedensgruß: Offenheit. Aufmerksamkeit. Zulassen. Wahrnehmen. Zärtlichkeit. Verständnis für die anderen, wie sie sind. Bis hin zur Feindesliebe.
Noch einmal: Wie entsteht Glaube? Doch auch heute nicht durch das Sehen. In den letzten Wochen hatte ich ja so manche Talkshowerfahrung. Und habe mir überlegt: Wie wäre es, wenn wir den Auferstandenen da heute sehen könnten? Stellen Sie sich vor, er wäre die neue Sensation. Käme zu Beckmann und zu III nach 9, vielleicht sogar in die Nachmittage zu Schäfer, Fliege und sonst wem. Zeigte seine Wunden. Welch ein Ereignis! Und wie schnell würde der Ruhm verblassen und diese Sensation durch andere abgelöst? Glauben entsteht durch Beweise wahrhaftig nicht! Der entsteht nur durch eine Vertrauensbeziehung. Eine Beziehung, bei der ich sagen kann, mein Herr und mein Gott, meine Mutter, mein Bruder, und mein Freund.
Dass Jesus ihm seine Wunden und seine Verletzungen zeigt, überzeugt Thomas. Wunden berühren, Schmerz teilen, das ist ein ganz sensibles, intimes Geschehen. Meine Wunden und meine Verletzbarkeit zeige ich nur einer Person, der ich zutiefst vertraue. Die Schutzhaut ist dann weg. In dieser Berührung wird Thomas auch etwas gespürt haben von dem Erschrecken vor dem ganz anderen Leben, das über unsere Zeit und Welt hinausgeht.
Der Evangelist Johannes zeigt uns drei Zugänge zum Glauben: Glaube wird geschenkt, aber er bedarf auch des Ringens. Der Glaube gründet sich stets auf Gottes Wort. Und er wird möglich, weil Jesus Christus uns Frieden zusagt. Was folgt daraus für den Glauben heute? Für die christliche Gemeinde sind Wahrnehmen und Hinhören von elementarer Bedeutung: Da sind die Schulängste des kleinen Mädchens ebenso wie die Einsamkeit des alten Mannes. Da ist die Überlastung der alleinerziehenden Mutter ebenso wie der Stolz der erfolgreichen Unternehmerin, die Freude am Aufstieg des Geschäftsmannes wie der Wahlsieg des Politikers. Meine Hoffnung ist, dass die Kirche der Ort ist, an dem sie alle ihren Platz wissen. Mit Angst und Sorge, aber auch mit Freude und Erfolg. Dass sie eben hier die Gemeinschaft des Vertrauens finden, die uns so oft verloren geht in unserer Zeit.
In den letzten Wochen wurde ich ja gemahnt, Sünde und Schuld und Verfehlung nicht aus dem Blick zu verlieren. Der aber, dem wir nachfolgen, hat doch Menschen ermutigt mitten in ihren kleinen und kleinlichen Verhältnissen. Die

Menschen spüren doch ihre Verlorenheit, Einsamkeit, Sinnlosigkeit in all ihrer Sattheit, sobald sie die Ablenkungen vom Leben abschalten. Die Kirche hat Menschen aufzurichten und nicht klein zu halten. Wir brauchen Menschen mit Rückgrat und Widerstandskraft, mit Würde. Ist die Kirche aber der Ort, an dem Menschen sich zuallererst angenommen wissen, entwickelt sich auch die Freiheit, vom eigenen Versagen zu reden. Daraus entsteht ein Schutzraum, in dem ich Trauer zulassen kann und mir meine Tränen nicht peinlich sind. Verletzungen und offene Wunden können sichtbar werden. Wir werden in die Lage versetzt, zu beichten und zu bekennen. Wo Glaube ist, da sind auch Zweifel und Anfechtung. Aber auch Freude, Lebensmut, ja Lebensmittel im besten Sinne.
So setzt sich in der Beauftragung seiner Botinnen und Boten fort, was Jesus selbst gelebt hat. Auf der Grundlage der biblischen Überlieferung sind wir so glaubensstark und hoffnungsfroh mitten in unserer Zeit und Welt. Wir können durch verschlossene Türen gehen und sagen: Friede sei mit euch. Denn: Glaube, das habe ich von Ihnen gelernt, lieber Heinz Zahrnt, Glaube ist das herzliche Vertrauen auf Gott als Antwort auf die Angst der Welt.
Zu solchem Glauben helfe uns Gott heute und morgen.
Und der Friede Gottes, der höher ist als alle unsere menschliche Vernunft, bewahre unsere Herzen und Sinne in Christus Jesus. Amen.

Evangelische Frauenhilfe
ZDF-Gottesdienst, St. Marien Berlin, 26.09.1999

1899 begann in Preußen der Zusammenschluss bereits bestehender lokaler und regionaler evangelischer Frauenvereine zur Evangelischen Frauenhilfe. Die sozialen Folgen der wirtschaftlichen Entwicklung hatten ein „Industrieproletariat" zur Folge, das unter unbeschreiblichen Umständen leben musste. Es entstanden karitative Vereine, viele wurden von evangelischen Frauen gegründet. Ihre Vereinigung zur Evangelischen Frauenhilfe wurde von Kaiserein Auguste Viktoria explizit unterstützt. Noch heute ist die Evangelische Frauenhilfe sehr aktiv. Allerdings hat sie wie viele Organisationen Mühe, Nachwuchs zu finden. Besonders bewegend war an diesem Gottesdienst, dass er von Ost und West gemeinsam vorbereitet und die Liturgie von alten Frauen gestaltet wurde. In den vielen Zuschriften anschließend wurde besonders das hervorgehoben: Es gibt eine Würde des Alters, die im Fernsehen nie abgebildet wird. Da werden 60-Jährige von 40-Jährigen gespielt. Wirklich alte Menschen kommen nicht vor.
In den Rückmeldungen wurde außerdem sehr kritisch geäußert, dass in der Predigt gesagt wurde, jene Frau sei eine Lehrerin für Jesus gewesen. Viele Briefe hatten den Duktus „Unser Herr musste nicht belehrt werden", etliche meinten: „schon gar nicht von einer ungebildeten Frau". Dass Jesus eben auch wahrer Mensch war, scheint vielen eine große Verunsicherung. Und die Rolle der Frauen ist offensichtlich noch immer umstritten.

Mt 15,21–28
21 Und Jesus ging weg von dort und zog sich zurück in die Gegend von
Tyrus und Sidon. 22 Und siehe, eine kanaanäische Frau kam aus die-
sem Gebiet und schrie: Ach Herr, du Sohn Davids, erbarme dich mei-
ner! Meine Tochter wird von einem bösen Geist übel geplagt. 23 Und er
antwortete ihr kein Wort. Da traten seine Jünger zu ihm, baten ihn und
sprachen: Lass sie doch gehen , denn sie schreit uns nach. 24 Er ant-
wortete aber und sprach: Ich bin nur gesandt zu den verlorenen Schafen
des Hauses Israel. 25 Sie aber kam und fiel vor ihm nieder und sprach:
Herr, hilf mir! 26 Aber er antwortete und sprach: Es ist nicht recht,
dass man den Kindern ihr Brot nehme und werfe es vor die Hunde. 27
Sie sprach: Ja, Herr; aber doch fressen die Hunde von den Brosamen,
die vom Tisch ihrer Herren fallen. 28 Da antwortete Jesus und sprach
zu ihr: Frau, dein Glaube ist groß. Dir geschehe, wie du willst! Und ihre
Tochter wurde gesund zu derselben Stunde.

Liebe Gemeinde,
da begegnet uns im Matthäusevangelium eine Frau. Eine Frau, die Geschichte gemacht hat, und davon gibt es wenige in der Kirchengeschichte, ja in der Geschichte insgesamt. Sie ist namenlos, und sie wird nicht charakterisiert durch die Einbindung in Familienstrukturen: Tochter des ..., Frau des ..., Schwester des ... Ob wir es mit einer Frau zu tun haben, die wir heute „alleinstehend" nennen würden? In jedem Fall ist sie Mutter und verantwortlich für eine kranke Tochter. Ein krankes Kind. Dafür geht eine Mutter über Grenzen. Dafür legt sie Angst und Scham und Etikette ab, wenn irgendwo Heilung sichtbar wird. Wenn dein Kind krank ist, dann wird dein Leben in Mark und Bein erschüttert. Du möchtest dem Kind die Schmerzen abnehmen, es erlösen vom Leiden. Nun können Sie sagen, die liebe Predigerin erliegt dem Muttermythos. Mütter sind natürlich auch genervt, sie sind nicht stetige Glucken, und wie viele Mütter kennen wir nicht, die ihre Kinder verstoßen, misshandeln, missbrauchen. Ja, viele Mütter nerven ihre Kinder mit übergroßer Besorgnis, mit Einmischung in das Leben noch der erwachsenen Kinder. Es gibt leistungsfordernde und jammernde Mütter. Gewiss, es gibt auch Frauen, die keine Kinder haben, die auf Mutterschaft verzichten müssen oder auch bewusst verzichten wollen. Ja. Aber, diese Geschichte einer mutigen Frau aus Palästina zeigt eindrücklich, welche Kraft in der Liebe steckt. Diese Kraft haben Frauen anscheinend in sich. Besonders wohl die Mütter. Aber auch andere Frauen. Die Liebe zu Kindern, die Liebe zu anderen.
Nochmals: Uns begegnet eine Frau, eine Frau mit einer Tochter, eine Frau mit einer Tochter, die krank ist. Schwerkrank, wie die Rede vom bösen Geist, der sie übel plagt, vermuten lässt. Wie ist dieser böse Geist loszuwerden, was ist zu tun? Die Frau hört von dem Rabbi aus Nazareth. Und sie hat das Vertrauen, ihr wird der Glaube geschenkt, dass bei ihm Heilung zu finden ist. Sie ist also durchaus mit der Psalmensprache Israels vertraut, wenn sie auch nicht zum Volk Israel gehört. Sie nennt Jesus „Sohn Davids", sie teilt die jüdische Hoffnung auf Heilwerden des ganzen Volkes. Diese Frau nimmt in Anspruch, dass der Gott Israels Heilung zu allen bringt. Die Frau treibt die Not. Mit der Krankheit der Tochter sind nicht nur ihre mütterlichen Schutzinstinkte wach. Es sind auch ihre konkreten sozialen und wohl auch ökonomischen Nöte. Wie soll sie denn für den Lebensunterhalt sorgen? Wird die Tochter je selbständig leben können? Und diese bange Frage aller Mütter, besonders aber der Mütter kranker und behinderter Kinder: Was, wenn ich nicht mehr bin? Die Not macht die Frau für die Jünger zur Nervensäge. Da will Jesus sich endlich einmal zurückziehen. Eine Atempause finden. Vielleicht einmal mit seinen Jüngerinnen und Jüngern einiges klären. Solche Ruhezeiten sind kostbar, und diese Frau stört. Sie schreit, sie ist einfach nicht abzuschütteln. Jesus scheint sie zunächst in aller Ruhe ignorieren zu wollen. Aber die Jünger erwarten von ihm ein Machtwort – und das spricht er ja auch! Er weist die Frau schroff ab: „Ich bin nur gesandt zu den verlorenen Schafen des Hauses Israel." Das ist seine Auffassung. Er ist Jude und angetreten, für die verlorenen Schafe Israels zuständig zu sein. Als die Frau beharrt, steigert Jesus seine

Abweisung noch: Das Brot des Lebens soll doch nicht vor die Hunde geworfen werden. Das klingt unerhört hart, verletzend. Fast alle Frauen hätten bei einer solchen Abfuhr den Mut verloren. Sie erleben es ja allzu oft: Du bist nicht wert genug, nicht schlau genug, nicht ausgebildet genug. Und nicht nur in Afrika, Asien, Lateinamerika. Nein, das erleben Frauen auch hier, auch in der Kirche: Zum Helfen gut genug, aber nicht zum Leiten. Frauenhilfe und Frauenbund haben in den letzten Jahren der Arbeit beides erfahren, Zurücksetzung und Bestätigung. Diese Frau aus Kanaan aber lässt sich nicht abweisen. Sie vertraut, sie glaubt, dass Gottes Heil auch für sie bestimmt ist und hält trotz der massiven Abweisung daran fest. Für Jesus ist die Predigt des Evangeliums in der ganzen Welt ein Zeichen der letzten Zeit. Er fühlt sich nicht zuständig. Doch jetzt trifft er dort, wo es nicht zu erwarten war, auf Glauben. Glauben, der sich nicht auf Rechte beruft und doch von Jesus alles erwartet. Das ist nicht selbstverständlich, ja das ganze Neue Testament ist voll von Staunen darüber, dass Gott sich *allen* Menschen, *allen* Völkern zuwendet. Heißt das nun: Jesus selbst wird belehrt, durch den Glauben einer Frau? Das haben wir uns in der Vorbereitung auf diesen Gottesdienst gefragt. Ist das möglich? Einige haben sich kaum getraut, das deutlich zu sagen, wie wir es bei Matthäus wahrgenommen haben. Und manche Dogmatiker haben offensichtlich mit dieser Perikope ihre liebe Not, weil Jesus darin von einer Heidin belehrt zu werden scheint; in ihm deutlich eine Wandlung vorgeht. Also doch! Und sogar Rudolf Bultmann erkennt das an.
Mit ihrer festen Überzeugung vom Heil Gottes, das auch ihr zugesprochen ist, wird diese Frau zu einer Lehrerin für Jesus und zu einer Lehrerin der Kirche. Geben wir ihr deshalb die Ehre, und geben wir ihr für heute einen Namen. Nennen wir sie Miriam – im Gedächtnis an die Frau, die auf der Pauke spielte, als das Volk durchs Schilfmeer zog. Ob dieser Name nun kanaanäisch ist oder nicht. Den Namen nennen, nicht namenlos bleiben, das ist ein wichtiger Schritt, damit Frauen aus dem Dunkel der Geschichte ans Licht treten. Allzu oft sind sie verborgen geblieben. Und dadurch bleiben sie unentdeckt, ging ihr Zeugnis verloren, weil es nicht wert geachtet wurde. Erst in den letzten Jahren entdecken wir sie ja wieder, diese Lehrerinnen. Suchen nach den letzten Überresten, die von ihrem Glauben überliefert wurden. Sei es Hildegard von Bingen, Katharina von Bora oder eine andere. In Jesus geht also eine Wandlung vor. Er, der Sohn Gottes, „schreiend“ von einer Heidin bekehrt zu werden. Das ist ganz außerordentlich! Ehrlich gesagt wundert es eine da fast, dass dieser Text im Evangelium überlebt hat. Ja, vielleicht wird Jesus bekehrt. Wenn Jesus wahrer Mensch wie wahrer Gott war, wie sollte er dann nicht lernen dürfen? Lernen ist eine Grundbedingung menschlicher Existenz!
Miriam ringt mit Jesus um Grenzen, um Grenzziehungen. Und Jesus überwindet die eigene Position, die sich in ihren Grenzen als zu eng erweist. Miriams Verständnis von Gottes Heil, das allen Menschen zugesagt ist, wird am Ende Recht gegeben. Sie behauptet sich durch Scharfsinn und Beharrlichkeit. Das ist eine Herausforderung bis heute. Heute ist da eher Abgrenzung gefragt, sogar in der

Kirche: Wer ist rechtgläubig, wer nicht? Wer ist fromm, wer nicht? Wer ist bibeltreu, wer fällt vom wahren Glauben ab? Mit wem darf das Gespräch gesucht werden? Gibt es Dialog mit anderen Religionen? Miriam dagegen hat eine Hoffnung auf Gottes Heil, auf Gottes Heilung, die all diese Grenzen überschreitet. Gerade weil das Evangelium heute in allen Kulturen und in allen Nationen beheimatet ist, könnten wir als Christinnen und Christen ihr nacheifern, indem wir beitragen zur Überwindung der Fremdheit in dieser Welt. Wir selbst können über Grenzen gehen. In unserem eigenen Land über die Grenzen zu denen ohne Obdach, ohne Asyl, zu denen ohne Sinn, ohne Freunde, ohne Hoffnung. Und weil wir wissen, dass Schwestern und Brüder im Glauben in aller Welt leben, könnten wir doch die Grenzen zwischen Völkern und Nationen, zwischen Kulturen und Kontinenten überwinden. Der Hass, der so leicht gesät wird, er sollte da keine Chance mehr haben.

Die Geschichte Gottes mit den Menschen, sie verändert die Welt, sie verändert die Menschen, sie verändert sogar Gott. Gott ist kein geschichtsloses Wesen. Gott kommt mir in diesem Text sehr nahe. Im Glauben begegnen sich Mensch und Gott. Beide gehen nicht unverändert aus der Begegnung hervor. Gott ist eben nicht der entrückte Weltenlenker, sondern der in Christus offenbare Gott hat eine Geschichte mit uns Menschen. Gott teilt uns nicht geschichtslose Wahrheiten mit, sondern begegnet uns mitten im Leben.

Das Vertrauen dieser Frau, ihr Glaube ist so überwältigend, dass Heilung möglich wird. Die Tochter wird gesund. Und so entstehen auch neue Lebensperspektiven für die Mutter. Solches Vertrauen, solcher Glaube kann Berge versetzen und Wunder wirken. Solcher Glaube ist Lebensbrot, weil durch ihn Jesus als Brot des Lebens erkannt wird.

Und der Friede Gottes, der höher ist alle unsere Vernunft, bewahre unsere Herzen und Sinne in Christus Jesus. Amen.

50 Jahre Religionspädagogisches Institut Klosterkirche Loccum, 20.05.2000

Das religionspädagogische Institut unserer Landeskirche hat großes Gewicht. Nicht nur berät es inhaltlich die Landeskirche in Fragen des Religionsunterrichtes, der Religionspädagogik, auch ist dies für viele Lehrerinnen und Lehrer ein Ort der Fortbildung, für viele Pastorinnen und Pastoren ein Schatz an Weiterbildung. Gelegen in Loccum, einen Steinwurf von der evangelischen Akademie wie vom Kloster und Predigerseminar entfernt in ländlicher Umgebung, finden jährlich viele Tagungen für Lehrerinnen und Lehrer, für Schulleiterinnen und Schulleiter, Tagungen zur Vertiefung, Begleitung und Kontroverse statt. Die Verknüpfung von Kirche und Schule ist hier im besten Sinne kreativ, nicht fordernd, nicht belehrend, aber in Konfrontation mit der Situation ein Ringen um die Schülerinnen und Schüler.
Der Gottesdienst in der vollbesetzten Klosterkirche war von Saxophonklängen, liturgischem Tanz und Trommeln geprägt. Viele eher Kirchenferne waren anwesend, die Predigt also eine Chance, die seit 50 Jahren tragende Brücke zwischen pädagogischer bzw. schulischer und kirchlicher Arbeit zu schlagen.

Liebe Gemeinde,
worüber kann man nur predigen, wenn ein Religionspädagogisches Institut 50 Jahre alt wird? Alles Mögliche habe ich mir überlegt: Jesus und das Lernen, das Lernen an sich, die Bibel und die Erzählkunst. Aber meine Erfahrung ist, das Beste ist, sich den biblischen Texten selbst anzuvertrauen. Sie alle kennen die Herrnhuter Losungen, die pro Tag einen alttestamentlichen Vers auslosen und dazu in Herrnhut einen neutestamentlichen Vers wählen. Aber es gibt nicht nur das, sondern auch zwei Texte zur kontinuierlichen Bibellektüre. Diese vier Texte habe ich mir angesehen und den neutestamentlichen kontinuierlichen Lesetext für den heutigen Tag ausgesucht: Die fortlaufende Bibellektüre aus dem Neuen Testament für den heutigen Tag stammt aus dem 1. Brief des Apostels Paulus an die Gemeinde in Korinth. Im 3. Kapitel heißt es dort:

> 1Kor 3,5–8
> *5 Wer ist nun Apollos? Wer ist Paulus? Diener sind sie, durch die ihr gläubig geworden seid, und das, wie es der Herr einem jeden gegeben hat: 6 Ich habe gepflanzt, Apollos hat begossen; aber Gott hat das Gedeihen gegeben. 7 So ist nun weder der pflanzt noch der begießt etwas, sondern Gott, der das Gedeihen gibt. 8 Der aber pflanzt und der begießt, sind einer wie der andere. Jeder aber wird seinen Lohn empfangen nach seiner Arbeit.*

Gott gebe uns das rechte Hören und Verstehen.

Liebe Gemeinde, der Apostel Paulus hat es mit der Gemeinde in Korinth wahrhaftig nicht einfach gehabt. Sie haben ihn angegriffen, sie sind vom Glauben abgefallen, und doch scheint er eine tiefe Liebe gerade zu dieser Gemeinde gehabt zu haben. Auch wenn er angegriffen wurde, so hat er doch immer wieder versucht, sie auf den rechten Weg zu führen, sie zu bewahren im rechten Glauben. Er hätte verzagen können, er hätte müde werden können. Aber er sagt: Nein, wir werden nicht müde, weil wir vom Evangelium selbst uns geschickt wissen. Das finde ich eine hervorragende Zeitansage auch für den heutigen Tag. Dem Text möchte ich in drei Bereichen nachgehen.

Zum einen geht es darum, wer pflanzt und begießt, zum anderen darum, wer begossen und bepflanzt wird und schließlich um das Gedeihen der Arbeit.

Wer sind die, die begießen?
Viele, die heute hier sind, sind Lehrerinnen und Lehrer, Unterrichtende im Konfirmandenunterricht oder vielleicht auch im Kindergarten oder vielleicht auch im Religionspädagogischen Institut selbst. Ja, wir müssen darum ringen, zu fragen: Was tun wir eigentlich und wie tun wir es?
Mir liegt daran, dass wir immer neu die Frage danach stellen, was wir selbst glauben. Meiner Meinung nach ist es einem Menschen abzuspüren, ob er selbst hinter der Botschaft steht, die er oder sie vermittelt.
Wie stehen wir zu unserem Glauben? Ist da tatsächlich eine „Minimalredlichkeit", wie Fulbert Steffensky sagt? Ist es tatsächlich so, wie eine Umfrage vor kurzem gesagt hat, dass nahezu die Hälfte aller Pastorinnen und Pastoren nicht mehr an die Auferstehung glauben? Mir scheint wichtig, dass diejenigen, die im Unterricht Kindern, Jugendlichen und auch Erwachsenen gegenüberstehen, sich selbst Rechenschaft über die Hoffnung ablegen, die in ihnen ist. Wir müssen selbst eine geistliche Tiefendimension gewinnen.
Das ist ja die entscheidende Kritik am brandenburgischen LER-Modell, dass es die Authentizität der Unterrichtenden vermissen lässt. Und die ist notwendig, wenn es um Religionsunterricht geht. Wer gießt – da mag es unterschiedliche Überzeugungen und Zugänge geben wie bei Paulus und bei Apollos. Aber selbst glauben, beten, sich der Kirche zugehörig fühlen, das gehört dazu. Vielleicht ist es tatsächlich an der Zeit, neu über die Verschränkung von Schule und Gemeinde nachzudenken. Es ist nicht gut, wenn Lehrkräfte keinerlei Kontakt zur Gemeinde haben und andersherum auch nicht. Zum einen kann beispielsweise Kirchenpädagogik einen Zugang für eine Schulklasse bieten. Aber wie wir vor kurzem in Sulingen mit Schülerinnen und Schülern diskutiert haben: Wenn Jugendliche nicht zum Gottesdienst kommen, warum geht die Kirche dann nicht mit Gottesdienst zu ihnen in die Schule und zeigt ihnen neue Formen?
Das Religionspädagogische Institut eröffnet für Sie als Unterrichtende die Chance, im geschützten Raum auch über Fragen und Zweifel des eigenen Glaubens zu sprechen, Rückenstärkung zu erfahren. Es kann nicht nur um Didaktik

und interessante Kopiervorlagen gehen, sondern um jeden und jede, die unterrichten, persönlich, um die Grundlagen und die Praxis des je eigenen Glaubens.

Wen begießen und bepflanzen wir da eigentlich?
Jugendliche heute haben mit der Kirche nicht mehr furchtbar „viel am Hut“. Die Shell-Studie hat das noch einmal unabweislich deutlich gemacht. Gleichzeitig aber stehen Geistliche beispielsweise auf Platz zwei der vertrauenswürdigen Personen – und das auch bei Jugendlichen. Meines Erachtens ist die Kirche tatsächlich gefragt. Junge Menschen suchen ja durchaus nach Orientierung. Sie sind unsicher, sie fragen, sie wollen Anerkennung, sie wollen Orientierung.

Was pflanzen wir?
Meines Erachtens gibt die Bibel eine gute und solide Lebensorientierung. Das gilt für die zehn Gebote, für die Seligpreisungen, für das höchste Gebot: Wir sollen Gott über alle Dinge lieben und den Nächsten wie uns selbst. Wer Gott über alle Dinge liebt, der wird kritisch sein gegenüber anderen Göttern. Der wird ein kritisches Potential haben auch gegenüber den Verführungen von Massenkonsum, Kommunikationsverführung und auch Drogen. Wer den Nächsten liebt wie sich selbst, lernt zunächst einmal, sich selbst anzunehmen mit allen Fehlern, Fragen, aber auch Chancen. Und schließlich: Wer den Nächsten liebt, der wird nicht dem Egozentrismus verfallen können. Junge Menschen brauchen solche Kraftquellen.
Und der Friede Gottes, der höher ist als alle menschliche Vernunft, bewahre unsere Herzen und Sinne in Christus Jesus. Amen.

Ökumenischer EXPO-Eröffnungsgottesdienst Christus-Pavillon, 01.06.2000

Für die hannoversche Landeskirche war die Weltausstellung 2000 eine besondere Herausforderung und eine besondere Chance. Mitten im Zentrum, direkt an der Plaza, konnte sie in Kooperation mit der Evangelischen Kirche in Deutschland und der Hilfe von Sponsoren ein modernes Gotteshaus aus Glas, Stahl und Marmor bauen und dort während der EXPO täglich gemeinsam mit der römisch-katholischen Kirche Andachten und Gottesdienste feiern. 1,8 Millionen Menschen haben diesen Pavillon innerhalb von fünf Monten besucht. Er war ein Zeichen dafür, dass mitten in Modernität von Videoclips und extravaganten Präsentationen die Kirche mit ihren Traditionen, ihrer Spiritualität einen ganz eigenen Ort gestalten kann, den die Menschen annehmen.[17] Die Liturgie wurde wiederum vom Team um Fritz Baltruweit entworfen. Die Reaktionen auf die Fernsehübertragung waren vielfältig und sehr positiv. Bemängelt wurde lediglich, dass es zu wenig Choräle bzw. Gemeindegesang gab.

Liturgie

Ökumenisch Himmelfahrt feiern –
zusammen mit Menschen vorm Fernseher

Manche Türen haben etwas Besonderes an sich. Sei es, dass sie besondere Verzierungen tragen und selbst ein Kunststück sind, sei es, weil sie groß und mächtig sind, Dimensionen, die Menschen suchen, sei es, dass sie besondere Räume bergen. Türen bergen neue Räume. Sie so zu gestalten, dass sie dem Raum dahinter entsprechen und keine falsche Fassade oder nur eine virtuelle Dimension bieten, ist eine Kunst.
Der Eröffnungsgottesdienst war eine solche Tür, hinter der sich die 153 Tage der Weltausstellung verbargen, hinter der sich ein Raum der Transzendenz und der theologischen Architektur auftat und hinter dem evangelische und katholische Christinnen und Christen gemeinsam ihre Verschiedenheiten feierten und miteinander Gott suchten.

Dieser Gottesdienst war ein Kunststück, zumal sich durch die Live-Übertragung im Fernsehen zusätzliche mediale Türen öffneten. Das Kunststück hat in sich – wie der Ablauf zeigt – verschiedene Ebenen.
Der Tag Christi Himmelfahrt lenkt den Blick zum Himmel, hat immer schon

17 Vgl. W. Lukatis, G. Wegner (Hg.) 2001.

gläubige Menschen motiviert, sich in Bewegung zu setzen, Prozessionen durch Feld und Flur, durch die Welt zu halten. Wir feiern sozusagen einen Prozess.
Mit diesem Tag öffneten sich die Türen zur ersten Weltausstellung in Deutschland. Das ganze Feld an Konflikten und Negativpresse stand wortwörtlich den ersten Besuchern Spalier. Würden sie hindurch kommen? Werden die Ideen der Projekte, die Zugänge zu den Pavillons offen sein? Werden sich die Besucher im Thema Mensch-Natur-Technik wiederfinden?
Mit dem Gottesdienst erschließt sich der Raum des Pavillons als sakraler Raum, als ein Geheimnis, das einlädt, sich darin zu gestalten, um in Gebet und Gesang, in Bewegung und in Ruhe sich sammeln zu können, sich sammeln zu lassen von der Transparenz.
Der Gottesdienst ist nach dem Invitatorium, in dem Kinder eine Weltkugel hineintragen, die Welt in den Raum der Transzendenz bringen, nach der Struktur frühchristlicher Stationsgottesdienste angelegt. In drei Schritten nähern wir uns dem Evangelium. Textlesung, Auslegung, sammelndes Gebet, Musik, wie eine lockere Strophenfolge reihen sich die Momente aneinander und lassen gleichzeitig durch die musikalische Gestaltung Elemente aufscheinen, die in den nächsten 153 Tagen prägend werden. Es ist wie die Morgenröte, die schon kurz einmal den ganzen Tag aufscheinen lässt.
Die Lesungen und das Evangelium, von Prominenten gelesen, in diesem Falle von Ministerpräsident Sigmar Gabriel und Bundestagspräsident Wolfgang Thierse, bekommen ein faszinierendes Gesicht. Es schwingt etwas von der konkreten politischen Welt mit, wenn der Sendungsauftrag Jesu zu hören ist. Da liest jemand mitten aus der Welt von einer himmlischen Botschaft. Die Botschaft inkarniert sich für den Moment des Lesens mit einem Gesicht, das für gesellschaftliche Verantwortung steht. Die Öffentlichkeit der Person verbindet sich mit den verborgenen Seiten der biblischen Botschaft. Betonung und Lesegeschwindigkeit, Pausen und sensible Aufblicke gestalten den Text zu einem Gesicht. Der Eröffnungsgottesdienst hatte ein Gesicht, in dem viele Gesichter aufschienen. Die Einschaltquote war überwältigend.

1. Eröffnung: Von der EXPO-Plaza zum Christus-Pavillon
Die Welt versammelt sich in Hannover

Kamera: Blick von oben auf das EXPO-Gelände, auf die Plaza und zum Christus-Pavillon

Signal (Muschel – Christian Bollmann)
Einzugs-Gesang: „Christ fuhr gen Himmel“ (GL 228/EG 120)

Kinder, die verschiedene Teile der Welt repräsentieren, ziehen mit der Erdkugel ein.

Kinder (in englisch, französisch, spanisch, chinesisch und deutsch):
„Herzlich willkommen …"

Übergabe der Erde an Bischöfin Margot Käßmann und Bischof Josef Homeyer.

Tagesgebet als Gebet des Empfangens (Bischof Josef Homeyer):
Gott, heute am Himmelfahrtsfest feiern wir die Größe und Weite deiner Welt.
Wir versammeln uns am Eröffnungstag dieser Weltausstellung um dich,
um einander und die vielen Menschen zu empfangen.
Gib uns Mut zur Begegnung und Offenheit für die Fragen und Antworten dieser Zeit.
Darum bitten wir dich durch Christus, unsern Herrn. Amen.

Lied: „Walking in the Light" (Inga Rumpf)

2. Hauptteil: Verkündigung – Gottes Wort wahr-nehmen Ein „Himmel- und Erden-Weg" durch den Pavillon in drei Stationen

Bischöfin Margot Käßmann: Wir feiern heute am Eröffnungstag der EXPO unseren ersten Gottesdienst hier im Christus-Pavillon. Die Welt versammelt sich in Hannover. Wir freuen uns, dass wir als evangelische und katholische Kirche gemeinsam bei diesem Ereignis dabei sind und gemeinsame Akzente setzen können. Für uns Kirchen ist heute der Tag Christi Himmelfahrt. Und so hören wir jetzt die Himmelfahrtsgeschichte aus der Bibel.

Biblische Lesung aus Apg 1,8–11 (Ministerpräsident Sigmar Gabriel)

Instrumentales Signal (Christian Bollmann / Lutz Krajenski)

a) Der Blick vom Himmel auf die Erde – Begegnung mit einem Astronauten

Bischof Josef Homeyer:
Himmelfahrt. Die Sehnsucht nach „himmlischen Erlebnissen" haben wir – denke ich – alle. Einer ist unter uns, der hat eine ganz besondere Himmels-Erfahrung gemacht. Reinhold Ewald konnte als Astronaut aus dem Weltraum auf die Erde schauen. Er erzählt, wie diese Erfahrung seinen Blick für Himmel und Erde verändert hat.

Astronaut Reinhard Ewald erzählt von seinem Blick auf die Erde
(aus der Rede:)
„Der Himmel – das ist eine schwarze Leere, gesprenkelt mit den ungetrübten Lichtern der Sterne. Doch das Schwarz ist viel intensiver als auf der Erde.

Und dann der Kontrast: erst dieses schwarze Nichts – dann ein dünnes blaues Band, die Atmosphäre. Und dann die Erde, die mit ihren Ozeanen und Landflächen größtenteils blau und weiß erstrahlt. Die Küstenlinien sind als scharfer Kontrast zu sehen zwischen Wasser und Land. Da wird Licht von Dunkelheit getrennt – und Land und Wasser voneinander geschieden – wie in der Schöpfungsgeschichte.
Als das erste Raumschiff den Mond umrundete und die Erde vor sich aufgehen sah, da haben die Astronauten tatsächlich aus dem Weltall die Schöpfungsgeschichte aus der Bibel vorgelesen."

Aber noch etwas hat sich mir eingeprägt bei der Begegnung mit dem Astronauten Reinhold Ewald. Er sagte: Der Blick auf die Erde lehrt, dass unser Lebensraum begrenzt ist. In 90 Minuten hat er die Erde einmal umrundet. Die Atmosphäre, die uns schützt, ist nur ein dünnes blaues Band, dahinter beginnt der lebensfeindliche Weltraum. Das, was wir auf der einen Seite der Erde tun, bleibt nicht ohne Folgen auf der anderen Seite. Aus dem Weltraum blickend ist es wohl einfacher, die weltweiten Zusammenhänge zu sehen, dass die Erde ein Lebensraum ist – für alle.

Instrumentales Signal (Christian Bollmann / Lutz Krajenski)
Währenddessen Filmische Einspielung: Die Ruhe und Weite – vom Himmel auf die Erde – Weite im Sakralraum (Überblendung) mit Bildern der Erdkugel (aus dem Weltraum fotografiert), der Erdkugel von den Kindern und vom Christus-Pavillon.

Dankgebet für die Erschaffung der Welt (Bischöfin Margot Käßmann):
Wir danken dir, guter Gott, dass du ein Gott der Menschen bist.
Du Schöpfer aller Dinge, du gabst uns Raum und Zeit zu leben,
das Licht unserer Augen, die Luft, die wir atmen.
Dir danken wir für die ganze Schöpfung, für alle Werke Deiner Hände,
für alles, was du getan hast in unserer Mitte durch deinen Heiligen Geist. Amen.

Weg-Musik mit dem Saxophon (Heribert Leuchter)
mit filmischer Sequenz: Weg durch den Pavillon und den Kreuzgang

b) Der Blick „Leben auf der Erde – Es gibt nicht nur die Glitzerwelt"

Bischöfin Margot Käßmann:
Der Blick von Reinhold Ewald vom Himmel auf die Erde zeigt uns, wie kostbar dieser Planet, die Erde, ist. Genauso kostbar ist jedes Leben auf der Erde. Oft wird diese Kostbarkeit mit Füßen getreten. Und so gibt es nicht nur den Blick vom Himmel auf die Erde, sondern auch den aus der Tiefe. Aus diesem Grund haben die Vereinten Nationen und der Ökumenische Rat der Kirchen ein Dekade „Gewalt überwinden" ausgerufen. Einige junge Brasilianer erzählen davon in ihrer Performance.

Eine brasilianische *Performance*-Gruppe spielt ihren Blick aus der Tiefe der Erde.

Instrumentales Signal (Christian Bollmann / Lutz Krajenski)
Währenddessen filmische Einspielung: Eine Collage: Leben auf die Erde – verschiedene Seiten des Lebens: Arbeit / Natur / heiles und zerstörtes Leben – endet als „Ikone" in Form eines „zusammengesetzten Puzzlebildes" aller Einstellungen.

Gebet der Verantwortung für das uns Anvertraute auf dem Weg in ein neues Jahrtausend – Gebet der Vereinten Nationen (Bischof Josef Homeyer):
Herr, unsere Erde ist nur ein kleines Gestirn im großen Weltall.
An uns liegt es, daraus einen Planeten zu machen,
dessen Geschöpfe nicht von Kriegen gepeinigt werden, nicht von Hunger und Furcht gequält, nicht zerrissen in sinnlose Trennung nach Rasse, Hautfarbe oder Weltanschauung.
Gib uns den Mut und die Voraussicht, schon heute mit diesem Werk zu beginnen, damit unsere Kinder und Kindeskinder einst mit Stolz den Namen Mensch tragen. Amen.

Weg-Musik mit dem Saxophon (Heribert Leuchter)
mit filmischer Sequenz: Weg vom Kreuzgang in die Krypta vor die Ikone.

c) Wie Erde und Himmel sich verbinden – Begegnung mit Christus (Meditation)

Meditation Bischöfin Margot Käßmann
(mit dem eingeblendeten Bild von der Christus-Ikone – Überblendung von der Christus-Ikone mit Menschen im Pavillon)

Lied: „Only God makes Stars" (Inga Rumpf)

Sendungstext: Evangelium zum Tag – Mk 16,15–20
(Bundestagspräsident Wolfgang Thierse)

Glaubensbekenntnis (Bischof Josef Homeyer und alle)
Lassen Sie uns auf das Evangelium antworten
mit dem Bekenntnis unseres Glaubens,
das die Kirchen miteinander verbindet:
Ich glaube an Gott, den Vater, …

Friedensgruß (Bischöfin Käßmann und alle)
Der Friede Gottes, der all unser Denken übersteigt, wird unser Leben bewahren in der Liebe Christi.
Wir wollen uns untereinander den Friedensgruß zusprechen und zueinander sagen „Friede sei mit Dir" – oder ein anderes gutes Wort.

Der Friedensgruß geht über in *Schalom-Kanon* (Fritz Baltruweit und alle)

3. Abschluss: Sendung – mit Gottes Segen in den Eröffnungstag der EXPO gehen

Inga Rumpf und die Schola beginnen mit dem „Amen"-Spiritual, das gesummt auch die Fürbitten unterlegt und als Kehrvers zwischen den Bitten gesungen wird.

Fürbitten
(Pater Dieter Haite)
Lasst uns miteinander Fürbitte halten.
Im Vertrauen auf Christus und in Achtsamkeit für unsere Welt bitten wir:

(Bundestagspräsident Wolfgang Thierse)
Für alle, die an der Gestaltung der Weltausstellung beteiligt sind, dass sie in ihren Beiträgen fürsorglich mit Natur und Technik umgehen und phantasievoll der Bewahrung der Schöpfung dienen.
Las die EXPO zu einem Fest der Begegnung werden.

„Amen"-Gesang

(Kind)
Für unsere Eltern
und alle, die unsere Welt gestalten und für sie verantwortlich sind:
Schenk ihnen Blicke, die voller Liebe sind,
damit die Welt gerechter und friedlicher wird.

„Amen"-Gesang

(Lusmarina Campos Garcia)
Fragmentation is a name for many realities in our today's world.
I am going to pray for unity – in Portuguese.
Reconcilia, ó Deus, o Sule o Norte, o Leste e o Oeste.
Desarticula as estruturas de gnerra, exclusao e violencia.
Restaura a Oikoumene.
(Reconcile, o God, South and North, East and West.
Dislocate the war, exclusion and violence structures.
Restaure the Oikoumene.)

„Amen"-Gesang

(Pater Dieter Haite)
Für alle, die an Christus glauben, um Freude, Einfachheit und Barmherzigkeit, auf dass wir die Armen und Unterdrückten, die Kranken und Sterbenden nicht vergessen und mit ihnen die Auferstehung Jesu leben.

„Amen"-Gesang

Darum beten wir als Kinder vor Gott und als Schwestern und Brüder miteinander, wie uns Jesus zu beten gelehrt hat:

Vater unser

Wort der Eröffnung und Segen (Bischöfin Käßmann/Bischof Homeyer)
Mit diesem Gottesdienst eröffnen wir den Christus-Pavillon, die EXPO-Kirche.
Wir hoffen, dass die Menschen, die die EXPO besuchen,
hier eine Quelle für ihre Seele finden.
Wir freuen uns auf die Menschen,
denen wir hier begegnen
und wünschen uns,
dass Gottes Geist diese Kirche belebt.
So stellen wir den Christus-Pavillon in den Dienst Gottes.
Es segne und behüte euch und diese Kirche der dreieinige Gott,
der Vater, der Sohn und der Heilige Geist. Amen.

„Amen“-Gesang

Schluss-Signal (Christian Bollmann)
Ökumenisch Himmelfahrt feiern –
zusammen mit Menschen vorm Fernseher

Predigt

Liebe Gemeinde,
Mensch, Natur, Technik: Das ist das Motto der EXPO. Christinnen und Christen verstehen die Natur als Schöpfung, von Gott geschaffen. Wie das geschehen ist? Manche Erklärungen gibt es von der biblischen Erzählung von Adam und Eva bis zum Urknall. Das Rätsel der Schöpfung ist bis heute nicht gelüftet – auch nicht durch Forschung. Es bleibt Gottes Geheimnis. Gottes gute Schöpfung sollen wir bebauen und bewahren als Haushalterinnen und Haushalter, für nachfolgende Generationen.
Gott hat Menschen Forschergeist gegeben. Die Technik, sie gibt uns die Chance, die zerstörerischen Kräfte der Natur zu zähmen, den Herausforderungen unserer Zeit zu begegnen. Aber es gibt auch menschlichen Forscherdrang, der sich selbst an die Seite des Schöpfers setzen will, der zerstörend wirkt. Ja, es gibt Technik, die Lebensgrundlagen vernichtet für Mensch und Natur. Und es gibt lebenserhaltende, lebensfördernde Technik. Um die rechte Unterscheidung müssen wir ringen. Und um die gerechte Verteilung. 87% der Internetnutzer leben in den reichen Industrieländern.
Jesus Christus hat Frauen und Männer auf den Weg gebracht seit Himmelfahrt vor 2000 Jahren. Auf den Weg mitten in die Spannungen unserer Welt hat er Menschen geschickt, nicht weg von der Welt, in die Weltflucht. Wir haben es

eben aus der Bibel gehört: „Was steht ihr da und seht zum Himmel?“ fragt der Engel. In diese Welt sind wir gewiesen. Hier wollen wir Spuren des Reiches Gottes legen.
Dabei begleitet uns der Heilige Geist, ist uns Kraftquelle, macht uns Mut. Ihn finden wir, wenn wir auf Christus schauen.
Mitten im Getümmel und der Unruhe unserer Zeit lenken wir den Blick auf Christus als den wahren Menschen. Er ist unser Maßstab. Jesus hat sich anderen zugewendet. Vorbehaltlos. Bedingungslos. Dem Zöllner und der Frau am Brunnen. Dem Verräter und dem Verbrecher neben ihm am Kreuz. Christus ermutigt auch heute zur Liebe, zum Blick auf die Not der anderen. Und er sendet Menschen bis heute mitten in die Welt. Hin zu dem Obdachlosen und der alleinerziehenden Mutter. Und auch hierher mitten auf das Fest der Völker auf der EXPO.
Hier wollen wir davon sprechen, was es heißt, sich Gott anzuvertrauen.
Christinnen und Christen verantworten ihr Leben vor Gott. Von solcher Verantwortung will die Welt heute oft nichts mehr hören. „Jeder ist sich selbst der Nächste“, heißt es. Und: „Shareholder Value zählt mehr als Solidarität.“ Börsenöffnung auch an Himmelfahrt. Damit können sich Menschen in der Nachfolge Jesu nicht abfinden. Sie wissen von Hoffnung auf Gottes Zukunft, in der Gott abwischen wird alle Tränen, wo Leid und Tod und Geschrei nicht mehr sein werden. Diese Hoffnung treibt sie an, in dieser Welt, schon jetzt und hier Tränen abzuwischen, die Botschaft von der Überwindung des Todes weiterzusagen. Christi Himmelfahrt hat auch in der aufgeklärten postmodernen Gesellschaft eine Bedeutung. Diese Welt ist nicht verloren. Sie ist getragen von der Liebe Gottes, das glauben wir. An Christi Himmelfahrt wurde die tiefe Sehnsucht nach dem Reich Gottes in die Herzen der Menschen eingepflanzt. Das führt nicht zur Weltflucht, sondern ermutigt, am eigenen Ort das Beste zu geben. Es ermutigt, für andere zu forschen und zu arbeiten und zu leben.
Wer Gott vertraut, weiß, dass Wirklichkeit mehr ist als das, was wir vor Augen haben. In Gebet und Gottesdienst finden wir Zugang zu Gottes Wirklichkeit. Finden wir Gemeinschaft in Brot und Wein mit Christus und mit anderen Menschen. Hier ist die Kraftquelle für das Leben. Hier ist der Ort, an dem wir gestärkt werden für die Herausforderungen der Welt.
Unser Christus-Pavillon auf der EXPO, er möge ein solcher Ort sein, an dem wir die Perspektive des Himmels einbringen! An dem wir Gott preisen, zu Gottes Lob singen. Ein Ort auch der Ruhe und Einkehr, an dem Zeit ist, über die Fragen unseres Lebens, den Sinn unserer Existenz nachzudenken. Und die EXPO-Kirche, sie wird auch ein Ort der Tiefe sein. An dem wir nicht nur die Errungenschaften der Technik, die Glanzprospekte und die Erfolge sehen, sondern auch den tiefen Jammer der Menschheit. Die Hungernden in Afrika und nicht nur die expandierenden Konzerne. Die drogenabhängigen Kinder in Südamerika und nicht nur die Schwellenländer. Die Billigarbeiter in Osteuropa und nicht nur die Beteiligten am Freien Markt. Und auch die Menschen in unserem Land, die sich den Zugang zur EXPO nicht leisten können. Dieser Pavillon, er lenkt den Blick

auf Christus. Den wahren Menschen. Der andere ansieht und in ihnen den Abglanz, das Ebenbild Gottes entdeckt.
So bitten wir Gott um Segen. Für diese Weltausstellung. Um Segen für die ganze Schöpfung. Und wir bitten um das Wachsen einer Gemeinschaft der Menschen und der Völker, wie sie hier in Hannover für fünf Monate sichtbar sein wird. Mögen Menschen ihre Leistung in deinen Dienst stellen, guter Gott. Möge dein Geist, der über Grenzen hinweg existiert, spürbar sein.
In Christi Namen. Amen.

Eröffnungsgottesdienst Deutscher Evangelischer Kirchentag Frankfurt/Main, 13.06.2001

Kirchentage haben ihre eigene Liturgie vom Eröffnungsgottesdienst über die Bibelarbeiten, das Feierabendmahl bis zum Schlussgottesdienst. Neben dem zentralen Eröffnungsgottesdienst finden mehrere parallel in Messehallen und Kirchen statt. Hier ist freudige Erwartung auf die kommenden Tage, Zusammenfinden, der Beginn eines Prozesses. Dieser Gottesdienst fand im Rahmen einer internationalen ökumenischen Veranstaltung statt, die Predigt habe ich am Ende auf Englisch zusammengefasst.

Liebe Kirchentagsgemeinde,
die Losung des Kirchentages hat für mich persönlich einen ganz besonderen Klang. In der Nacht vom 4. auf den 5. Juni vor zwei Jahren während der Wahlsynode in Hannover konnte ich nicht schlafen, weil ich das erste Mal richtig realisiert habe, dass ich tatsächlich zur Bischöfin gewählt werden könnte. Bis dahin ging es um eine Kandidatur, aber nicht um eine Wahl. Ich habe dann überlegt, dass ich für den Fall, nur für den Fall einer Wahl ein paar Worte sagen müsste. Für diese Rede nach der Wahl habe ich eben das Psalmwort gewählt, das heute Kirchentagslosung ist:

> Ps 31,9
> *... du stellst meine Füße auf weiten Raum.*

Dieser Vers ist ja einem Vertrauenspsalm entnommen, ein Psalm, der von der Klage weiß, aber mitten in der Klage das ganze Vertrauen auf Gott wirft.
Gott ansprechen zu können mit einem „Du", das ist mir ungeheuer wichtig. Gott ist ein Gott der Beziehung, der den Menschen geschaffen hat zum eigenen Bilde. Wir können Gott mit „Du" anreden, das ist mir ungeheuer wichtig. Nicht der allmächtige Weltenlenker, fernab von allem menschlichen Geschehen, sondern das Du, mit dem wir in Kontakt sein können, mit dem wir Freud und Leid besprechen können. Dieses Du gibt uns einen weiten Raum vor. Ich habe damals gesagt, dieser Raum kann für mich der Kirchentag sein, die Ökumene oder nunmehr die niedersächsische Landschaft von den Ostfriesischen Inseln bis in den Harz. Der weite Raum meint aber ja noch etwas anderes. Es ist eine Weite, die sich aus Gottvertrauen speist. Es ist eine Weite, die in der Freiheit ihre Wurzeln hat. Weil Gott meinem Leben Sinn gibt. Weil Gott mich sieht, deshalb muss ich keine Angst haben, muss ich mich nicht in enge kleine Räume zurückziehen, sondern kann offen den Herausforderungen begegnen. Freiheit aus Gottvertrauen, das ist das Thema des Psalms und auch des Kirchentages.

Liebe Gemeinde, enge Räume kennen wir ja genug. Das können enge Räume der Frömmigkeit sein, die ängstlich alles andere als Gotteslästerung abtun, was Fragen stellt, was Neues erproben will. Da muss alles bleiben, wie es immer war, da darf es keine Veränderung geben. Das ist eine Enge, die aus der Angst geboren ist und aus Unsicherheit. Und es gibt natürlich reale Enge.

Ich denke an die eingepferchten Sklavinnen der Prostitutionsindustrie. 8 m^2, zwangsprostituiert, kein Fenster, kein Licht, kein eigenes Leben mehr.

Eng kann es werden in einer Gefängniszelle. Rausgelöst aus dem normalen Leben, ganz auf dich geworfen.

Ich denke an die Enge eines Krankenzimmers. Nie mehr allein, abhängig von anderen, voller Angst vor dem, was kommen mag.

Die Enge eines Wohnheims in der Altenpflege. Keine Chance mehr, den Frühling zu spüren auf der Haut. Keine Möglichkeit mehr, im freien Feld zu rennen. Demütigend genug, nicht mehr selbstständig zur Toilette gehen zu können.

Und es gibt Lebensenge. Alles festgezurrt. Arbeitslos. Keine Ausbildung. Eingebunden in Familienpflichten, aus denen es kein Ausbrechen gibt. Das kann ungeheuer eng werden.

Wenn Gott meine Füße auf weiten Raum stellt, dann kann ich diese realen Engen in meinem Leben überschreiten. Dann kann ich mit Gott in Verbindung treten, der alles ist in allem, mit dem Sein, das viel größer ist als alles, was wir sehen und erfahren in unserem Leben. Das ist die Freiheit der Kinder Gottes, die sich nicht einengen lassen von den Verhältnissen der Welt. Von dieser selbst erfahrenen Freiheit her werden sie sich darum bemühen, für andere Freiräume zu schaffen, sei es durch die Gefängnisseelsorge, den Notruf für Frauen, das Kirchenasyl oder andere Initiativen.

Diese Freiheit kennt aber Grenzen, das wollen viele heute nicht verstehen. Freiheit im christlichen Sinne ist immer eine Freiheit, die sich bindet, die sich bindet an Gottes Wort. Freiheit heißt deshalb nicht, jeden sterben lassen, wann er will. Eine Todespille für Selbstmordgefährdete und Lebensmüde. Nein, das heißt diese Freiheit nicht. Sie meint viel mehr, dass ich mich auch im Leiden und im Sterben Gott anvertrauen kann. Gewiss werden Christinnen und Christen Antworten suchen auf die Frage nach dem Leiden und dem Sterben heute. Schmerztherapie, Hospizbewegung, Patientenverfügung und somit passive Sterbehilfe. Das alles ja. Aber der weite Raum Gottes heißt auch, dass ich mich im Sterben Gott anvertraue.

Nehmen wir die Gentechnologie, die wir heute an allen Ecken und Enden diskutieren, als Beispiel. Auch hier bedeutet der weite Raum nicht Freiheit im Sinne: alles tun und lassen, was ich möchte. Viel mehr geht es um die Frage der Verantwortung. Unsere Füße sind eben gestellt. Fest geerdet in einem Grundverständnis des Menschen als Gottes Ebenbild, der deshalb in seiner Würde unantastbar ist. Da stehen unsere Füße, und von da aus können wir uns den weiten Raum der Technologie, der Entwicklung ansehen und ihn beurteilen. Einen letzten Blick will ich auf den weiten Raum werfen. Als Christinnen und Christen sind unsere Füße tatsächlich auf weiten Raum gestellt. Christliche Existenz finden wir in allen Ländern dieser Erde. Menschen sind Schwestern und Brüder, von denen wir nur aus der Ferne wissen. Der Raum Gottes umfasst den ganzen bewohnten Erdkreis, die *oikumene*. Deshalb müssen wir uns als Kirchen gar nicht ängstlich von einander abgrenzen, sondern wir können sehen, dass die eine Kirche Jesu Christi in vielen Formen und Gestalten auf der ganzen bewohnten Erde existiert. Wir stehen fest auf dem Boden der eigenen Tradition, aber wir müssen keine Angst haben, wenn andere anders sind als wir.

Auch dieser Psalm, aus dem unser Vers stammt, ist ein Loblied Gottes. Wir können Gott loben, dass wir nicht in Angst und Enge verfallen müssen, wenn wir die Realität unserer Welt ansehen. Wer sich der Welt aussetzt, der kann ja vor Furcht erstarren und sich zurückziehen in eine Nische. Nein, wir können Schritte ins Offene gehen, Freiheit leben und wahrnehmen, die sich gebunden weiß an Gottes Wort.

Und der Friede Gottes, der höher ist als alle menschliche Vernunft, bewahre unsere Herzen und Sinne in Christus Jesus. Amen.

Letzter Tag eines Predigerseminars St. Michaelis Hildesheim, 16.03.2002

Dieser Gottesdienst fand statt zwischen Trauer und Aufbruch. Generationen von Vikarinnen und Vikaren haben hier ihre Ausbildung erfahren. Das Hildesheimer Predigerseminar war geprägt durch seine wunderbaren Räume von denen ein direkter Zugang zur Michaeliskirche gegeben ist. Zudem ist die unmittelbare Kooperation mit dem unmittelbar angrenzenden katholischen Priesterseminar stets eine wichtige Gesprächsebene gewesen. Ein Predigerseminar musste mit dem Rückgang an Auszubildenden geschlossen werden. Nach langen Auseinandersetzungen fiel die Entscheidung gegen Hildesheim. Das hat viele enttäuscht, war ihnen unverständlich.
Im Anschluss sollten die Räume zunächst zu Büroeinheiten für das Amt für Bau- und Kunstpflege umgestaltet werden. Dies wiederum erschien aber doch als ein Verschenken so wunderbarer traditionsreicher Räume. Daher wurde in einem großen Kraftakt durchgesetzt, entgegen aller Sparmaßnahmen hier etwas Neues aufzubauen, ein Institut für Gottesdienst und Kirchenmusik. Hier sollen nun Gemeinden, Chöre, Interessierte die Möglichkeit haben, neue Kirchenmusik einzustudieren, unterschiedliche Gottesdienstformen zu erproben. Einerseits ist deutlich, dass es für neue Kirchenmusik von Gospel bis experimentell keine qualifizierte Aus- und Fortbildung gibt, wenn eine Gemeinde Interesse entwickelt. Andererseits können so auch die EXPO-Erfahrungen weiterentwickelt werden.
In der Predigt galt es, der Stimmung von Abschied, Trauer und Zorn zu begegnen, das Alte zu würdigen und doch das Neue als sinnvoll darzustellen. Daher die vielfältigen Sprachen des Glaubens als Zentrum. Anwesend waren ehemalige Studieninspektoren, ehemalige Vikarinnen und Vikare, aber auch Repräsentanten von Stadt und Ökumene sowie viele aus der Ortsgemeinde. Die Liturgie gestaltete der letzte Vikarskurs.

Liebe Gemeinde,
die Evangelien, die Gleichnisse Jesu, sie sind voll von Bildern, die sich Menschen über 2000 Jahre eingeprägt haben. Das finde ich so faszinierend an der Bibel: Sie ist verständlich im Jahre 500 nach Christus, im Jahre 1000, im Jahre 1500 und auch im Jahre 2002. Und nicht nur bei uns, sondern in allen Kontinenten der Erde, in so unterschiedlichen Kontexten wie einem Dorf in Indonesien oder mitten in Rio de Janeiro. Der Wochenspruch für diese Woche, die heute zu Ende geht, stammt aus dem Johannesevangelium:

> Joh 12,24
> *Wenn das Weizenkorn nicht in die Erde fällt und stirbt, bleibt es allein; wenn es aber stirbt, bringt es viel Frucht.*

Ja, selbst in unserer so industrialisierten Welt verstehen wir das noch. Korn muss ausgesät werden, es muss in die Erde, um Frucht zu bringen. Aber sind wir dann nicht schon am Ende? Tritt dann eine gewisse Langeweile ein, wie bei vielen, wenn nur die Textstelle des barmherzigen Samariters auftaucht? Wie übersetzen wir denn heute neu, was Jesus gemeint hat?

1. Wort

Ein ungeheuer sprachbegabter Zeitgenosse ist Jürgen Henkys. Ihm ist es immer wieder gelungen, Worte zu finden, die die biblische Überlieferung neu zum Klingen bringen. So hat er eine zentrale Glaubensaussage der Bibel neu zur Sprache gebracht:

> Korn, das in die Erde, in den Tod versinkt,
> Keim, der aus dem Acker in den Morgen dringt –
> Liebe lebt auf, die längst erstorben schien:
> Liebe wächst wie Weizen, und ihr Halm ist grün.

Diese Worte sind berührend, weil sie die Frage nach Tod und Auferstehung, die Menschen auch heute umtreibt, neu formulieren. „Liebe lebt auf, die längst erstorben schien" – das ist fast eine Zeile, über die wir jetzt meditieren müssten. Vielleicht denken manche von uns zuallererst an Paare heute in unserer zerrissenen Welt, in einem Land, in dem es mehr als 190 000 Scheidungen pro Jahr gibt. Menschen, die sich einmal geliebt haben und deren Liebe anscheinend für immer zerstört ist. Kann solche Liebe neu aufleben? Wäre das eine Hoffnung gegen das tägliche Sterben so vieler Beziehungen? Und wie ist das mit der enttäuschten Liebe in vielen anderen Bereichen, vielleicht sogar der Liebe zum Leben? Dem Glück der Jugend, das längst erstorben scheint, das abgestumpft ist im Alltagstrott? Liebe lebt auf, die längst erstorben schien? Oder sprechen wir über die Liebe zur Kirche – ich erlebe immer wieder, für wie viele sie erstorben ist. Liebe lebt auf, die längst erstorben schien. Das heißt gewiss nicht, dass wir zurückkehren zu dem, was einst war. Nein, das Weizenkorn muss in die Erde. Aber es macht vielleicht deutlich: An den Enttäuschungen des Lebens, an den Rückschlägen müssen wir nicht scheitern und verzweifeln, sondern Gott gibt uns neue Chancen.

Ja, es geht um Sprache des Glaubens und um Sprachfähigkeit unserer Kirche! Vorgestern haben wir für unsere Landeskirche die EKD-Kampagne eröffnet, die Menschen mit Fragen neu zum Gespräch einladen will. Viele haben von vornherein kritisiert: „Warum geben Sie nur Fragen vor, aber keine Antworten?" Ich sage: Das ist gut evangelisch auch im Sinne des Evangeliumsgemäßen. Schauen Sie mal nach: Wie oft eröffnet Jesus durch eine Frage ein Gespräch über Glauben, Gott und die Welt! Und wie oft führt die Frage eines Pharisäers, einer Fremden, eines Jüngers zum Zeugnis des Gottessohnes? Lassen Sie uns den Mut zu den großen Sinnfragen neu entfachen. Wohin wollen Sie eigentlich? Das ist eine fundamentale Frage (die stellt übrigens auch Xavier Naidoo: Wo willst du hin?). Ich hoffe, wenn Menschen ihr begegnen auf Plakaten, Anzeigen, in Zeitschriften, dann setzt sich diese Frage fest: Wohin wollen wir eigentlich? Renne ich nur wie ein Hamster im Käfig herum? Oder kann es eine Erneuerung in meinem Leben geben? Einen neuen Weg mit Gott, vielleicht sogar mit meiner Kirche? Liebe lebt auf, die längst erstorben ist.

Lassen Sie uns diese Strophe singen, EG Lied 98,1.

2. Musik

Ist das nicht eine wunderschöne Melodie? Sie ist etwas schwermütig, ursprünglich ein Weihnachtslied aus Frankreich. Fast schlicht kommt sie daher, und so einfach ist sie gar nicht zu singen. Ein Cis am Anfang, die große Sext über dem Grundton – dieses etwas Sperrige einer alten dorischen Kirchentonart gefällt mir gut. Es ist vielleicht simpel, gibt aber in der Melodie und der Schwermut doch einen Hoffnungston vor: Gottes Liebe wächst, ein grüner Halm. Vielleicht können wir das gerade im Frühling ganz besonders nachempfinden. Wir befinden uns noch in der Passionszeit: Jesus ist tot. Mich hat immer wieder fasziniert, wie sehr die ersten Zeugen diese Tage erlebt haben müssen: nach Jerusalem, das langsame Ahnen, dass es kein Sieg, kein Triumph sein wird, das Verurteilen und Sterben Jesu und dann die unendliche Leere des Karsamstags.

Der Wochenspruch vom Weizenkorn ist typisch für das Johannesevangelium, in dem das Sterben Jesu immer gleich in den Horizont der Auferstehung, Karfreitag in den Horizont von Ostern gestellt wird. Ob wir manchmal in der evangelischen Karfreitags-Tradition uns zu stark auf das Sterben und das Kreuz konzentrieren? Im Evangelium klingt auch in den Passionsberichten immer schon die Botschaft der Auferstehung an. Die Rede vom Sterben, vom bevorstehenden Tod Jesu ist im Johannesevangelium immer schon mit der Erhöhung verknüpft (12,32). Insofern ist es gut, auch in der Musik nicht nur die Passion zu sehen, wie Bach in der Matthäus-Passion das etwa wunderbar dargestellt hat, sondern diese Passion immer schon in den Zusammenhang des Erhöhten zu stellen. Das Kreuz kann getragen werden im Licht der Auferstehung.

Lassen wir uns nun auf diese Melodie ein: Ja, etwas schwermütig, vielleicht auch simpel, aber doch eine Verknüpfung von Passion und Ostern.

> Über Gottes Liebe brach die Welt den Stab,
> wälzte ihren Felsen von der Liebe Grab.
> Jesus ist tot. Wie sollte er noch fliehn?
> Liebe wächst wie Weizen, und ihr Halm ist grün.

3. Kunst

Lutherische Kirchen werden oft als Kirchen des Wortes bezeichnet. Und vielen Menschen macht genau das Mühe. Das Wort allein, eine Religion, die allein auf den Kopf beschränkt ist. Das Johannesevangelium aber sagt: „Das Wort ward Fleisch." Deshalb müssen wir unterschiedliche Formen finden, das Wort zu interpretieren. Eine ist die darstellende Kunst.

Ich verteile Ihnen nun eine Karte mit einem Bild einer Holzfigur aus Malawi. Sie ist über einen Meter hoch und steht im „Raum der Stille" des Ludwig-Harms-Hauses in Hermannsburg. Mich hat diese Figur sehr berührt. Sie zeigt das Weizenkorn. Und das Evangelium hat sich in Malawi inkulturiert, und so ist es hier ein Maiskorn. Aus dem Maiskorn wächst Jesus selbst, der Sterbende am Kreuz, ja, er sackt nahezu zusammen in die Erde zurück. Gehalten wird er kraftvoll von dem auferstandenen Christus. Er zeigt nach oben, zeigt die Kraft der Auferstehung, die Überwindung des Todes. Die Auferstandene oder der Auferstehende neigt sich kraftvoll dem Leben zu. Er zieht vom Maiskorn her den Sterbenden in die Höhe. Ich finde, das ist ein wunderbares Bild. Auch hier müssten wir wahrscheinlich stille werden und meditieren. Das Weizenkorn, das in die Erde fällt, es stirbt, aber es birgt vielfältiges Leben. Ein Leben mit Leiden, aber ein Leben auch mit Auferstehung.
Viele Menschen sind verloren im Gestrüpp der Zeiten, in den Dornen der Welt. Die Lebenszusage Gottes aber: Dein Leben macht Sinn, du bist gewollt, auch wenn du scheiterst, stehe ich dir zur Seite, auch in den großen Dunkelheiten deines Lebens bin ich für dich da, das ist eine elementare Zusage, gerade in einer Leistungsgesellschaft wie unserer. Noch im Sterben halte ich dich, werde dich aufrichten zu einem neuen Leben, dem du dich anvertrauen kannst, das ist eine Botschaft in einer Welt, die das Sterben ignorieren will. Auch da, wo du nicht weiter weißt, halte ich dich und trage dich, das ist eine Lebenszusage, die viele brauchen, die eben nicht zu den Erfolgreichen und Glänzenden gehören. Und die Erfolgreichen, sie dürfen wissen: Die Gaben, die Gott dir gibt, die kannst du nutzen, du kannst keimen und blühen und dich einmischen in die Welt in Verantwortung vor Gott. Der Künstler aus Malawi stellt das auf wunderbare Weise dar. Er hat das Evangelium beheimatet in seiner Kultur.
Lassen Sie uns nun Vers 3 von Lied 98 singen:

Im Gestein verloren Gottes Samenkorn,
unser Herz gefangen in Gestrüpp und Dorn –
hin ging die Nacht, der dritte Tag erschien:
Liebe wächst wie Weizen, und ihr Halm ist grün.

4. Verkündigung hat viele Formen

Liebe Gemeinde, Verkündigung hat viele Formen, das haben wir am Beispiel des Weizenkornwortes gesehen: Wort, Musik, Kunst können es aufnehmen. Und wir benötigen je neu Orte, das Wort in die Zeit zu sagen. Heute ist ja in Hildesheim eine besondere Situation. Es geht heute nicht um ein Ende, sondern um eine Veränderung. Das ist mir wichtig. Und Veränderungen kennt dieses wunderbare Gebäude wahrhaftig. Es ist ein Haus mit großer Tradition, das ein Kloster war und später eine Pflegeanstalt wurde. Vom Nationalsozialismus wurde dieser Ort missbraucht und schließlich 1945 völlig zerstört. Zu unserer Landeskirche gehört es noch gar nicht so lange, aber wir haben es nach dem Wiederaufbau seit 1953 genutzt als Predigerseminar und die 1000 Jahre alte Tradition so neu aufgegrif-

fen, respektiert. Schattenseiten reflektiert. Rund 600 evangelische Vikarinnen und Vikare wurden hier ausgebildet, haben hier gelebt, dieses Haus ebenso lieb gewonnen wie viele Mitarbeiterinnen und Mitarbeiter.
Nun soll dieses Haus ein Ort werden, an dem neue Formen von Gottesdienst und Kirchenmusik erprobt werden. Ist das nicht eine großartige neue Bestimmung, ein Aufbruch in die richtige Richtung? Wir haben gesehen: Wort ward Fleisch, es übersetzt sich je neu in Sprache, Musik, Kunst, Meditation. Unsere dringlichste Aufgabe als Kirche ist heute, diese Worte Jesu bzw. Jesus als das Wort Gottes, das uns elementare Lebenszusage ist, zu übersetzen in unsere Zeit. Das tun wir, indem wir junge Menschen ausbilden, als Pastorinnen und Pastoren das Wort zu verkündigen, je neu. Und das tun wir, indem wir Ehrenamtliche, Laien und Hauptamtliche ermutigen, dieses Wort zu sagen in Musik, Gottesdienst und neuen Formen der Verkündigung. So sehe ich uns heute an einem Punkt der Kontinuität. Das Samenkorn ist schon seit 1000 Jahren gepflanzt hier in Hildesheim. Es wächst auf je neue Art und Weise. Es muss in die Erde, damit es Frucht bringt. Ich finde es hoffnungsvoll, dass wir uns als Landeskirche mit diesem Ort in diese Tradition zu stellen. Lassen Sie uns gemeinsam daran arbeiten, dass die Liebe wächst wie Weizen, ihr Halm ist grün. Amen.

Mitarbeiter-Gottesdienst Neustädter Hof- und Stadtkirche Hannover, 7.01.2002

Im Jahr 2001 wurde im Landeskirchenamt unserer Landeskirche ein sogenannter Leitbildprozess durchgeführt. Quer durch alle Hierarchien wurde diskutiert, wie dieses Leitbild aussehen sollte. Mit kreativen Ideen wurde es mit Hilfe von zwei großen Versammlungen aller Mitarbeitenden und einer kleinen Steuerungsgruppe entworfen. LKA soll nun statt für „Lange Keine Antwort“ stehen für „Leistungsstark, Kreativ, Aufgeschlossen“. Im Prozess wurde deutlich, das viele Mitarbeiterinnen und Mitarbeiter sich mehr geistliche Gemeinschaft wünschen, auch im Unterschied etwa zu staatlichen Behörden, um das christliche Profil des Hauses zu stärken. So wurden neue Andachtsformen eingeführt und der Wunsch nach einem gemeinsamen Abendmahlsgottesdienst – selbstverständlich auf freiwilliger Basis – zum Jahresbeginn umgesetzt. Dies war der erste Gottesdienst dieser Art. Mehr als drei Viertel aller Mitarbeitenden nahmen teil. Die Liturgie wurde von einzelnen aus ihren Reihen gestaltet. Die Rückmeldung war außerordentlich positiv, sodass dies wohl zu einer bleibenden Einrichtung werden wird.

Liebe Gemeinde,
erinnern Sie sich noch an die Zeiten, als es Inventur gab? Heute übernehmen das Zählen die Scannerkassen, Inventur der traditionellen Art ist selten geworden. Damals waren Geschäfte zwischen den Jahren oder am Jahresanfang geschlossen. Ich empfand das immer als tolle Atmosphäre in der Werkstatt meines Vaters. Alles, was zählen konnte, hat gezählt: Schrauben, Muttern, Ersatzteile …
Mein Mann erzählt gerne, wie Cousinen und Cousins im Wäschegeschäft ihrer Tante Liz antreten mussten. Die Jungen zählten offensichtlich am liebsten Damenunterwäsche und erinnern sich bis heute als erwachsene Männer gern, wie spannend das war …
Der Jahreswechsel kann eine gute Zeit sein für eine Inventur auch im eigenen Leben. Was fehlt? Was habe ich, was hält mich? Was gibt es im Überfluss, und was tue ich damit?

Zunächst also: Was fehlt?
Viele von uns haben materiell alles, wovon Menschen in anderen Erdteilen träumen: ein Dach über dem Kopf, ein Einkommen, das für mehr reicht als für das Allernötigste, Krankenversicherung, die Möglichkeit zu reisen. Das machen wir uns oft nicht bewusst, dafür fehlt uns meist die Dankbarkeit. Und gleichzeitig gibt es oft seelische Leere. Und die bohrende Frage: Fehlt da nicht etwas?

Auf einem Weihnachtswunschzettel für Erwachsene haben die meisten Menschen *Liebe* als größten Wunsch angegeben. Wie sieht es aus mit der Liebe in unserem Leben? Werde ich geliebt? Wenn ich nicht mehr da wäre, würde mich jemand vermissen? Gebe ich anderen die Liebe, die sie suchen? Macht mein Leben eigentlich Sinn? Es gibt sehr viel Einsamkeit in unserer betriebsamen und beschleunigten Zeit.
Der zweite Wunsch auf jenem Wunschzettel war *Glück*. Und tatsächlich, wenn Sie sich überlegen, wann Sie in letzter Zeit einen richtig glücklichen Menschen gesehen haben, wer fällt Ihnen da ein? Ob wir die Kunst, glücklich zu sein, verlernt haben in Deutschland? Es gibt offensichtlich viele, die das Glück gar nicht mehr spüren, das Glück der einfachen Dinge: Ein Dach über dem Kopf. Ein warmes Bett an kalten Tagen. Tage ohne Hunger. Menschen, die mit uns leben wollen. Eine kleine Geste – da sorgt einer für mich. Da hat sich eine Gedanken gemacht um mich. Und das große Glück: Freiheit zu reden und Freiheit zu reisen. Als Frau ohne Erniedrigung leben. Eine Zeit ohne Krieg in unserem Land – alles keine Selbstverständlichkeiten, da brauchen wir gar nicht erst bis Afghanistan zu blicken.
Wenn uns tatsächlich Dankbarkeit, Liebe und Glück fehlen bei unserer Lebensinventur, wo sind sie hin? Sind sie uns denn gestohlen worden? Der Einzelhandel sieht ja Ladendiebstahl als Hauptursache für Schwund. Oder haben wir Liebe und Glück einfach verschlampt? Vielleicht auch, weil wir selbst nicht dazu beitragen, dass andere sich geliebt wissen und glücklich sind?

Schauen wir uns jetzt mal die Haben-Seite an.
Wenn Christinnen und Christen Inventur machen, müsste der Bestand eigentlich klar sein. Worauf wir fest bauen, was unserem Leben Halt gibt, das ist Gott allein. Allzu oft wird das verdrängt. Mir scheint die Losung für das neue Jahr geradezu eine Ermutigung zur Lebensinventur. Sie stammt aus dem Buch des Propheten Jesaja Kapitel 12 Vers 2 und lautet:
„Ja, Gott ist meine Rettung; ihm will ich vertrauen und niemals verzagen."
Was heißt nun Rettung? Im vergangenen Jahr gab es ja etwas Streit zwischen den Kirchen, weil die evangelische Kirche erklärt hat, nicht nur die katholische Einheitsübersetzung, sondern auch die Lutherübersetzung sollte in ökumenischen Gottesdiensten Verwendung finden. Für die Losung wird Jahr für Jahr eine Übereinkunft erzielt. Nicht aus Trotz will ich aber sagen, dass mir die Lutherübersetzung von Jesaja 12,2 deutlicher erscheint. Sie lautet:

Gott ist mein Heil, ich bin sicher und fürchte mich nicht.

Gott ist mein Heil – viele Menschen haben große Sehnsucht nach Heil, nach jemandem, der sie heil macht an Körper und Seele. Wie viel kaputtes Leben gibt es! Und wie viel Sehnsucht nach gelingendem Leben! Jesus kennt diese Sehnsucht und macht den Menschen Mut: Du kannst dein Leben ändern. *Zöllner*:

„Komm vom Baum herunter, ich will mit dir essen gehen!" *Frau*, die gesteinigt werden soll: „Fang noch einmal neu an!" *Sterbender Mann*: „Der Tod ist nicht das Ende, sondern bei Gott ein neuer Anfang!" Deshalb sagen wir auch: Christus ist unser Heiland. Lange galt das Wort als etwas fromm und verkitscht. Aber da ist ja etwas dran – Jesus sieht die Menschen an mit den Augen der Liebe. Er hat diese Liebe selbst erfahren von seinen Eltern, die so vieles für ihn getan haben und auch von Gott als Gottes Kind. Er hat sich Gott vollkommen anvertraut und daraus große, überzeugende Lebenskraft gewonnen. Und er sagt dir und mir: Dein Leben macht Sinn, weil Gott dir Sinn zuspricht. Es kann heil werden, wenn du dich auf das Vertrauen zu Gott einlässt. So wird er zum Heiland, wird Gott zum Heil, zur Rettung, von der schon der jüdische Prophet Jesaja spricht.

Wer solches Gottvertrauen hat, muss sich nicht fürchten. Der kann die Herausforderungen des Lebens annehmen. Kann Handeln ohne Angst vor Versagen. Kann den eigenen Lebensweg gehen, ohne ständig nach dem Urteil anderer zu fragen. Kann das eigene Leben anschauen, Bilanz ziehen und weiß: Vor Gott gibt es immer wieder einen Neuanfang. Glaube ist Vertrauen zu Gott. Wenn wir Gottvertrauen wagen, müssen wir nicht verzagen, das sagt uns die Losung. Ja, sie ist eine Ermutigung zum Leben.

Und sie ist eine energische Erinnerung an die Grundlage unseres Lebens. Wenn wir als Christinnen und Christen diese Grundlagen ausverkaufen, sie billig im Schlussverkauf verramschen, dann sind sie uns nichts mehr wert. Dann können wir bald Insolvenz anmelden. Deshalb ist es wichtig, den eigenen Glauben, das, was unser Leben trägt, immer wieder zu klären und auch auszusprechen.

Und wie sieht es aus mit der Inventur im Landeskirchenamt? Was, wenn wir anfangen zu zählen? Im Leitbild, mit dem wir nun ein volles Jahr hinter uns haben, wurde formuliert: *„Wir arbeiten getragen vom christlichen Geist."* Haben wir das nun eingelöst? Stand der Mensch im Vordergrund? Wo kam wieder die konsistoriale Behörde durch, über die manche in den Kirchengemeinden sich so beklagen? Und gab es die gegenseitige Unterstützung und menschliche Zuwendung, die Anerkennung guter Leistungen, die da benannt wird im Umgang miteinander? Oder gab es doch wieder das Prinzip Feldwebel: nach oben buckeln und nach unten treten? Hat man sich fröhlich gegrüßt auf dem Flur, oder ist man mürrisch aneinander vorbeigerauscht? Haben wir gelernt, Konflikte offen anzusprechen oder den leichteren und ja auch feigeren Weg gewählt und hinter dem Rücken des oder der anderen gelästert?

Eine Konsequenz aus dem Leitbild ist jedenfalls dieser Abendmahlsgottesdienst, und das ist sehr wichtig. Ein solcher Gottesdienst bildet Gemeinschaft ab und ermöglicht sie neu. Wir stellen uns mit unserer Inventur vor Gott. Je einzeln und auch gemeinsam. „Keiner sei wider den Nächsten, keiner ein Heuchler", heißt es in einer alten Liturgie.

Beim Abendmahl entsteht je neu communio sanctorum. Einerseits bedeutet das Teilhabe am Heiligen, also Gemeinschaft mit Gott. Zum anderen bedeutet es

Gemeinschaft der Heiligen. Nun sind wir gewiss keine Heiligen in dem Sinne, dass wir vor Gott in irgendeiner Weise perfekt wären, unser eigenes Leitbild erfüllen oder das des Landeskirchenamtes. Gemeinschaft der Heiligen aber insofern, als Heilige nach Luther diejenigen sind, die sich ganz und gar Gott anvertrauen. Wer das tut, wird auch innerlich frei gegenüber anderen und in der Bereitschaft, andere anzunehmen. So fördern wir Gemeinschaft unter uns, wie es das Leitbild fordert.

Und der Überschuss?

Bei Tante Liz war klar: Was zu viel ist, wird verschenkt. Sie wusste immer jemanden, der Bedarf hatte an neuer Bettwäsche, guter Unterwäsche. Was machen wir mit unserem Überfluss? Im vergangenen Jahr hat manche von uns ein großes Unbehagen beschlichen: Haben wir die Fragen der weltweiten Gerechtigkeit nicht zu weit weggedrückt? Haben wir uns nicht zu gut eingerichtet in unserer heilen Fernsehwelt? Da verhungern jeden Tag 24 000 Kinder. Wir sehen verzweifelte Menschen, die unter Todesgefahr versuchen, den Tunnel nach England zu durchqueren auf der Suche nach einem besseren Leben. Tote Frauen, Männer und Kinder werden in einem Lkw gefunden auf der Flucht. Ja, Millionen sind auf der Flucht wie Josef und Maria damals mit ihrem Kind und finden kein Asyl. Und in Argentinien wird die Not so groß, dass Menschen aus Hunger und Verzweiflung ihre Regierung stürzen.

Es gibt entsetzlich viel Not und Elend in dieser Welt. Lassen wir uns zu sehr ablenken? Und hat die Ablenkung nicht auch uns schon längst wieder eingelullt? Christinnen und Christen werden sich nicht zufrieden geben können mit dem Unrecht im eigenen Land und in der Welt. Unser Glaube wird uns immer wieder dazu bringen, mit anderen teilen zu wollen. Denn unsere Kirche existiert nicht nur in einem Land, nein, sie ist die Kirche Jesu Christi auf der ganzen Erde. Das gehört wohl auch in unser Leitbild.

Ja, liebe Gemeinde, wenn wir Inventur machen am Beginn eines neuen Jahres, dann sehen wir viele Fragen mit Blick auf unser eigenes Leben und große Herausforderungen mit Blick auf unsere Gesellschaft und auch unsere Kirche. Ich bin aber überzeugt, dass wir beides mutig annehmen können, wenn wir uns auf Gott verlassen. Das haben Generationen und Generationen vor uns getan. Immer wieder hat sich der christliche Glaube als tragfähig erwiesen in guten wie in schlechten Zeiten und ich bin überzeugt, er wird es auch im 21. Jahrhundert sein. In unserm Leben, im Landeskirchenamt, in unserer Kirche und auf der ganzen Welt.

Gott ist unser Retter und Heiland, auf den wir vertrauen und nicht verzagen – bei jeder Lebensbilanz ist das ein Guthaben, das trägt. Lassen Sie mich diese Ermutigung zum Schluss unterstreichen mit einem Gedicht, das mir zu Weihnachten ein kirchlicher Mitarbeiter geschickt hat, der überraschend mit einer lebensbedrohlichen Krankheit konfrontiert ist:

Ich sagte zu dem Engel,
der an der Pforte des neuen Jahres stand:
Gib mir ein Licht,
damit ich sicheren Fußes
der Ungewissheit entgegensehen kann.
Aber er antwortet:
Geh nur hin in die Dunkelheit
Und lege deine Hand in die Hand Gottes.
Das ist besser als ein Licht
Und sicherer als ein unbekannter Weg.

Amen.

Tag der Kirchenvorstände
Marktkirche Hannover, 08.06.2002

1996 fand erstmals in der hannoverschen Landeskirche ein Tag der Kirchenvorstände statt. Die Resonanz war so positiv, dass dieses Projekt zu Beginn der neuen sechsjährigen Amtszeit der Kirchenvorstände wiederholt wurde. Nach einem festlichen und auch inhaltlichen Auftakt am Freitag Abend fanden tagsüber die unterschiedlichsten Arbeitsgruppen statt. Am späten Samstagnachmittag endete die Veranstaltung mit einem gemeinsamen Abendmahlsgottesdienst zum Tagungsthema: „Wachsen in allen Stücken“. Die Marktkirche war prall gefüllt, eine gute, vom Tag ermutigte Stimmung vorhanden. Für viele war dieser Gottesdienst ein Höhepunkt, herausgehoben aus den Mühen des Alltags, Spardiskussionen, kleinen Gemeinden, ob in Ostfriesland, dem Emsland, dem Harz oder dem Osnabrücker Land. Manch einer sagte mir hinterher: Es hat gut getan zu erleben, dass wir doch so viele sind und nicht nur eine kleine, verzagte Schar. Die Liturgie wurde wiederum von der Gruppe um Fritz Baltruweit in unserem Haus Kirchlicher Dienste entworfen. Ich habe Sie lediglich an drei mit * markierten Stellen für den Druck leicht verändert, vor allem im Blick auf die theologische Konzeption dieser Reihe von Predigtbänden mit thematischem Schwerpunkt.

Liturgie

Musik zum Ankommen: „Fröhliches Einschwingen“
Am Eingang werden an jede Person 2 x 2 gleiche Puzzleteile verteilt.

Glocken

Musikalische Einstimmung: Saxophon, Orgel und Gongs zum Thema des Eingangsliedes

dazu: Einzug der Mitwirkenden mit
- Brot und Wein-(bzw. Saft-)Kelchen
- Kerzen
- Puzzleteilen (in groß – ca. 1,20 Meter Durchmesser)

Die musikalische Einstimmung geht über in den
Choral „Danket dem Herrn“ (EG 333)

Einstimmung
Ein ganz herzliches Willkommen in der Marktkirche
zum Gottesdienst,
mit dem der Tag der Kirchenvorstände zu Ende geht.

Wir sind dankbar für das, was wir erlebt haben.
Und wir werden auch jetzt erfahren:
Gottes Gegenwart wird uns prägen und verbinden.
Gottes Gegenwart wird uns stärken,
ehe wir wieder an die Orte zurückgehen,
an denen wir leben
und Verantwortung für unsere Gemeinden übernehmen.
So feiern wir diesen Gottesdienst
im Namen des Vaters und des Sohnes und des Heiligen Geistes. Amen.

Gebet
Lasst uns beten:
Gott, kannst du mich sehen? Dann sieh mich an.
Die beiden Tage gehen zu Ende,
und ich bin hierher gekommen
mit Hunderten von Menschen.
… Ich habe noch Hunderte von Dingen im Kopf
– Gedanken und Gespräche –
und sehe Bilder dieses Tages vor mir
– Blicke und Begegnungen.

Stille

Hörst du mich, Gott? Dann hör mir zu.
Lass mich hier ganz ankommen.
bei mir selbst – bei den anderen – und bei dir.
Lass mich wahrnehmen, dass wir miteinander hier sind.
Öffne mir Augen und Ohren,
damit ich sehe, dass du da bist,
damit ich höre, was du sprichst …

Stille

Rechnest du mit uns, Gott? Dann nimm uns mit
in deinen Geist der Gemeinschaft.
Lass uns aufeinander zugehen.
Öffne uns Herz und Hände,
damit wir spüren, wie du uns bewegst
im weiten Raum deiner Liebe …

Stille

Psalm 36
Alle: HERR, deine Güte reicht, so weit der Himmel ist,
und deine Wahrheit, so weit die Wolken gehen.

Kehrvers (a capella vierstimmig – mit Chor) (EG 789,3):
Freuet euch im Herrn! Freuet euch im Herrn
und preiset seinen Namen. Alleluja, alleluja!
Preiset seinen Namen. Alleluja.

Rechte Seite:
Deine Gerechtigkeit steht wie die Berge Gottes
und dein Recht wie die große Tiefe.
HERR, du hilfst Menschen und Tieren.

Linke Seite:
Wie köstlich ist deine Güte, Gott,
dass Menschenkinder
unter dem Schatten deiner Flügel Zuflucht haben!

Kehrvers:
Freuet euch im Herrn! Freuet euch im Herrn
und preiset seinen Namen. Alleluja, alleluja!
Preiset seinen Namen. Alleluja.

Frauen:
Sie werden satt von den reichen Gütern deines Hauses,
und du tränkst sie mit Wonne wie mit einem Strom.

Männer:
Denn bei dir ist die Quelle des Lebens,
und in deinem Lichte sehen wir das Licht.

Alle:
HERR, deine Güte reicht, so weit der Himmel ist,
und deine Wahrheit, so weit die Wolken gehen.

Kehrvers:
Freuet euch im Herrn! Freuet euch im Herrn
und preiset seinen Namen. Alleluja, alleluja!
Preiset seinen Namen. Alleluja.

Hinführung zur biblischen Lesung – Puzzle auch als Aktion:
Die Puzzle-Teile des Tages (der Kirchenvorstände) im Lichte der (gedachten und noch nicht erfolgten) Lesung *zu einem Ganzen werden lassen:*

wahrhaftig

Meditativer Text (Stichwort: Gemeindeleitung)
Wir haben gestern und heute einen biblischen Text durchbuchstabiert.
Lasst uns wahrhaftig sein – so beginnt er.
Lasst uns wahrhaftig sein,
dort wo wir leben

und in der Gemeinde mitarbeiten,
zur Gemeindeleitung gehören.
Was bedeutet „wahrhaftig sein",
wo manchmal schwierige Entscheidungen zu fällen sind,
Personalentscheidungen, die wehtun,
Führung von Mitarbeiterinnen und Mitarbeitern,
loben – und auch mal sagen, wo es langgeht …?
„Wahrhaftig sein",
wenn wir unsere Gemeinde,
unsere Kirche in der Öffentlichkeit vertreten,
wenn wir neue Gaben entdecken und fördern
oder neue Geldquellen zu erschließen suchen.
„Wahrhaftig sein" und „geistliche Leitung" –
Wie schaffen wir es, dass beides in uns zu einer Einheit wird?

Musikalische Reflexion/Improvisation (Wasserstichorgel/Metallblätter)

Das erste Groß-Puzzle-Teil wird positioniert.

Kanon-Teil 1 – auf der „Folie" der Wasserstichorgel etc.:
„Lasst uns wahrhaftig sein"

in der Liebe

Meditativer Text (Stichwort: Diakonie)
Wir waren wahrhaftig und wollen wahrhaftig sein*
in der Liebe.
Wenn Wahrhaftigkeit nicht mit Liebe zusammengeht,
hat das keinen Sinn.
Achten wir bei uns in der Gemeinde,
bei uns in der Kirche
auf den liebevollen Umgang miteinander?
… mit den Jungen und den Alten,
mit den Fremden und den Vertrauten,
mit den Vernachlässigten und den Behüteten,
mit den Überschuldeten und den Reichen,
mit denen, die Kirche nur manchmal wahrnehmen
und den, die immer da sind,
mit den Sterbenden und den Lebenden …

„Lasst uns wahrhaftig sein in Liebe" –
welch ein hoher Anspruch!
Aber ohne Liebe ist alles, was wir tun,
nichts.

Musikalische Reflexion/Improvisation (Wasserstichorgel/Saxophon)

Das zweite Groß-Puzzle-Teil wird positioniert.

Kanon-Teil 2 – auf der „Folie" der Wasserstichorgel etc.:
„… in der Liebe"

wachsen

Meditativer Text (Stichwort: Gemeindeentwicklung)
Wir waren wahrhaftig und wollenwahrhaftig sein in der Liebe
und wachsen …
… auch das noch …
Warum dürfen wir nicht in den liebgewordenen Kreisen bleiben,
die wir brauchen?
Über den Horizont der eigenen Grenzen hinaussehn,
über binnenkirchliche Sicht hinausgehn –
und nicht nur das:
von der Einzelgemeinde zur Region,
vom Einzelkämpfer zum Team,
von Konkurrenz zur Kooperation
wachsen …
… ja, es wird viel von uns verlangt –
aber es ist klar:
da muss noch vieles wachsen …

Musikalische Reflexion/Improvisation (Wasserstichorgel / Saxophon / Percussion/Bass-Marimbaphon)

Das dritte Groß-Puzzle-Teil wird positioniert.

Kanon-Teil 3 – auf der „Folie" der Wasserstichorgel etc.:
„… und wachsen"

auf Christus hin

Meditativer Text (Stichwort: Glauben/Gottesdienst)
Wir waren wahrhaftig und wollen wahrhaftig sein in der Liebe
und wachsen
auf Christus hin …

Christus ist für uns da –
und wir können zu ihm kommen,
wenn wir es wieder mal nicht gepackt haben
und am Rand der Verzweiflung sind –
und wenn wir uns wieder einmal bedanken wollen für das,
was gut gelaufen ist.
Wie gut,
dass es diese Mitte gibt –
diesen Heiland!

Auf ihn hinwachsen – das zeigt uns die Richtung an.
Denn bei ihm bekommen wir das Wichtigste für unser Leben
und das auch noch geschenkt.

Musikalische Reflexion/Improvisation (Wasserstichorgel/Saxophon/ Percussion/große Trommel)

Das vierte Groß-Puzzle-Teil wird positioniert.

Kanon-Teil 4 – auf der „Folie" der Wasserstichorgel etc.:
„... auf Christus hin"

Puzzle-Teile finden, tauschen, zusammenfügen – Musik geht weiter

Kanon wird vollständig gesungen – Musik geht weiter zur Bibellesung

Biblische Lesung:
Wir hören den biblischen Text, der die Basis für den Tag der Kirchenvorstände ist.
So heißt es im Brief an die Epheser im 4. Kapitel:

> Eph 4,15f
> *15 Lasst uns wahrhaftig sein in der Liebe*
> *und wachsen in allen Stücken zu dem hin,*
> *der das Haupt ist, Christus, 16 von dem aus der ganze Leib zusammengefügt ist und ein Glied am andern hängt durch alle Gelenke, wodurch jedes Glied das andere unterstützt nach dem Maß seiner Kraft und macht, dass der Leib wächst und sich selbst aufbaut in der Liebe.*

*Antwort*gesang der Gemeinde – Kanonwiederholung:
Lasst uns wahrhaftig sein ... in der Liebe ... und wachsen auf Christus hin.

Predigt

Gesungenes Glaubensbekenntnis (EG 652)

Kollektenansage

Lied: Kommt mit Gaben und Lobgesang (EG 229)
(Kollektensammlung)

Abendmahlsgebet
1: Lasst uns beten:
Gott, du lädst uns an deinen Tisch.
Siehst du auch, wer vor dir steht?
Wir wollen nicht immer gesehen werden.
Denn wir sind nicht so wahrhaftig, wie wir sollen,
nicht so schlau, wie wir tun,
nicht so selbstlos und so liebevoll, wie wir scheinen.

Wir treten aber auch vor dich mit dem Gelingenden, unseren Erfolgen, den positiven Bilanzen, die du uns schenkst.*
Hier, bei Brot und Wein, siehst du uns an.
Da können wir den Blick heben
und du ermutigst, du* vergibst.
ALLE: Gott, wir danken dir.

2: Gott, du lädst uns an deinen Tisch.
Hörst du auch, wer mit dir spricht?
Wir wollen nicht immer gehört werden.
Denn wir verschweigen, was wir fühlen,
verschweigen, was wir falsch gemacht haben,
verschweigen, was wir aufdecken müssten.
Und dennoch, bei Brot und Wein, hörst du uns an.
Da können wir den Mund öffnen
und du vergibst.
ALLE: Gott, wir danken dir.

3: Gott, du lässt uns wachsen
über uns hinaus
zueinander,
an deinen Tisch.
Das Brot – die Frucht deiner Erde und unserer Arbeit
wird uns zum Brot des Lebens.
Der Kelch – die Frucht der Reben und Zeichen des Festes
wird uns zum Becher der Freude.
ALLE: Gott, wir danken dir.

4: Wie aus den Körnern Brot und aus den Trauben Wein geworden ist
fügst du uns zusammen zu einem Leib, der aus deiner Liebe lebt.
So lass uns die Gemeinschaft, deinen Schalom
sehen, hören, schmecken und weitertragen.

Einsetzungsworte

Vater unser

Wort zur Austeilung

zur Wandelkommunion mit Saft und Wein

Wir laden Sie jetzt ein, das Abendmahl zu empfangen.
An verschiedenen Altären in der Marktkirche stehen Austeilende
aus verschiedenen Sprengeln unserer Landeskirche.
Die Pastorinnen und Pastoren werden Ihnen das Brot (die Oblate) reichen,
Kirchenvorsteherinnen (die rechts danebenstehen) Wein
und Kirchenvorsteher (die links danebenstehen) Saft.

Und nun kommt, denn es ist alles bereit.
Seht und schmeckt, wie freundlich unser Gott ist.

Lied (vierstimmig a capella):
Aller Augen warten auf dich, Herre. Und du gibest ihnen ihre Speise zu seiner Zeit. Du tust deine milde Hand auf und sättigest alles, was da lebet, mit Wohlgefallen.

Wandelkommunion

Stationen mit Brot, Wein und Saft
Pastor/in teilt die Oblaten aus,
die Kirchenvorsteherin rechts neben ihr Wein,
der Kirchenvorsteher links neben ihr Saft.
Zwei weitere Kirchenvorsteher/innen wechseln/reinigen die Kelche.
dazu Chor-Musik.

Gemeinsamer Abschluss als *Friedengruß*:
Wir haben – wie an einem großen Tisch – das Abendmahl empfangen.
Als Gemeinde am Tisch Jesu Christi reichen wir einander die Hand (…).
Das stärke und bewahre euch im Glauben zum ewigen Leben. Amen.

Schlussgebet
Lasst uns beten:
Gott,
Wir danken für das Brot.
Wir werden es weiter teilen
mit denen, die uns in unseren Gemeinden anvertraut sind,
die Hunger haben
nach einem Bissen Brot von deinem Leib,
nach einem Stück Wahrhaftigkeit.

Gott,
wir haben dich genossen
und danken für den Kelch.
Wir werden ihn weiterreichen
allen, die Durst haben
nach Trost
und nach Liebe.

Gott,
du bist uns nahegekommen.
Wir danken für die Gemeinschaft,
zu der du uns verbunden hast.
Lass uns wahrhaftig sein in der Liebe
und wachsen wie in diesen Tagen
zu dir hin –
in Jesu Namen. Amen.

Lied: „Nun danket alle Gott" (EG 321)

Sendung und Segen

Mit dem Kanon gehen (Lasst uns wahrhaftig sein ...)[18]

Predigt

Liebe Gemeinde,
„Wachsen in allen Stücken" – ein top-modernes Thema haben wir uns da ausgesucht für den Tag der Kirchenvorstände. Wachstum ist *das* Zauberwort unserer Gesellschaft. Es ist in aller Munde, vor allem natürlich das Wirtschaftswachstum. Wie es unserem Land geht, scheint davon abzuhängen. Die neuesten Zahlen, die wir stündlich hören, besagen, ob der DAX nun über 5000 oder unter 5000 liegt. Wie das Wirtschaftswachstum in den vergangenen vier Jahren aussieht, das wird über Wohl und Wehe des Kanzlers bei der Bundestagswahl entscheiden. Wenn ein Unternehmen in der Wachstumsbranche nicht mithalten kann, dann verliert es an Wert und wird aufgeben müssen oder geschluckt werden. Investiert wird nur in Wachstumsbranchen! Höher, größer, schneller, das ist Fortschritt, das ist Wachstum. Wer nicht mitwächst, wer nicht schnell genug, nicht erfolgreich genug ist, bleibt auf der Strecke.
Gilt das nun auch für die Kirche? Unternehmen Kirche auf Wachstumskurs? Wachstumsbranche Christentum. Ja, da müssen wir ganz ehrlich sein, das hätten wir schon ganz gern. Auch wir starren darauf: Haben wir Zuwachs an Mitgliedern oder Mitgliederschwund? Geht die Gemeindezahl rauf oder runter, wie hoch ist die Auflage des Gemeindebriefes, wie gut der Gottesdienstbesuch – das beschäftigt manchen Kirchenvorstand im Bangen um die ganze Pfarrstelle. Wie sieht es aus mit den Kirchensteuereinnahmen, was sagt der Stellenplan, wie viele Anrufe gibt es bei der Hotline – das beschäftigt so manche in der Kirchenleitung. Und wenn die Zahlen zurück gehen, dann legen wir sorgenvoll das Gesicht in Falten: Wie geht's wohl weiter mit unserer Kirche?
Liebe Gemeinde, mir ist wichtig, dass es in dem Predigttext des heutigen Gottesdienstes, der das Leitwort für unsere zwei Tage hier in Hannover vorgegeben hat, um ein völlig anderes Wachstum geht. Es geht um das Wachsen auf Christus hin. Was bedeutet das denn nun? Immer christlicher werden? Oder: die Welt hinter sich lassen und ganz auf ihn schauen, auf das Leben, das eines Tages kommt? Und: Wie ließe sich denn solches Wachsen messen?
Ich denke, auf Christus hin wachsen macht zuallererst das Ziel klar. Das Ziel ist nicht das Wachsen an sich, sondern Christus. Er ist der Orientierungspunkt. Es geht nicht darum, dass wir frommer, größer, besser werden in unserem Wachsen

---

18 Die Liturgie haben entwickelt: F. Baltruweit, D. Biermann, U. Hellweg, B. May. Textvorlage Eingangs- und Abendmahlsgebet: M. Werner.

auf Christus hin, sondern dass das Ziel und die Mitte unseres Lebens deutlich werden. Ob unsere Kirchen nun voll sind oder leer, es geht darum, was wir glauben und deshalb zu sagen haben.

In unserer EKD-Kampagne, die in diesen Wochen Schaukästen, Plakatwände, Autos mit Aufklebern bestückt, heißt die nächste Frage, rechtzeitig zur Urlaubssaison: Wo wollen Sie eigentlich hin? Ist der Urlaub das Ziel Ihres Lebens: Teneriffa, Sonne, Freizeitspaß? Geht es immerzu um uns selbst, rennen wir wie ein Hamster im Käfigrad? Oder geht es um etwas viel Tieferes im Leben, nämlich um den Sinn, das Ziel unseres Lebens. Worauf bezieht sich unser Leben, wohin sollen wir gehen? Das haben schon die Jüngerinnen und Jünger gefragt und die Worte des ewigen Lebens von Jesus selbst erwartet. Es geht darum, unser Leben auszurichten, einen Kompass zu finden, damit unser Leben keine Sackgasse ist, sondern eine Einbahnstraße auf Christus hin.

Es geht darum, die Wertigkeit in unserem Leben zu verändern. Der Sinn unseres Lebens besteht nicht darin, mehr Geld zu verdienen, ein Haus zu bauen, erfolgreich oder auch schön zu sein. Das kann gut tun, ein angenehmes Leben ermöglichen, aber es ist stets nur eine zweitrangige Sache, ein labiles Glück. Erstrangig geht es darum, unser Leben so zu führen, dass wir vor Gott für dieses Lebensgeschenk Rechenschaft ablegen können. Sinn und Ziel in der Tiefe erhält unser Leben, wenn wir das Beziehungsangebot Gottes annehmen. Das bedeutet im Gespräch mit Gott, in der Gemeinschaft untereinander, im Hören auf Gottes Wort und der Feier des Abendmahls eine Gottesbeziehung leben, die uns hält und trägt in guten und in schlechten Zeiten. Das bietet keine Wachstumsbranche an: Wachstum unabhängig von der Leistungsfähigkeit. Wachsen auch dann, wenn wir nicht mithalten können, krank sind, wenn wir trauern über die Brüche in unserem Leben, wenn wir alt werden und sterben.

In unserem Leben wachsen auf Christus hin bedeutet, dass wir auch wachsen in der Liebe zu anderen, „wahrhaftig" sind, wie es der Predigttext sagt. Für andere da sind, wie Jesus für jeden anderen da war, sich den anderen zugewendet hat. Und es bedeutet, sich untereinander als „ein Leib" – wie der Text sagt – verstehen, in dem ein Glied das andere unterstützt nach dem Maß seiner Kraft. Das wäre doch auch ein schönes Leitmotiv für die Zusammenarbeit in Kirchenvorstand und Gemeinde, die ja sehr oft auch Konflikte kennt: Es geht nicht um Zahlen, Daten, Fakten, sondern um den Leib Christi. Ein altertümlicher Begriff, ich weiß. Vielleicht sollten wir sagen: Wenn wir uns auf Christus hin orientieren, dann werden wir selbst daran wachsen mit unserem Lebensbestand. Der Standpunkt, der Grund, auf dem wir stehen, wird sich festigen. Und auch unsere Gemeinschaft in der Kirche wird wachsen, weil klar ist: Es geht um die Gemeinschaft derer, die Christus nachfolgen, um die Kirche, so fehlbar sie auch sein mag, die die Botschaft des Evangeliums in die Zeit sagt.

Wachsen auf Christus hin heißt auch: Die Welt fragen, wohin sie denn eigentlich will. Hin zu mehr Macht, mehr Egoismus und noch mehr Spaß? Mehr Zerstörung, mehr Gewalt und mehr Krieg? Oder hin zu mehr Gemeinschaft, Solidarität der Starken mit den Schwachen, Länder, Kulturen und Rassen übersteigende Gemeinschaft. Ja, liebe Gemeinde, da haben wir einen Auftrag, wenn wir wachsen wollen auf Christus hin. Es geht um ein Wachstum nach innen, sich lösen von den Bedingungen der Welt und die Prioritäten neu setzen. Und es geht um ein Wachsen nach außen, nämlich nicht um mehr Konsum, mehr haben und haben wollen, sondern um verantwortliche Haushalterschaft der Welt, die wir als Gottes Welt verstehen.

Liebe Kirchenvorsteherinnen und Kirchenvorsteher,
ich hoffe, diese Tage in Hannover haben Sie ermutigt, die Prioritäten neu zu setzen auf ein ganz anderes Wachstum, auf das Wachstum zu Christus hin. Mit dem ganzen Leben, in allen Stücken darauf sich ausrichten, das kann ein Kompass in unserem oft so verwirrenden Leben sein. Mit diesem Orientierungspunkt finden wir auch je neu eine Sprache für unseren Glauben, denke ich. Dann müssen wir nicht verharren im Starren auf das Nichtwachsen oder doch Wachsen von Zahlen und Bilanzen, sondern es geht ganz schlicht darum, unseren Glauben zu leben mitten in einer säkularen Gesellschaft, unseren Glauben glaub-würdig, fröhlich und in aller Freiheit zu bezeugen mitten in einer Zeit, die nach Religion fragt. Ich bin überzeugt, so wachsen wir innerlich und geistlich, und das wird auch nach außen ausstrahlen. Mit solcher Konzentration, mit gottgeschenkter Gelassenheit wachsen wir auch an den Herausforderungen, die diese Welt uns stellt mit ihrer merkwürdigen Ver-rückung der Werte, so dass sie fast ver-rückt wird. Von unserem Halt und Standpunkt in unserer Gottesbeziehung und unserer Gemeinschaft her fassen wir auch Mut, anzutreten gegen ein Wachstum, das sich nur an äußeren Werten wie Geld oder vermeintlichem Fortschritt orientiert, mit einem Wachsen in der Tiefe, in der Reife, im Glauben. Und das ist eben kein Forderungskatalog, sondern ein Entlastungskatalog: Jedes Glied nach dem Maß seiner Kraft, heißt es im Predigttext.

Dass Sie dazu ermutigt werden durch diese beiden Tage in Hannover, auch durch die Gemeinschaft, die wir jetzt im Abendmahl miteinander und mit Christus feiern werden, das hoffe ich sehr. Wenn wir uns gegenseitig stärken in der Liebe, werden wir jeder und jede nach dem Maß der eigenen Kraft von diesem ganz anderen Wachstum Zeugnis abgeben in unserer Landeskirche, in unserem Land und weltweit. Das wünsche ich mir für unsere Kirche: dass wir wachsen im Glauben auf Christus hin. Den Rest können wir bei all unserem Engagement getrost in Gottes Hand legen. Amen.

Documenta
St. Martin Kassel, 28.07.2002

Dies ist eine der wenigen Einladungen, die ich seit dem Amtsantritt als Landesbischöfin außerhalb der Landeskirche angenommen habe. Da ich selbst aus der kurhessischen Kirche stamme, war es eine schöne Gelegenheit, alten Gefilden neu zu begegnen. Der Documentabesuch war zudem beeindruckend. Die Martinskirche bietet eine Mischung aus Citykirchen- und Gemeindearbeit. Mit der Predigtreihe „Kein Aug' hat je gespürt ... Vom Sehen Gottes und der Menschen" sollten Predigerinnen und Prediger aus unterschiedlichsten Bereichen die Documenta zur Frage nach dem anderen Blick in der Predigt begleiten. Ein spannendes Projekt inmitten einer Kirche, die selbst durch drei Künstler umgestaltet war. Der Gottesdienst war prall gefüllt mit Kunstinteressierten, Bildungsbürgertum, Menschen aus unterschiedlichsten kirchlichen Bereichen. Da der Ortspastor großen Wert darauf legt, dass die Martinskirche prinzipiell auch Gemeindekirche sein will, fand zu Beginn eine Taufe statt. Das ließ eine gewisse Spannung entstehen zwischen den sehr verschiedenen Anwesenden mit ihren sehr unterschiedlichen Erwartungen.

Liebe Gemeinde,
warum 1. Korinther 13, das Hohe Lied der Liebe zur Documenta, habe ich mich gefragt – Glaube, Liebe Hoffnung als Thema der Kunst? Es soll bei der Predigtreihe doch, wie jemand – offensichtlich anspruchsvoll – zur Gottesdienstreihe in einem Flyer formuliert hat, „um das kreative Sehen" gehen, „um den schöpferischen Blick Gottes und um das spürende Sehen von Menschen". „Du liebe Güte!", habe ich gedacht und das nun zu 1. Korinther 13? „Was sollen wir nun hierzu sagen", würde Paulus sicher formulieren. Aber tatsächlich, da geht es im sogenannten Hohen Lied nicht nur um die Liebe, die angeblich alles erträgt, sondern eben auch um das Sehen. Da heißt es:

> 1Kor 13,12
> *Wir sehen jetzt durch einen Spiegel ein dunkles Bild; dann aber von Angesicht zu Angesicht. Jetzt erkenne ich stückweise; dann aber werde ich erkennen, wie ich erkannt bin.*

Rätselhaft, oder? Bei der Predigtvorbereitung habe ich mich dem Text mit Blick auf uns selbst, auf die Welt und auf die Gottesbeziehung angenähert. Beginnen wir bei uns selbst, denn das gehört offensichtlich zum Menschsein: Wir sehen zuallererst uns selbst. Wie es mir geht, wie ich mich fühle, was in meinem Leben gelingt oder scheitert, das gehört in den Mittelpunkt. Die anderen, die Welt, das folgt offensichtlich immer erst an zweiter Stelle. Der Mensch ist selbstbezogen,

so sehr wir auch an das soziale Gewissen, an Verantwortung oder Nächstenliebe beispielsweise als Kirche immer wieder appellieren.
Aber können wir uns selbst wirklich ansehen? Wollen wir das tun, ganz offen und schonungslos? Oder sehen wir nicht eher, was wir sehen und ertragen wollen? Ja, das ist das Problem mit dem Spiegel – er zeigt uns meistens nicht das Bild, das wir gern von uns hätten.
Kennen Sie die Du-Darfst-Reklame? Eine junge Frau steht vor dem Spiegel. Sie sagt: „Paul findet meinen Bauch zu dick. Und meinen Po zu dünn. Aber ich, ich finde mich extrem gut." Sie geht zu Ihrer Freundin, die auf dem Sofa sitzt und herzhaft in ein Brot beisst (natürlich mit Du-Darfst-Produkten!). Die Freundin sagt: „Paul, wer ist eigentlich Paul?" Und beide lachen ...
Ja, das wäre gut, wenn wir in den Spiegel schauten und sagen könnten: Ich finde mich extrem gut. Wer kann das? Da sind all die Fehler in unserem Leben. Zuallererst die äußeren: Wir sind nicht so schön wie die Models auf dem Laufsteg oder ein braungebrannter Erfolgskerl. Und dann die beruflichen, die familiären Fragen: Ich hab's nicht gepackt, bin beruflich nicht so weit gekommen im Leben, wie ich mal gehofft habe. Unsere Ehe befindet sich in einer Krise. Mit den Kindern gibt's dauernd Zoff. Und dann mögen wir nicht mehr in den Spiegel sehen, blicken weg und rackern dauernd weiter, Alltagsroutine, die mir zeitweilig hilft, mich aber auch abhält vom genauen Hinsehen. Das würde vielleicht bedeuten, dass ich mein Scheitern zumindest mir selbst eingestehen muss oder gar mein Leben völlig zu ändern hätte. Und wer hat dazu den Mut?
(Zum Trost: Wer ständig erklärt, er oder sie sei extrem gut, geht uns ja übrigens auch auf den Wecker.)
Mir ist wichtig, dass Gottes Zuwendung eine von außen, „extra nos", ist. Wir sind ja längst erkannt, nur erkennen wir noch so wenig. Gott hat uns längst erkannt, weiß um uns, sieht auch die Seiten, die wir oft anderen und manchmal uns selbst gegenüber so geschickt kaschieren. Und Gott sagt: Du bist gewollt. Bei dir habe ich mir etwas gedacht. Dein Leben macht Sinn. Und deshalb kannst du auch dein Scheitern ansehen und vielleicht sogar dein Leben ändern. Ich habe dir das Leben geschenkt, sagt Gott, und nun lebe es in Verantwortung und flüchte dich nicht aus dem Leben vor den Fernseher in ein virtuelles Leben. Sieh hin, weil ich sehe es doch längst ...
Die Bibel ist voll von Geschichten über Menschen, die plötzlich wahrnehmen, dass sie von Gott erkannt und gehalten sind, und so die Kraft zu diesem Leben neu finden. Auch Jesus war von diesem Vertrauen in Gott gehalten.
Ja, das Leben ist mehr als das, was wir sehen.
Im Text heißt es ja: Durch einen Spiegel sehen wir ein dunkles Bild. O ja, das Bild ist dunkel! Wer es wagt, wirklich zu sehen, sieht eine dunkle Welt. Mir imponiert es, dass Okwui Enwezor bei dieser Documenta Gewissensfragen, Sinnfragen aufgreifen lässt, dass andere Kulturen und Nationen einen Ort des Ausdrucks finden, dass etwa der Völkermord in Ruanda oder die Situation an der Grenze zwischen Indien und Pakistan zum Thema wird. Wahrscheinlich war es

notwendig, einem Nigerianer die künstlerische Leitung zu übertragen, um das möglich zu machen!
Die Kunst hat doch eine grandiose Möglichkeit, unseren Blick zu lenken auf die Not unserer Zeit, von der wir uns meistens lieber abwenden. Die Konzentration auf uns selbst ist für viele ja wohl fast eine Art Überlebensstrategie des Wegsehens. Wie sollen wir denn sonst die Nachricht von hungernden Kindern im südlichen Afrika, dahinvegetierenden Behinderten in Rumänien, Prostitutionselend in Thailand verkraften?
Es wäre ein echter Ruck, wenn aus einer Gesellschaft von Fernsehern eine Gesellschaft von Hinsehern würde. Ein „Hingucker" ist ja heute umgangssprachlich eine Art Event, da kann niemand dran vorbei. Da müssten wir erst einmal nahsehen: Wie geht es den Menschen in unserer Umgebung? Den Aussiedlern, den Arbeitslosen, den Asylbewerbern? Und wir ständen vor der Frage: Können wir handeln? Sind wir bereit; Zeit und Bequemlichkeit zu opfern, um uns zu engagieren?
Außer Nahsehen wäre dann aber in der Tat Fernsehen dran. Die Situation der Welt aufnehmen und fragen: Wie wollen wir Gegenwart und Zukunft so gestalten, dass alle auf diesem Planeten leben können? Lässt sich die Frage des Lebensstils einfach abhaken? O nein, es könnte sich manches ändern, wenn wir wagen würden, hinzusehen.
Das Thema Zeit spielt auf der Documenta eine große Rolle. Schon im Zentrum des Fredericianums sind wir mit 4000 Bilderrahmen voller Zahlen konfrontiert. Und der aus Japan stammende Künstler On Kawara lässt auf der Documenta von leibhaftigen Menschen trockene Jahreszahlen lesen. Wer sich dem aussetzt, dem relativiert sich die Zeit. Dann muss ich doch fragen: Wie nutze ich die in der Relation zur Zeit insgesamt für mich bemessene Lebenszeit sinnvoll? Wo hinterlasse ich eine Spur für eine menschen- und gotteswürdige Zukunft? Ich wünschte mir, wir hätten mehr Mut, das zu thematisieren, auch in der Politik. Die Frage ist doch nicht einfach: Wer gewinnt die Wahl, sondern: Wie soll Weltgestaltung aussehen? Kann das dunkle Bild nicht heller werden, auch durch uns?
Kommen wir damit zum dritten und letzten Punkt: Im dunklen Bild geht es ja auch um die Gottesfrage. In meiner Studienzeit hing an meiner Zimmertür ein Poster des Karikaturisten Tiki Küstenmacher zu 1Kor 13. Da ist das kleine Küstenmachergeschöpf und schaut zum Predigttext selbstversunken in den Spiegel, Licht nach vorn wie bei einem Scheinwerfer – zwar ein helles Bild, aber ein leeres. Zum zweiten Teil von Vers 12 wurde deutlich: Er steht im Licht, das von viel weiter hinten gestrahlt wird, ist erkannt, ist mit dem, was er sieht, nur ein kleiner Teil, ein Ausschnitt dessen, das erhellt ist …
Ich bin erkannt. Und ich selbst erkenne nur Stückwerk. Nur Teile werden mir klar. Warum ist die Welt so? Warum gibt es das Leiden, den ganzen Kummer, so viel Verzweiflung? Warum so viel Dunkelheit – das bleibt für uns oft verborgen, Gott bleibt verborgen, in Dunkelheit.
Aber, sagt die Bibel, eines Tages werden wir Gott gegenüberstehen von Angesicht zu Angesicht. Das ist die große Zukunftshoffnung der Bibel. Vieles verste-

hen wir nicht, vieles ist widersprüchlich. Gott, wo bist du? fragen wir. Und in der Bibel ist die Hoffnung: Eines Tages, in Gottes Zukunft, da wird Gott mitten unter uns sein. Gott wird unter uns wohnen, wir werden ein Volk sein, all die Kriege und Auseinandersetzungen, die Tränen, ja der Tod werden nicht mehr sein. Von dieser Hoffnung her haben wir den Mut, der Dunkelheit gegenüberzutreten, Spuren des Lichtes Gottes in der Finsternis zu legen.

Jostein Gaarder, der bekannte Autor von „Sofies Welt", bezieht sich in seinem Buch „Durch einen Spiegel, in einem dunklen Wort" exakt auf unsere Bibelstelle. Es handelt von Cecilie, einem Mädchen, das sterbenskrank ist und sein letztes Weihnachtsfest erlebt. In ihrem kleinen Notizbuch notiert sie ihre Gedanken. Sie liegt in ihrem Zimmer, Weihnachtsgeräusche dringen zu ihr nach oben, ihr kleiner Bruder Lasse erzählt vieles. Auf ihrer Reise auf den Tod hin lernt sie den Engel Ariel kennen. Sie spürt das Sterben nicht, die Leserin ahnt es. Sie fliegt erstmals mit Ariel mit. Gaarders Buch endet wie folgt:

> „Etwas später flogen sie zum offenen Fenster zurück und setzten sich auf die Fensterbank, wo Ariel bei seinem ersten Besuch gesessen hatte. Beide blickten auf Cecilies Bett. Sie fand es seltsam, dass sie sich selbst dort liegen sehen konnte. Ihre blonden Haare waren über das Kissen gebreitet, und auf die Bettdecke hatten sie den alten Weihnachtsstern gelegt.
>
> ‚Ich finde mich auch schön, wenn ich schlafe', sagte sie. Ariel hielt ihre eine Hand. Er blickte zu ihr hoch und sagte: ‚So, wie du hier sitzt, bist du noch schöner.' ‚Aber das kann ich nicht sehen, jetzt bin ich doch auf der anderen Seite des Spiegels.' Erst, als sie das gesagt hatte, ließ Ariel ihre Hand los.
>
> ‚Du siehst aus wie ein prächtig gekleideter Schmetterling, der von Gottes Hand losgeflogen ist', sagte er.
>
> Sie sah sich im Zimmer um. Ein dünner Streifen Morgensonne zog sich über Schreibtisch und Boden. Unter Cecilies Bett hatten einige Strahlen den Weg zu dem chinesischen Notizbuch gefunden. Sie sah, wie die vielen Seidenfäden glitzerten und funkelten."[19]

So endet das Buch Ich finde, das ist eine wunderbare Übersetzung der Frage nach Gott und dem Sinn und dem Tod. Cecilie ist auf der anderen Seite des Spiegels. Auf unserer Seite des Spiegels können wir uns die Trauer der Eltern, die Tränen der Großeltern, den Kummer des Bruders vorstellen. Mit dem Tod hat sich für das Mädchen die Perspektive verändert. Das Stückwerk nimmt ein Ende, sie erkennt, wie sie schon immer erkannt war ...

Liebe Gemeinde, der Text ermutigt uns zum Sehen, zum Hinsehen. Schauen wir uns selbst mutig und schonungslos an! Es hilft nichts, unser Bild zu retouchieren und zu beschönigen. Vertrauen wir uns dabei Gott an, denn Gott hat uns ja längst

---

19 J. Gaarder, Durch einen Spiegel, in einem dunklen Wort, München / Wien 1996, 152.

erkannt. Und Gott will doch, dass unser Leben Sinn macht. Da kann es dann auch ein Lächeln geben über die Schwächen und den Mut zur Veränderung.
Sehen wir unsere dunkle Welt schonungslos an und fragen wir, was wir tun können, wie sich unser Lebensstil ändern muss, damit Menschen leben können in aller Welt. Mischen wir uns ein in Gottes Welt.
Und wagen wir es, die Grenze unseres sichtbaren Lebens zu thematisieren. Nein, wir sehen nicht alles, vieles ist verborgen. Aber wir dürfen uns Gott im Glauben anvertrauen. Das ist wahrhaftig ein Geschenk. Getröstet in die Dunkelheit blicken, weil ich darauf vertrauen darf, dass ich erkannt bin. Jesus wusste sich erkannt und hat die Grenze zwischen Leben und Tod ins Leben überschritten. Deshalb ist er das Licht der Welt. Deshalb bleiben in all dem Welttheater Glaube, Liebe, Hoffnung. Aber die Liebe ist die größte unter ihnen …
Dazu gebe Gott reichen Segen. Amen

50 Jahre Evangelische Akademie Loccum 08.09.2002

Die Evangelische Akademie Loccum spielt in unserer Kirche eine herausragende Rolle. Mit einer Belegung über 86% zeigt sie, dass der Dialog über gesellschaftliche Fragen weiterhin erwünscht ist. Viele Konflikte wurden hier ausgetragen, viele öffentliche Personen aus Politik, Wirtschaft und Wissenschaft gehen hier ein und aus. Das Jubiläum war ein doppeltes Fest, weil eine bauliche Erweiterung abgeschlossen werden konnte. Viele Menschen, die der Akademie verbunden sind aus Kirche und Gesellschaft, füllten die Kirche. Der Gottesdienst war eingebettet in Fest und Tagungsgeschehen zugleich. Erfreulicherweise kamen auch viele aus dem Dorf Loccum. Hier gibt es manchmal eher zwei Welten, die nebeneinander existieren. Ein großes Thema jener Tage war die Bundestagswahl, die in 14 Tagen bevorstand. Unterschiedlichste Prognosen ließen die Spannung steigen. Unmittelbar vor der Predigt wurde der Text gelesen. Ein Clown in Straßenarbeiteruniform, der schon eingangs mit seinen Reinigungsversuchen für Heiterkeit gesorgt hatte, kam, um sich bei mir seine Lohntüte – einen braunen Umschlag mit 10 Euro – abzuholen. Während ich zur Kanzel ging, ließ er Schimpftiraden ab über die Ungerechtigkeit der Bezahlung und ging lautstark Richtung Ausgang.

Mt 20,1–16

1 Denn das Himmelreich gleicht einem Hausherrn, der früh am Morgen ausging, um Arbeiter für seinen Weinberg einzustellen. 2 Und als er mit den Arbeitern einig wurde über einen Silbergroschen als Tagelohn, sandte er sie in seinen Weinberg. 3 Und er ging aus um die dritte Stunde und sah andere müßig auf dem Markt stehen 4 und sprach zu ihnen: Geht ihr auch hin in den Weinberg; ich will euch geben, was recht ist. 5 Und sie gingen hin. Abermals ging er aus um die sechste und um die neunte Stunde und tat dasselbe. 6 Um die elfte Stunde aber ging er aus und fand andere und sprach zu ihnen: Was steht ihr den ganzen Tag müßig da? 7 Sie sprachen zu ihm: Es hat uns niemand eingestellt. Er sprach zu ihnen: Geht ihr auch hin in den Weinberg. 8 Als es nun Abend wurde, sprach der Herr des Weinbergs zu seinem Verwalter: Ruf die Arbeiter und gib ihnen den Lohn und fang an bei den letzten bis zu den ersten. 9 Da kamen, die um die elfte Stunde eingestellt waren, und jeder empfing seinen Silbergroschen. 10 Als aber die ersten kamen, meinten sie, sie würden mehr empfangen; und auch sie empfingen ein jeder seinen Silbergroschen. 11 Und als sie den empfingen, murrten sie gegen den Hausherrn 12 und sprachen: Diese letzten haben nur eine Stunde gearbeitet, doch du hast sie uns gleichgestellt, die wir des Tages Last und Hitze getragen haben. 13 Er antwortete aber und sagte zu einem von ihnen: Mein Freund, ich tu dir nicht Unrecht. Bist du nicht mit mir einig geworden über einen Silbergroschen? 14 Nimm, was dein ist, und geh! Ich will aber diesem letzten dasselbe geben wie dir. 15 Oder habe ich nicht Macht zu tun, was ich will, mit dem, was mein ist? Siehst du scheel drein, weil ich so gütig bin? 16 So werden die Letzten die Ersten und die Ersten die Letzten sein.

Liebe Gemeinde,
da geht er hin, und er ist zornig. Er hat gearbeitet und Lohn erhalten, wie verabredet – das ist aber doch gerecht. Oder? Oder ist es ungerecht, dass irgendwelche Schmarotzer, die im letzten Moment, ja die letzte Stunde erst gekommen sind, dasselbe erhalten wie die, die seit sechs Uhr früh da sind? Oder ist es gerecht, weil die Armen es besonders brauchen? Oder ist es einfach die spontane Geberlaune eines merkwürdigen Weingutbesitzers?
Was macht der Mensch mit solchen Fragen? Zumal, wenn sie schon fast 2000 Jahre alt sind und uns das Gleichnis geradezu zu den Ohren herauskommt, weil wir meinen, es in- und auswendig zu kennen? Doch, liebe Gemeinde, Sie wissen, wie heute Orientierung zu finden ist – wir fragen nach der Analyse der Parteien. Anders geht das doch gar nicht, wie sollten wir uns eine Meinung bilden?
Also, folgende Einschätzung zum Gleichnis (zur Vorsicht: die Reihenfolge der Parteien impliziert keine Wertung, dies ist kein Wahlwerbespot):

SPD: Wir sollten mit den Gewerkschaften beraten, wie dieses neue Lohnmodell so abgesichert werden kann, dass Gerechtigkeit empfunden und realisiert wird.

CDU: Es hätte größerer Leistungsanreize bedurft, um ein Leistungsgefälle zu erzeugen. Aber: Es wurden Arbeitsplätze geschaffen, und das ist entscheidend.

FDP: Wir solidarisieren uns mit den Leistungsbewussten, eine Klage vor dem Verfassungsgericht für einen gerechten Lohn für die Erstarbeiter ist erstrebenswert. Besserverdiener brauchen wir.

Grüne: Das alles ist wieder total anthropozentrisch – vielmehr sollte gefragt werden, ob es auf dem Weinberg ökologischen Anbau gibt, das ist das Kriterium zur Beurteilung, das zählt.

PDS: Der Weingutbesitzer zeigt typisch kapitalistische und paternalistische Strukturen. Die Arbeiter sollten sich zusammentun, dann kann manche Weinlese stillstehen.

Und nun? Lieber Akademiedirektor Fritz Erich Anhelm, Sie werden mit mir übereinstimmen: Die einzige Möglichkeit, in der Analyse und ihren Folgerungen voranzukommen, ist, dass die Menschen in die Akademie kommen! Dazu würden Sie die Parteien einladen, natürlich den Gutsbesitzer, einige betroffene Arbeiter der verschiedenen Schichten und vor allem Experten! Und selbstverständlich Expertinnen!! Damit das ganze nicht den Vorwurf des Elitären erhält, wäre es

gewiss eine offene Tagung, Menschen aus Loccum und Hannover und Lüchow und gar aus dem Westfälischen dürften teilnehmen und staunend hören, was da zu hören ist, im Kirchenbereich sogar mitreden. Oder ist das nicht typisch evangelisches Chaos? Wäre es besser, eine einzige Exegese zur gültigen zu erklären und fertig?
Typisch evangelisch ist zuallererst, das Evangelium in die Mitte zu stellen: sola scriptura, die Schrift allein. Alle Traditionen der Auslegung können wir beiseite legen und dieses Vermächtnis Jesu genauer anschauen. Und typisch evangelisch ist auch, die verschiedenen Stimmen und Aspekte zu hören, Streitkultur zu praktizieren. Schauen wir also genauer auf den Text.
Er war unter anderem Bibelarbeitsgrundlage beim Leipziger Kirchentag 1997. Damals war ich im Kollegium für die Übersetzungsgruppe zuständig, die für jeden Kirchentag die jeweiligen Texte neu übersetzt mit Blick auf den Kontext, den jüdisch-christlichen Dialog, die Erkenntnis der sozialgeschichtlichen Bibelauslegung und die feministische Theologie. Das ist ein außerordentlich spannendes Unterfangen. Keine Angst: Im Programmheft folgt die neue Übersetzung immer der Lutherbibel 1984. Als wir den Matthäustext übersetzten, hat mich am meisten beeindruckt die Frage nach der Übersetzung von *argous*. Luther übersetzt mit *müßig*, sie stehen müßig auf dem Markt, und die Assoziation ist ein bisschen: So ist's halt im Orient, die stehen rum, trinken einen Kaffee, mit der Arbeit haben sie es nicht so. In der Übersetzungsgruppe haben wir lange diskutiert, bis klar wurde: *argous* könnte auch mit *arbeitslos* übersetzt werden. Es waren wahrscheinlich ziemlich verzweifelte Menschen, die auf Arbeit hofften. Und da sind wir gar nicht so weit weg von unserem Kontext. Denn auch damals in Palästina war es kostspieliger, Diener oder Knechte auf Dauer anzustellen, im Angestelltenverhältnis sozusagen, als – wie heute – billige Zeitarbeitskräfte zu holen aus Polen zum Spargelstechen, Erdbeeren Pflücken und zur Weinlese.
Über den Besitzer können wir uns nicht beklagen. Er ist reich aber fair: Ein Denar oder Silbergroschen galt als angemessene Bezahlung, die einer Familie für einen Tag den Lebensunterhalt gewährt, und zudem zahlt er am Abend gleich aus – über mangelnden Zahlungswillen der Arbeitgeber gibt es manche Klage im hebräischen Teil der Bibel zu finden – da gibt es nun übrigens wirklich keine Parallelen zu heute, oder?
Bis dahin ist also alles in Ordnung, auch wenn es komisch erscheint, dass einer, der noch dazu einen Verwalter hat, den Arbeitsanfall so wenig einzuschätzen mag, dass er alle drei Stunden und gar eine Stunde vor Arbeitsschluss neue Kräfte anheuern muss. Den Geschäftsführer müsste er wahrscheinlich feuern.
Dann aber knallt es: Zuerst werden die einstündigen Arbeiter bezahlt: ein Denar. Eine kleine Sensation, denn für eine Stunde einen Tageslohn, das ist ungeheuer viel. Es kommt die Erwartung auf, dass nun alle entsprechend einen so unerwartet hohen Lohn erhalten. Und durch diese neu entstandene Erwartung entsteht der Ärger: alle einen Denar, unabhängig von der Leistung. Es war abgemacht, ja. Aber ist es gerecht? Die, die den ganzen Tag geschuftet haben, sie sind wütend.

Jürgen Ebach hat bei seiner Bibelarbeit in Leipzig eine offene Revolte gegen den Gutsbesitzer gefolgert, die scheitert. Das ist gut vorstellbar. Aber der Weinbergbesitzer wirbt ja um sie: Seid nicht böse, nur weil ich gütig bin.
Das ist schon eine provozierende, ja merkwürdige Konstellation! Eberhard Jüngel sagte 1997 in seiner Bibelarbeit: „Gleichmacherei als Vorwurf an die Adresse der Arbeitgeber – das bringt jeden Gewerkschaftsboss zum Staunen." Aber es ist wahrscheinlich gerade diese Umkehrung der Verhältnisse, symbolisch gesehen der auf dem Kopf stehende Baselitz-Christus, der hier so provoziert. Das Gleichnis stellt unsere Kategorien auf den Kopf. Es zeichnet eine Kontrastgesellschaft, in der jeder den Denar erhält, den er zum Leben braucht. Reich Gottes?
„Liebe Bischöfin, ist das nicht kommunitäre Spinnerei, ja nicht geradezu sozialistische Utopie, die sich doch spätestens 1989 als gescheitert erwiesen hat?", werden sicher mancher und manche von Ihnen fragen. Lassen Sie uns darüber reden in einer Akademie, die Streitkultur kennt, und zwar nicht erst seit den Zeiten Rudi Dutschkes. Ich habe letzte Woche mein Mandat im Ökumenischen Rat der Kirchen niedergelegt, unter anderem, weil jegliche Streitkultur unterbunden wurde um eines vermeintlichen Konsenses willen. Das aber gehört für mich zum Christsein: Ringen um den rechten Weg. Fragen stellen, Zweifel anmelden, Minderheitenvoten ernst nehmen. Das macht die Evangelischen oft nicht so medienwirksam wie den römischen Katholizismus, der sich weltweit einheitlich darstellen kann. Aber es gehört zu unserer Identität.
Und die Akademie ist genau der Ort, wo solcher Streit um die Wahrheit stattfinden kann. Die evangelische Akademie ist ein lebendiges Zeugnis für das Interesse der evangelischen Kirche an der Welt – Kritik und Gestaltung mit Blick auf die Gesellschaft sind ihre Grundanliegen. Sie war und ist oft „dritter Ort", abseits vom Tagesgeschäft, an dem Menschen aus ihren ganz verschiedenen Diskussionszusammenhängen in Parteien, Wirtschaft, Wissenschaft etc. unter einem besonderen Dach zusammenkommen und manches neu gemeinsam erarbeiten. Stets war sie auch ein Ort, an dem die Themen Afrikas, Asiens und Lateinamerikas nicht überflüssig sind, sondern von lebendigem Interesse im Horizont weltweiter Gemeinschaft.
Was ist gerecht? Das bleibt *das* Thema der evangelischen Akademie. Beispielsweise: Ist es gerecht, dass ich im Nachkriegsdeutschland geboren bin mit so vielen Chancen und Möglichkeiten, während eine Frau im Afghanistan in meinem Alter uralt erscheint, nach vielen Kindern, die sie gebären musste, vielen, die sie hat sterben sehen, ständig gedemütigt unter ihrem Schleier? Ist es gerecht, dass die USA das Kyoto-Protokoll nicht unterschreiben und weiter der Energieverschwender number one der Welt sind? Ist es gerecht, einen Krieg gegen den Irak zu führen?
Dürfen solche Fragen überhaupt gestellt werden? Macht es Sinn, sie zu stellen? Wie, wenn die Akademie der Ort wäre, die Fragen ganz neu und unbefangen zu stellen? Stellen wir uns vor, in diesem Wahlkampf würden alle Politikerinnen und Politiker sich frei fühlen vom Medienzirkus und von Quoten, würden offen

und ehrlich hier in der Akademie ihre Fehler eingestehen, erklären, was sie falsch gemacht haben und vor allen Dingen in welchen Bereichen sie keinen blassen Schimmer haben, wie es weitergehen soll. Würden offen mit uns diskutieren, wo die Probleme liegen, welche Entscheidungsmöglichkeiten es gibt. Das wäre ein völlig anderer Wahlkampf. Wir würden uns nicht über Versprecher, Frisuren, Herrenausstatter, Haartönungen und Bonusmeilen unterhalten, sondern um Lösungen für die Zukunftsthemen ringen. Das sogenannten TV-Duell zwischen Schröder und Stoiber heute Abend würde nicht danach bewertet, wer energischer auftritt, sondern mit Blick auf inhaltliche Entscheidungen. Zum Beispiel würden wir uns damit auseinandersetzen, wie denn die Situation in der Pflege menschlicher gestaltet und finanziert werden kann. Oder mit der Frage, wie Umwelt generationengerecht gestaltet werden kann. Was nachhaltige Entwicklung von uns verlangt. Und vielleicht würden Bürgerinnen und Bürger sich dann auch wieder mehr engagieren, Vertrauen fassen, wählen gehen. Der ehemalige amerikanische Botschafter in Moskau, George Kennan, hat einmal formuliert: „Zuerst musst du den Menschen ihre Situation klar machen. Und dann musst du ihnen über den Schock hinweghelfen."

Das wäre eine neue Politik in Deutschland, die davon ausgeht, dass ehrlich gesagt werden kann, wie die Lage wirklich ist. Aber: Politikerschelte allein tut es auch nicht. Wir sind die Leserinnen und Leser, die Fernsehenden, die kaufen und einschalten, wenn es angeblich sensationelle Enthüllungen gibt. Die sich wünschen, dass es heute Abend so richtig kracht, egal wozu. Die sich gern empören, dass sogenannte Staatsdiener sich bereichern. Dabei vergisst so mancher, dass er bei der Steuererklärung geschummelt oder sie es mit der Haftpflichtversicherung nicht so genau genommen hat. Wenn Ehrlichkeit, dann für alle. Und dann muss sie honoriert werden, nicht mit Häme, sondern mit der Übernahme der Konsequenzen und Anerkennung zugleich.

Die Akademie kann der Ort sein für so einen ehrlichen Dialog. Und, was an ihr ist evangelisch? fragen manche. Das Evangelische ist zu spüren in der Offenheit, in der Klammer vor der Veranstaltung, im Geist des Hauses. Niemand wird hier zwangsweise in die Kapelle gezerrt, oh nein. Aber dieser Ort Loccum selbst atmet die Spiritualität von Jahrhunderten. Aus meiner eigenen Zeit als Studienleiterin in Hofgeismar weiß ich, dass manches nachdenkliche Nikodemus-Nachtgespräch spätabends beim Wein entsteht, nachdem alle intellektuellen Eitelkeiten an der Garderobe abgegeben sind. Und dass manches Vertrauen und manches nachdenkliche Zuhören entsteht zwischen Menschen, die sich in ihren Diskussionsghettos stets abgrenzen müssen.

Das Weinberggleichnis, es bleibt eine Provokation. Und das fasziniert mich ganz besonders: eine Provokation – auch für die Kirche übrigens –seit 2000 Jahren. Es thematisiert die Leistungsfrage in der Leistungsgesellschaft, es ist eine große Mahnung mit Blick auf unser Leben. Ich denke oft, dass der Rechtfertigungsansatz der Reformation die größte Provokation für eine Gesellschaft darstellt, die sagt: die Leistungsträger vor! Leistung muss sich wieder lohnen. Wer wirklich was leisten will, findet auch Arbeit! Das ist das Ethos unserer Gesellschaft. Und manches Mal muss sich unsere Kirche anhören, sie kümmere sich ausschließlich um die Menschen am Rande, nicht um die Leistungsträger, die den Sozialstaat erwirtschaften. Oh ja, da könnte ein Problem liegen. Zu denen an den Hecken und Zäunen, den Tagelöhnern, sind wir gesandt als Kirche, da ist das Zeugnis Jesu wohl nicht zu verbiegen. Aber: Die Reichen und Leistungsfähigen sind eben nicht einst die Letzten! Die Frage ist, wie sie mit den Gaben, die ihnen geschenkt sind, umgehen. Sind sie vor Gott verantwortliche Haushalterinnen und Haushalter, oder treten sie auf mit der Arroganz: alles von mir geschaffen? Sind sie der Weinbergbesitzer der Güte, wissen sie sich beschenkt, oder fühlen sie sich als self made men and women? Da liegt der springende Punkt. Wer die eigenen Gaben und Reichtümer als Geschenk Gottes empfängt, wer weiß – in aller Demut –, dass ich nichts davon mir selbst, sondern alles Gott verdanke, steht anders in der Welt. Und kann sich an der oft durchaus unverdienten Güte Gottes gegenüber anderen freuen.

Vorgestern Abend habe ich in Stapel einen Dankgottesdienst gefeiert. Das Amt Neuhaus ist verschont worden von der großen Flut, im Bereich unserer Landeskirche hat es entgegen anderen Befürchtungen nur – wenn auch schlimm genug – Hitzacker schwer getroffen. Dürfen wir danken, wenn andere betroffen sind? Da gab es schon ein paar ungute Gefühle. Aber solange niemand im Amt Neuhaus sagt: Gott hat uns verschont, weil wir so fleißig Sandsäcke gestapelt, weil wir so intensiv gebetet haben, so lange darf gedankt werden. Auch da mag es sein, dass mancher aus Grimma oder Dresden oder Prag böse guckt: Meine Existenz zerstört, deine erhalten, das ist ungerecht. Du kriegst Entschädigung, ich nicht. Aus dieser Situation heraus hat Matthäus an das ursprüngliche Gleichnis etwas angefügt: Die Ersten werden die Letzten sein. Das soll eine Warnung sein an die, die ganz vorn stehen in der Gemeinde, die Matthäus vor Augen hat, ein Trost auch für die, die ganz hinten stehen. Im Gleichnis selbst aber werden die Ersten gar nicht zu Letzten gemacht, sie erhalten ja ihren vollen Lohn. Der Akzent liegt auf der Frage, ob wir die Güte Gottes annehmen wollen oder sie zu reglementieren versuchen. Letzten Endes lädt das Gleichnis ein, sich herzlich mitzufreuen mit denen, denen unverdient geschenkt wird.

Das allerdings ist schon ein schwieriges Unterfangen im Lande des Neids und der Ich-AGs. Die braucht Herr Hartz gar nicht zu erfinden, die gibt's schon längst überall. Ich und noch einmal ich stehen im Zentrum. Das wissen wir auch alle und können sogar darüber lachen. Abendlich vor der Tagesschau taucht zur Zeit Otto Waalkes, ostfriesisches Symbol, in Pastorenmanier auf und sagt mit pastoraler Stimme: „Liebe Lotto-Gemeinde, ein Jackpott allein macht nicht glücklich!" und dann sehen wir denselben Otto in Geldsäcken wühlen, der grinsend ruft: „Wer's glaubt, wird selig!" Was „lernt uns das" – außer, dass für einen Gag wieder einmal hemmungslos unsere Tradition verspöttelt wird? Die Botschaft des Spots heißt: Egoismus ist „in", wie bei so einer kleinen Verschwörung: Wir wissen es doch alle, oder?

Und es stellt sich natürlich die Frage nach der Leistung, und sie ist für mich die zentrale, die wir gerade als Evangelische immer wieder in unsere Gesellschaft hineinsagen. Vom Reich Gottes her gibt es eine Störung des Vorhandenen, der Werte, auf denen unsere Gesellschaft ruht. Schauen wir nicht auch böse oder scheel, wenn ein Fünfzehnjähriger, der offensichtlich jede Relation von gut und böse im Leben verloren hat, zu einer pädagogischen Maßnahme nach Österreich fährt? Ach ja, gütig wären wir alle ganz gern, das hört sich klasse an. Aber wenn andere viel Güte abbekommen, das sehen wir denn doch kritisch. Und ich?
Oh ja, es gibt viel zu tun und zu beraten. Die Perspektive des Reiches Gottes bleibt stets eine Herausforderung des Vorhandenen. Packen wir's an, gerade auch an diesem Ort Loccum. Wir sind heute dankbar für die erfolgreiche Arbeit von 50 Jahren und zuversichtlich, dass diese Akademie auch unter den ganz anderen Bedingungen des 21. Jahrhunderts ihre Wirkungskraft entfalten wird. Dazu gebe Gott reichen Segen. Amen.

Schlussreflexion

Im Bischofsamt ist die Predigt Teil kirchenleitenden Handelns (vgl. Einleitung), sie wird zum Ereignis an je neuem Ort. Sie ist deshalb je neu eine Herausforderung, weil zum einen in der Regel ein außergewöhnlicher Gottesdienst bzw. ein Gottesdienst aus besonderem Anlass stattfindet, zum anderen, weil eine besondere Erwartungshaltung besteht: Die Bischöfin kommt, und es soll etwas nicht Alltägliches sein, das ich als Kirchgängerin und Kirchgänger erlebe, als Gemeinde mitfeiere. So geht es einerseits um intensive Predigtvorbereitung. Zudem bemühe ich mich, über den Pastor oder die Pastorin vor Ort zumindest ein wenig Hintergrundmaterial über die Gemeinde, die ich besuchen werde, zu besorgen. 1399 Kirchengemeinden und 178 Kapellengemeinden sowie 12 Anstaltsgemeinden hat die hannoversche Landeskirche. Das heißt, es ist eine Lebensaufgabe, alle diese Gemeinden zu besuchen. In drei Jahren Dienst als Landesbischöfin habe ich 193 Predigten gehalten. Für das Bischofsamt ist somit Predigen von zentraler Bedeutung. Öffentliche Verkündigung prägt dieses Amt in ganz besonderer Weise.
Jeder Prediger, jede Predigerin wird sich immer wieder fragen müssen, was das Ziel der Predigt ist. Für mich steht im Mittelpunkt die Übersetzung des Textes. Und das gilt im Sinne von *über-setzen*. Vom Kontext des hebräischen bzw. des griechischen Teils der Bibel her möchte ich den Text in die heutige Zeit so sagen, dass er seine Relevanz für Menschen von heute erweist. Das ist ja das Faszinierende am biblischen Text, dass er seit 2000 Jahren – bzw. beim hebräischen Teil der Bibel noch länger – immer wieder und je neu übersetzt wird und erstaunlicherweise in so verschiedenen Zeiten und Kontexten je neu spricht.
Für viele Menschen in Deutschland heute erscheint Glaube irrelevant, bzw. sie können ihren Glauben und ihre Glaubenszweifel, ihre Lebensfragen nicht formulieren. Deshalb liegt mir außerordentlich daran, eine Sprache zu finden, die alltagsbezogen ist und nicht intellektuell abgehoben, im Sinne von *üb-ersetzen* (Jürgen Ebach). Das bedeutet auch „dem Volk aufs Maul schauen". Damit meinte Luther ja nicht, dem Volk nach dem Munde reden, sondern eine Sprache finden, die für das Volk verständlich ist. Das gilt auch mit Blick auf das Kirchenvolk heute. Predigt heute kann nicht belehrend sein, sondern im besten Sinne Lehre, sie geschieht nicht von oben herab, auch wenn die Kanzel für mich der angemessene Ort ist. Immer wieder erlebe ich in Gemeinden, dass mir gesagt wird: „Sie sind die Erste, die seit vielen Jahren die Kanzel benutzt hat." Aber das Sprechen vom Pult ist ja nur eine vermeintliche Nähe. Nicht der oder die Predigende tritt der Gemeinde gegenüber, sondern das Wort Gottes. Und es soll ja auch ein Gegenüber sein, bzw. es ist ein Gegenüber.

Predigt sollte zum Dreiecksgeschehen werden zwischen Bibel, Predigerin und Gemeinde. Dazu erscheint es mir wichtig, dass ich die Gemeinde sehen kann,

ansehe, und sie sich angesehen fühlt. Geglückt ist eine Predigt dann, wenn dieses Dialoggeschehen greift. Wichtig ist mir ein Feed-back, und sei es nur ein kurzes, etwa beim Händeschütteln nach dem Gottesdienst und den kurzen Gesprächen, die dabei entstehen. So gibt es manche Resonanz zur Predigt an der Kirchentür, aber durchaus auch per Brief oder Mail oder Internetforum.
Ist es nun etwas Besonderes, im kirchenleitenden Amt zu predigen? Nein, insofern als jede Predigt an diesem Übersetzungsgeschehen gleichermaßen teil hat. Ja, insofern als das, was gesagt wird, oft als kirchenleitendes Wort verstanden wird, gerade in gesellschaftlichen Konflikten. Und die Predigt reflektiert ja in der Tat nicht nur den Text und den Kontext der Gemeinde, sondern auch den Kontext der Kirche und die Herausforderungen kirchenleitenden Handelns insgesamt.

Enzyklopädisches Stichwort: Kirchenleitung

1 Kirchenleitung als Zusammenspiel

Ist nicht gerade in der evangelischen Kirche mit ihrem Verständnis vom Priestertum aller Getauften Leitung eigentlich unnötig? Allerdings: Schon im Neuen Testament zeigt sich, dass, sobald Gemeinden entstehen, die Frage der Ordnung auftaucht. Wer darf was? Welche Kriterien sind einzuhalten? Was dient der oikodomé, dem Aufbau? Immer wieder erweist sich Paulus in seinen Briefen als kirchenleitende Zentralfigur, die ordnet, mahnt und Anregungen gibt, in Konflikten Stellung bezieht, ja durchaus auch klare Urteile trifft. Alsbald gibt es die ersten Ämter, allen voran die geistlichen, aber auch andere wie etwa die Ältesten.
In lutherischem Verständnis ist Kirchenleitung, anders als im römisch-katholischen, nicht ganz auf das geistliche Amt konzentriert – zumal es keinen Weihestatus des Amtes gibt –, aber auch nicht wie im reformierten Verständnis ganz auf die Synode. Vielmehr ist „eine Balance zwischen Synode, Kirchenleitung und geistlichem Amt kennzeichnend."[20] Seit der Trennung von Staat und Kirche und mit der ersten Verfassung der Evangelisch-Lutherischen Landeskirche Hannovers gibt es fünf kirchenleitende Organe.[21] Zum einen die schon vor 1918 bestehenden: Landessynode und Landeskirchenamt, sowie neu geschaffen: Landessynodalausschuss, Kirchensenat und Bischofsamt. Gemeinsam tragen diese fünf Organe kirchenleitende Verantwortung für die Landeskirche insgesamt. Diese Leitung erfolgt durch Gesetze, Verordnungen, Visitation, Personalentscheidungen u.a.m.
In theologischen Fragen ist es insbesondere der Bischofsrat – die Bischöfin und die acht Landessuperintendentinnen und Landessuperintendenten (andernorts Regionalbischöfe genannt) –, der in Absprache mit der Geistlichen Abteilung des Kollegs des Landeskirchenamtes Anregungen gibt, klar stellt, mahnt, ermutigt. Hierzu gibt es auch Gespräche mit der theologischen Fakultät Göttingen, die bei den Prüfungen zum ersten und zweiten theologischen Examen ebenfalls beteiligt ist. Kirchenleitung ereignet sich aber auch auf regionaler Ebene, im Sprengel und im Kirchenkreis sowie vor Ort im Kirchenvorstand. Ehrenamt und Hauptamt arbeiten auf allen Ebenen in der Kirchenleitung zusammen. Dieses Zusammenwirken ist in der Regel sehr gut eingespielt, aber durchaus nicht immer konfliktfrei, ist doch das Hauptamt beispielsweise meist näher an Informationen, enger eingebunden in interne Auseinandersetzungen. Nehmen wir den Kirchensenat der hannoverschen Landeskirche. Er steht an der Stelle des ehemaligen landesherrlichen Kirchenregiments und hat neben einigen Einzelbefugnissen vor allen Din-

[20] H.C. Knuth, Art. Kirchenleitung, in: RGG Bd. 4, 4 Sp. 1208.
[21] Vgl. B. Guntau, Der Kirchensenat der Evangelisch-Lutherischen Landeskirche Hannovers, in: Zeitschrift für evangelisches Kirchenrecht, Bd. 46 (2001), 385ff.

gen das Vorschlagsrecht für die Bischofswahl und Ernennungsrechte. Deutlich ist, dass diejenigen, die täglich mit Personen und Gesetzen zu tun und viele Vorgänge bereits mehrfach in anderen Gremien beraten haben, durchaus einen Informationsvorsprung besitzen. Das gilt auch für andere Gremien und kann zu Spannungen und Verärgerung auf beiden Seiten führen. Die einen wollen nicht alles en detail nochmals verhandeln, die anderen wollen keine Entscheidung treffen, ohne Detailkenntnisse zu haben. Proklamierte Partizipation muss auch praktiziert werden.

Daher hat es sich unsere Landeskirche zum Ziel gesetzt, das Ehrenamt besonders zu fördern. Im Jahr 2001 wurde zunächst die Verantwortung Ehrenamtlicher für die Leitung unserer Kirche in der Verfassung verankert. Dort heißt es jetzt in den dem Paragraf 1 angefügten Absätzen 3 und 4: „Zur Wahrnehmung dieser (kirchenleitenden, d.Verf.) Verantwortung werden Kirchenglieder ehrenamtlich oder beruflich zum Dienst in der Kirche berufen. Die Landeskirche, ihre Gliederungen und Einrichtungen schützen und fördern sie in ihrer Arbeit. Ehrenamtlicher und beruflicher Dienst sind in einer Dienstgemeinschaft aufeinander bezogen. Beide dienen mit gleichem Rang auf je eigne Weise dem Aufbau der Gemeinde Jesu Christi.“ Zudem wurde 2001 ein großer „Tag des Ehrenamtes“ mit 8000 Ehrenamtlichen in der Preussagarena in Hannover gefeiert (vgl. Predigt S. 40ff). Im Jahr 2002 wurde das Projekt „Stipendium E“ ins Leben gerufen: Die Hanns-Lilje-Stiftung hat mit Unterstützung der Klosterkammer ein Angebot entwickelt, mit dem interessierte Ehrenamtliche nach Rücksprache mit ihrem Gemeinde- oder Kirchenkreisvorstand ein Stipendium zur Fortbildung beantragen können. Bis zu 80% der Ausbildungskosten (maximal 750 Euro) werden übernommen, die restlichen Kosten teilen sich Gemeinden bzw. Kirchenkreise mit den Ehrenamtlichen.

Während es einerseits zwischen den auf landeskirchlicher Ebene kirchenleitenden Organen klare Aufgabenzuschreibungen gibt (z.B. das Landeskirchenamt führt die Dienstaufsicht über die Pastorinnen und Pastoren), ist zwischen ihnen ein komplexes System von Konsultationen installiert. So finden viele Personalentscheidungen im Dialog zwischen Bischofsrat und Landeskirchenamt statt. Die Referentinnen und Referenten des Landeskirchenamtes beraten die Ausschüsse der Synode, der Landessynodalausschuss hat Sitz und Stimme im Senat. Kurzum: Die fünf Organe sind nicht hierarchisch übereinander angeordnet. „Jedes kirchenleitende Organ ist kirchenverfassungsrechtlich gleichrangig und hat auf dem ihm durch die Verfassung zugewiesenen Ausschnitt die Kirchen(teil-)gewalt. Es ist in seinem Bereich ‚oberstes' Organ und vertritt hier allein die Landeskirche. Die Gleichrangigkeit der kirchenleitenden Organe schließt jedoch Mitwirkungsvorbehalte und Eingriffsrechte eines Organs in die Stellung anderer kirchenleitender Organe nicht aus.“[22]

Im Großen und Ganzen hat sich dieses System in den vergangenen 80 Jahren als

---

22 B. Guntau, a.a.O. 391.

sinnvoll erwiesen und führt dazu, dass es zwar auch, aber eher selten Mehrheitsentscheidungen oder Machtentscheidungen gibt, sondern eher eine Konsensbildung durch Beratungsprozesse. Diese Beratungsprozesse sind zum Teil durchaus informeller Natur, etwa in der wöchentlichen sogenannten „Präsidentenrunde" von Bischöfin, Präsident des Landeskirchenamtes sowie seinen beiden Vizepräsidenten, oder auch den monatlichen Treffen des Bischofsrates, i.e. Bischöfin mit den Landessuperintendentinnen und Landessuperintendenten.
Allerdings funktioniert das System in der Regel auch bei unterschiedlicher Meinung bzw. im Konfliktfall. So gab es 2001 eine Auseinandersetzung darum, ob die Superintendenten wie bisher durch das Landeskirchenamt in Konsultation mit dem Bischofsrat ernannt oder zukünftig gewählt werden sollten. Das Landeskirchenamt wollte die bestehende Praxis beibehalten, die Synode hat die Wahl dennoch durchgesetzt, allerdings nach ernsthafter Auseinandersetzung mit den Gegenargumenten. In einem anderen Fall haushaltsrechtlicher Natur konnte die Argumentation des Landeskirchenamtes die Mehrheit der Synode überzeugen, obwohl der Landessynodalausschuss anderer Meinung war. Oder: In einer Personalfrage hat das Landeskirchenamt den Berufungsvorschlag des Bischofsrates nicht bestätigt.
Nach guter Sitte werden die gefassten Beschlüsse auch dann umgesetzt, wenn ein Organ anderer Meinung war, es gibt kein „nachkarten". Somit kann ich Burkhard Guntau nur zustimmen, wenn er schreibt: „Auch die Verfassung der Evangelisch-lutherischen Landeskirche Hannovers hat keine strikte Gewaltenteilung konstituiert, sondern ein Beziehungsgeflecht in organisatorischer oder/und personeller Hinsicht geschaffen, das erst im Zusammenspiel aller in der dynamischen geschichtliche Fortentwicklung eine stabilisierende Wirkung entfaltet."[23] Dieses System setzt die Grundüberzeugung um, dass es nur *ein* Amt der Verkündigung gibt, an dem letzten Endes alle Christinnen und Christen teilhaben. Das allgemeine Priestertum aller Getauften bedeutet ja auch, dass jeder Christ und jede Christin „das Recht und die Verpflichtung (haben), sich selbst ein Urteil über die christliche Verkündigung zu bilden."[24] Ja, letzten Endes haben sie alle an ihr Anteil. Alle anderen kirchenleitenden Ämter sind insofern nachrangig, als sie diesem einen Amt der Verkündigung dienen.[25]
Und das Bischofsamt in diesem Zusammenhang? Es ist Teil des Beziehungsgeflechtes, indem beispielsweise der Landesbischof bzw. die Landesbischöfin den Vorsitz im Kirchensenat wie im Landeskirchenamt und im Bischofsrat führt. Wilfried Härle schreibt: „Das bischöfliche Amt ... ist die *personale* Verkörperung kirchenleitender Aufgaben ... Auch das Charisma der Kirchenleitung kann nur dadurch in einem kirchlichen Amt sichtbare Gestalt annehmen, dass es von der Gemeinde oder ihrer repräsentativen Vertretung als solches *erkannt* und *an-*

---

23 Ebd. 391f.
24 W. Härle, Dogmatik, 584.
25 Vgl. ebd. 588.

erkannt wird."[26] Hier liegt für das bischöfliche Amt im Rahmen der durch Viele praktizierten Kirchenleitung eine besondere Herausforderung im medialen Zeitalter. Dazu noch einmal Guntau: „Traditionsgemäß sind es drei Funktionen, die neben dem öffentlichen Predigtamt und der Aufgabe der Repräsentation dem Bischofsamt innewohnen: das Recht der Ordination, die Pflicht zur Visitation und zur Überprüfung."[27] Diese Rechte werden in Hannover wie in allen großen Landeskirchen meist Mittelinstanzen wie vor allem den Mitgliedern des Bischofsrates übertragen. Die Landesbischöfin selbst ordiniert und visitiert nur in „besonderen Fällen".

2. Geistliches Amt in der Kirche

Das Thema „Geistliches Amt in der Kirche" ist hochaktuell, auch in der hannoverschen Landeskirche. Immer wieder taucht die Frage nach geistlicher und organisatorischer Leitungskompetenz auf, das „Verhältnis von Management und geistlicher Leitung" wird erörtert, und auch „Kirchenleitung nach lutherischem Verständnis" ist ein Diskussionspunkt. Die hannoversche Synode hat die geistliche Leitung intensiv debattiert (Aktenstück Nr. 45 B). Dazu kommt die Diskussion um das Pfarrerbild insgesamt, die in allen Landeskirchen hochbrisant ist. Neue Bücher sind erschienen beispielsweise von Wolfgang Huber[28] und von Matthias Kroeger[29]. Die Frage nach der geistlichen Leitung in der Kirche ist also auf der Tagesordnung.

Leitungserfahrung

Das bischöfliche Amt ist bei allen strukturellen Unterschieden nach evangelischem theologischen Verständnis zunächst ein Pfarramt. Allerdings im Falle der hannoverschen Landeskirche ein ziemlich großes mit mehr als 3,2 Millionen Gemeindegliedern. Gemäß Augsburger Bekenntnis Artikel 5 ist der Zweck des geistlichen Amtes, durch Wort und Sakrament den Rechtfertigungsglauben zu vermitteln. Dadurch existiert die Kirche, die, so Artikel 7, „die Versammlung aller Gläubigen ist, bei denen das Evangelium rein gepredigt und die heiligen Sakramente laut dem Evangelium gereicht werden". Diese Vorgaben gelten also dem Bischofsamt ebenso wie Pastoren und Pastorinnen sowohl im gemeindlichen Dienst als auch im funktionalen Dienst, sie gelten für Superintendenten und Superintendentinnen, für Landessuperintendenten und Landessuperintendentinnen.
Persönlich haben mich auf das Bischofsamt Leitungserfahrungen auf verschiedenen Ebenen vorbereitet. Da waren zunächst die Jahre, die mein Mann und ich in

---

26 Ebd. 589f.

27 A.a.O. 386f.

28 W. Huber, Kirche in der Zeitenwende, Gütersloh 1998.

29 M. Kroeger, Die Notwendigkeit der unakzeptablen Kirche, München 1997.

einer Kirchengemeinde in Hessen verbracht haben. Sechs Dörfer, drei Predigtstellen, zwei Kirchenvorstände, ein Kindergarten, eine Diakoniestation. Die geistliche Leitungsaufgabe habe ich hier ganz besonders als seelsorgerliche Aufgabe wahrgenommen. Was sagt Gott mit Blick auf persönliche Schicksalsschläge wie auf die Katastrophen unserer Zeit? Wie können wir vom christlichen Glauben reden, wenn innerhalb von wenigen Wochen drei Männer im besten Lebensalter Selbstmord begehen? Wie kann ich vermitteln bei dem das ganze Dorf beschäftigenden Familienkonflikt um die Pflege der alten Großmutter? Was ist zu sagen am Grab eines fünfjährigen Kindes? Die Menschen haben am Pastor und der Pastorin Halt gesucht. Trost war wichtig, Vertraulichkeit, eine Möglichkeit zu beichten. Bei den Festen der Gemeinde waren natürlich der Pastor und die Pastorin gefragt. Aber wirklich geistlich-leitend gebraucht wurden wir in den Krisenzeiten.
Im Zentral- und Exekutivausschuss des Ökumenischen Rates der Kirchen habe ich knapp 20 Jahre Leitungsfunktion übernommen. In diesen Gremien habe ich vor allem ein gerüttelt Maß an Geduld lernen müssen. Nicht gleich die eigene Überzeugung unabänderlich voranstellen, sondern hören, lernen, wahrnehmen und annehmen, dass andere aus ihren kulturell so vollkommen verschiedenen Erfahrungen unterschiedliche Ansätze haben. Die Erfahrung hier hat mir gezeigt, dass geistliche Leitung und vorschnelles Urteil nicht zusammen passen. Zur Leitung gehört auch Hörkompetenz. Als Beispiel will ich den Versuch nennen, die afrikanische Ahnentheologie nicht gleich mit europäischen theologischen Maßstäben zu beurteilen oder die angemessene Zeit, damit jemand sich in einer fremden Sprache ausdrücken kann, oder auch die Notwendigkeit, das völlig andere Kirchenbild der Orthodoxie zu begreifen. In solchen Zusammenhängen war es eine Herausforderung – besonders in den sieben Jahren als Vorsitzende des Arbeitsbereiches „Gerechtigkeit, Frieden und Bewahrung der Schöpfung" –, einerseits die Regularien eines ursprünglich britischen Leitungssystems zu beachten, andererseits in einer Fremdsprache zu leiten, Sitzungen und Entwicklungen im Rahmen einer großen Vielfalt von kulturellen und theologischen Hintergründen zu moderieren und zu Ergebnissen zu führen. An einem Punkt, der Auseinandersetzung um den ökumenischen Gottesdienst, habe ich meine Leitungsaufgabe im Rücktritt aus dem Leitungsgremium gesehen.
Schließlich habe ich Leitungsfunktion gehabt beim Deutschen Evangelischen Kirchentag. Als Generalsekretärin musste vor allem Leitungskompetenz bewiesen werden im Zusammenhalt und der ganzheitlichen Interpretation der Vielfalt. 850 Gruppen im Markt, 500 kommunikative Gruppen, missionarische Dienste, Bläserdienste, feministisch-theologische Basisfakultät, Forum Globalisierung, Arbeitsgruppe Körper – wie kann das Ganze aus dem diffusen Vielen einen roten Faden zeigen? Persönlich habe ich diesen Faden stets biblisch-theologisch bestimmt gesehen. Deshalb lag mir daran, dazu beizutragen, dass mit der Losung und den Bibelarbeitstexten, den Texten für Feierabendmahl und Schlussgottesdienst ein Rahmen bestimmt wurde, in dem die Vielfalt nicht als Beliebigkeit, sondern als verschiedene Teile eines Ganzen erschien.

Geistliche Leitung also als Seelsorge, Hören, Wahrnehmen und durch biblisch-theologische Fundamentierung. Defizitär waren in meiner Ausbildung und Praxis Schulungen im Bereich Gesprächsführung, Konfliktmanagement u.a., Handwerkszeug also, das nicht immer erst durch „learning by doing" erarbeitet werden sollte.

Im Bischofsamt hat Leiten eine umfassende Dimension. Die Bischöfin steht in der Spannung von Dienstvorgesetzter und Hirtin, öffentlicher Repräsentation und Predigerin, Managerin und Mahnerin, Durchsetzungsfähigkeit und Vermittlung. Einerseits muss sie im genannten Geflecht von Leitungsorganen wiederum geduldig sein, Prozesse lenken und doch eben auch ermöglichen. Als Beispiel sei die genannte Debatte um die Wahl der Superintendenten genannt. In ihr habe ich nicht votiert, aber mit anderen dazu beigetragen, dass für eine Entscheidung alle Argumente auf dem Tisch waren. Es geht darum, das Hören der verschiedenen Argumente und Wünsche einzufordern. Mediation ist hier das Stichwort. Als Beispiel sei die Situation der Vikarinnen und Vikare genannt. Sie wünschen sich eine Ausbildungsreform, viele aber sagen: Das Vorhandene hat sich als gut erwiesen und bleibt, wie es ist. Da müssen Reformmöglichkeiten, zumindest Diskussionsräume entwickelt werden.

Andererseits muss die Bischöfin auch Vorgaben machen, durchsetzen und handeln. Als Beispiel: In einer Gemeinde gibt es große Unruhe. Wie stets fragt das Landeskirchenamt nach zehn Jahren Dienstzeit eines Pastors an, ob „gedeihliches Wirken" gegeben ist. Der Kirchenvorstand sieht das mehrheitlich nicht gegeben, es kommt zum Eklat in der Gemeinde. Dutzende von Briefen erreichen die Bischofskanzlei. Mit Kirchenaustritt wird gedroht. Hier gilt es in aller Ruhe am Recht festzuhalten und auch dem Pastor klar zu machen: In solcher Auseinandersetzung kann keine Gedeihlichkeit liegen. In einer Gemeinde, die sich an der Person des Pastors zerrüttet, kann der Pastor nicht bleiben.

Vielfach wird versucht, die Bischöfin gegen andere leitende Organe auszuspielen. Beispielsweise wird das Landeskirchenamt in solchen Fällen als autoritäre Reminiszenz aus alter Zeit bei meinen Kirchenkreisbesuchen gern beklagt. Und das Landeskirchenamt klagt über die angebliche Borniertheit und mangelnde Kompetenz der Pastorenschaft (beides selbstverständlich grob überzeichnet!). Hier gilt es auszugleichen, für Gemeinschaft und Verständnis zu werben. Es ist gewiss wesentlich einfacher, wenn jede Gemeinde tut, was sie will. Aber es ist auch problematischer. Wie entsteht gemeinsamer Wille, Übereinstimmung in der Lehre, durchaus auch Schutz vor „Schwärmern"? Gerade im Konfliktfall ist es wichtig, andere Instanzen zu haben, auf die sich Gemeinde oder Pastor bzw. Pastorin berufen können, sie sollen ja in ihren Rechten geschützt sein. Gleichzeitig ist es wichtig, dass sich das Landeskirchenamt nicht als oberkonsistoriale Behörde versteht, sondern als Dienstleister für die Gemeinden. Durch einen im Jahr 2000 durchgeführten Leitbildprozess konnte bereits einiges verändert werden, manches ist noch auf den Weg zu bringen.

Allerdings gibt es auch grobe Überschätzungen des Bischofsamtes, die das „Leitungsgeflecht“ ignorieren. Zum einen meinen manche – oft sogar gerade solche, die eher hierarchiekritisch eingestellt sind! –, die Bischöfin könne ihre Sache mit einem Schlag entscheiden. Das ist im Kleinen so (der Baum neben dem Grab meines Mannes muss weg) wie im Großen (wir wollen unsere Diakonin behalten). Da kommt es zu Enttäuschungen, Zorn, Drohung mit Kirchenaustritt, wenn die Bischöfin etwa darauf verweist, dass für die Stellenplanung der Kirchenkreis zuständig ist, sich um das Grab der Friedhofs- bzw. Kirchenvorstand kümmern muss und bei Auseinandersetzungen im Pfarramt erst die Superintendentur und dann die Landessuperintendentur zuständig ist und von dort dann Kontakt mit dem Bischofsamt gesucht wird.

Wer das Grimmsche Wörterbuch zum Thema „leiten“ befragt, wird unter diesem Punkt die Einsicht finden, dass es darum geht, dass jemand einen Weg weist, persönliche Führerschaft übernimmt. Geistlich wird als Gegensatz zu leiblich, fleischlich, natürlich definiert und in dem ersten Definitionsgang bereits auf den kirchlichen Gebrauch bezogen und Luther, „Von der Freiheit eines Christenmenschen“, zitiert: „Ein jeder Christenmensch ist zweierlei Natur, geistlicher und leiblicher“. Vielleicht kann von daher gesagt werden, dass geistliche Leitung im Bischofsamt sich durch Predigt, inhaltliche Impulse, Seelsorge vollzieht. Die inhaltlichen Impulse werden strittig sein, und das muss ausgehalten werden, es gibt den notwendigen Streit um die Wahrheit, das Ringen um den richtigen Weg. Aber es gibt auch die notwendige Leitung durch das Recht, das in der Kirche nicht negativ gesehen werden sollte. Ich bin manches Mal dankbar, wenn es gesetzliche Regelungen gibt, die helfen, einen Konflikt zu bestehen. Und es kann in neuen Situationen die Notwendigkeit klarer Verabredungen geben. Nehmen wir das Beispiel Kindesmissbrauch. Seit in den Medien 2001 der sexuelle Missbrauch durch Priester thematisiert wurde, entstanden Anfragen, wie in evangelischen Kirchen mit diesem Thema umgegangen wird. Die Gliedkirchen der EKD haben sich daraufhin geeinigt, Anschuldigungen und Verdachtsmomenten unverzüglich nachzugehen und gegebenenfalls Strafanzeige zu erstatten sowie bei begründetem Missbrauchsverdacht kirchliche Mitarbeiter sofort vom Dienst zu suspendieren und mit den Justizbehörden eng zu kooperieren. Selbstverständlich wird vorrangig den Opfern, aber auch den Tätern seelsorgliche Hilfe angeboten.

Leitung durch das Wort

In der Confessio Augustana Kapitel 28 heißt es als entscheidende Vorgabe mit Blick auf geistliche Leitung: „Sine vi humana sed verbo“. Geistlich geleitet werden kann nach evangelischem Verständnis also nur durch das Wort, nicht durch Gewalt. Gerade daher ist die Predigt von so entscheidender Bedeutung. Die Auseinandersetzung mit der Schrift ist das Zentrum geistlicher Leitung. Die Wirkkraft des Wortes steht im Mittelpunkt. Was heißt das denn aber für Menschen, die im geistlichen Amt leiten?

Wenn wir „sine vi sed verbo“ sagen, fragen wir natürlich auch nach den Ordnungen der Kirche, nach der Lehre. Die Pastorinnen und Pastoren, die Kirchenleitenden auf anderer Ebene sind selbstverständlich auch dafür zuständig. Bei Kirchenordnungen im ‚geistlichen' Bereich bedeutet das, Weisungen durch Konsens bzw. Rezeption durchzusetzen. Ein Beispiel: Anfang 2001 hat der Bischofsrat der hannoverschen Landeskirche einen vierseitigen Brief zur Abendmahlspraxis an alle Gemeinden geschrieben. Es wurde versucht, für die Darreichung von Wein zu argumentieren, dafür zu werben, die Einsetzungsworte schriftgemäß zu verwenden, das Abendmahl für Kinder zu öffnen, und auch der sorgfältige Umgang mit den Elementen wurde angemahnt. Viele Kirchenvorstände haben das als hilfreiche Orientierung empfunden. Aber es gab auch Beschwerden: „Weindiktat", wer will sich einmischen in unsere Entscheidungen, ist es nicht eine „unjesuanische Verbotsethik", Ausgetretene, Alkoholkranke und Ungetaufte auszuschließen etc. ? Was heißt aber Konsens in der Kirche? Wie finden wir ihn? Bei aller Individualität, Eigenverantwortung, Wertschätzung für das Einzelgewissen sollten Formen der Verabredung miteinander gefunden werden. Dem Bischofsrat lag daran, eine Entwicklung zu beeinflussen, die dazu führt, dass es fast nur noch Saft gibt. Die Weinsymbolik sollte aber nicht einfach preisgegeben werden. Gewiss können in einem Gottesdienst Wein und Saft gereicht werden, dafür müssen aber die Regelungen, etwa einer Aufteilung o.ä. für alle klar und einsichtig sein wie etwa bei der Praxis in dem auf S. 187ff geschilderten Gottesdienst.

Überzeugungskraft in Ordnungsfragen wird ganz gewiss auch durch Auseinandersetzung und Konsens derer gewonnen, die mit dem geistlichen Amt betraut sind. Mancher und manche müssen da manches Mal zurückstecken, auch die Landesbischöfin. Es ist wesentlich leichter, sich den „Murrenden" zuzuordnen, als klar für eine Position Stellung zu beziehen: Das ist die Entscheidung, dazu stehe ich. Aber wie schon der Volksmund sagt, macht Einigkeit stark. Dabei müssen die unterschiedlichen Ämter das Einverständnis der Gemeinde fördern. Ich halte nichts davon, der Gemeinde autoritär etwas vorzusetzen. Vielmehr wirkt nach meiner Erfahrung Darlegung der eigenen Überzeugungen. Hat das mutuum colloquium fratrum sororumque stattgefunden, kann den Kirchenkreisvorständen und den Kirchenvorständen m.E. auch zugetraut und zugemutet werden, den Konsens mitzutragen. Dieses Einverständnis suchen ist Teil der geistlichen Leitung der Kirche.

Dabei gibt es Vorgaben mit Spielräumen, Gespräche, Visitation. Zu den Vorgaben mit Spielräumen zählt beispielsweise die Beerdigung Ausgetretener. Die Vorgabe ist, dass Ausgetretene nicht kirchlich bestattet werden, weil es eine Art Gewaltakt wäre gegenüber der Entscheidung einer Person, die sich explizit von der Kirche losgesagt hat. Eine Trauerfeier für die Angehörigen, die Kirchenmitglieder sind, ist selbstverständlich möglich. Sollte ein Pastor oder eine Pastorin sich aus seelsorglichen Gründen dennoch für eine Bestattung entscheiden, wird dies aber nicht dienstlich „geahndet". Oder als Beispiel für Gespräche: Ein Pastor erklärt, cr könne zum aaronitischen Segen das Kreuz nicht schlagen, weil eine Jüdin gesagt habe, sie fühle sich dadurch verletzt. Da muss es Auseinandersetzungen mit ihm geben, um zu klären, dass Christinnen und Christen der hebräische Teil der Bibel nur über das Kreuz zugänglich ist. Ohne Kreuz für uns kein aaronitischer Segen … Letztes Beispiel: die Visitation. Die hannoversche Landeskirche hat ein klares Visitationsrecht. Superintendentinnen und Superintendenten visitieren alle sechs Jahre die Gemeinden, Landessuperintendentinnen und Landessuperintendenten im selben Zeitraum die Kirchenkreise, die landeskirchlichen Einrichtungen werden von Mitgliedern des Bischofsrates visitiert. Hier gibt es auszufüllende Bögen, persönliche Nachfragen, Skizzierung von Problemen, Schwächen, Stärken, intensive Einzelgespräche. Neu sind Personalentwicklungsgespräche auf den unterschiedlichen Ebenen, die in spezifischen Zeiträumen Verabredungen und Perspektiven festhalten und überprüfen. Gerade in den Fragen der Personalführung, Personalentwicklung und auch Konfliktbewältigung kann in unserer Kirche noch vieles verbessert werden, da gibt es beispielsweise aus dem Bereich der Wirtschaft viele hilfreiche Anregungen.

Zur Person, die leitet

Altbischof Eduard Lohse sagte mir vor einiger Zeit: „Früher trug das Amt die Person, heute muss die Person das Amt tragen." Das hat sich für mich im Bischofsamt deutlich gezeigt. Die Authentizität und Integrität der Person im Amt wird „abgefragt". Und die Medien sind nicht ohne Einfluss, sie können so oder anders berichten. Der Kontakt zu den Medien ist deshalb wichtig. Wenn die Neue Presse Hannover während der Weihnachtsfeier des Landeskirchenamtes anfragt, ob ich drei Sätze zu einem aktuellen Thema innerhalb einer Stunde liefern könne, und ich mache das, dann kann ich mich auch darauf verlassen, dass die NP bei bestimmten Punkten – z.B. Verkauf eines Kirchengebäudes – objektiv berichtet. Dabei geht es nicht um Kritiklosigkeit. Ich kann die Serie mit Sexerlebnissen junger Frauen der BILD als „widerlich" bezeichnen, und BILD kann kritisch befragen, was ich zur Friedhofkultur sage. Aber ein Dialog mit den Medien gehört dazu.

Ich halte es für völlig falsch, die Medien zu verdammen oder Berührungsängste gegenüber den Medien zu haben. Das Evangelium will doch kommuniziert werden. Und das geht heute am besten über Personen. Auch Luther hat den Buchdruck sofort zur Verbreitung von Bibel und reformatorischem Zeugnis genutzt. Warum nicht auch wir? Gewiss, manches kann da verkürzt wirken. Und: Wer sich mit seiner Meinung in die Öffentlichkeit begibt, muss auch mit Gegenwind rechnen. Aber die Person muss heute zum Amt und zur Botschaft öffentlich stehen, sonst ist schlichtweg eine Verkündigungschance verpasst. So bietet der Kontakt zu Medien große Möglichkeiten. Diese Kontakte müssen gepflegt werden beispielsweise durch Redaktionsbesuche, die Bereitschaft zu Hintergrundgesprächen, zügige und zuverlässige Reaktion auf kurzfristige Anfragen. Da geht es um Geben und Nehmen von Informationen und Chancen zur Verbreitung von Inhalten. Die Arbeit der Pressesprecherin ist hier von großer Bedeutung.

Durch die Überraschung der Wahl einer Bischöfin in Hannover habe ich eine Art Neugiervorschuss der Medien, den ich nutzen kann, um kirchliche Anliegen, christlichen Glauben in nicht religionsloser, aber doch dem Christentum skeptisch gegenüberstehender Zeit einzubringen. Allerdings ist es gar nicht immer so leicht, Öffentlichkeit auszuhalten. So wurde ich Weihnachten 2002 von dpa angefragt, ob ich die Sache mit der Jungfrauengeburt erklären könne – selbstverständlich in wenigen Zeilen. Das habe ich nach bestem Wissen und Gewissen getan, aber nicht damit gerechnet, wie emotional und zum Teil bösartig die Reaktionen von Menschen sein können, denen die sexuelle Jungfräulichkeit Marias offensichtlich *der* Beweis für die Gottessohnschaft Jesu ist.

Eine gute Möglichkeit besteht auch darin, über persönlich verantwortete Kampagnen und gut platzierte Inhalte Öffentlichkeit herzustellen. Ein Beispiel ist das Netzwerk Mirjam, das am 5. März 2001 gegründet wurde. Als die römisch-katholische Kirche entschied, keine Bescheinigungen für Schwangerschaftskonfliktberatung mehr auszustellen, habe ich überlegt, wie die Argumentation öffentlich erkennbar zu machen wäre: Wir bleiben als evangelische Kirche in der Schwangerschaftskonfliktberatung, wir stellen den für einen Schwangerschaftsabbruch notwendigen Beleg aus, aber das heißt nicht, dass wir nicht für das Leben agieren. Evangelische Beraterinnen und -berater, mit denen ich mich getroffen habe, beraten eindeutig für das Leben. Sie versuchen, einer Frau einen Weg zum Leben mit ihrem Kind zu vermitteln. Dennoch respektieren sie auch die Frau bzw. achten die Frau[30], die sich für eine Abtreibung entscheidet. Das entspricht dem evangelischen Grundgedanken von der Verantwortung des Einzelgewissens. Dabei ist mir wichtig, dass die Schuldfrage im Schwangerschaftskonflikt nicht nur auf die Frau projiziert wird, sondern auch auf den potenziellen Vater eines Kindes. Es treibt mich weiterhin um, dass 800 000 Väter in diesem Land keinen Unterhalt zahlen und weitere 800 000 Väter nur teilweisen Unterhalt. Auch unsere Gesellschaft, unsere Kirche, ist durchaus in den Schuldkonflikt verstrickt. In welchem Land leben wir, in dem Kinder ein Armutsrisiko sind? Was hat es zu bedeuten, wenn Konfliktberaterinnen erzählen, dass es eher die ganz jungen Frauen sind, die sich überzeugen lassen, das Kind zu bekommen, und die Frauen, die bereits ein oder zwei Kinder haben, diejenigen sind, die sich für eine Abtreibung entscheiden?

Unsere evangelische Kirche tritt ein für das Leben! Wie können wir das erkennbar werden lassen? In solchen Diskussionen ist die Idee für das „Netzwerk Mirjam“ entstanden. Zum Namen: Im 2. Buch Mose wird im zweiten Kapitel erzählt von dem namenlosen Mädchen, das ein Mann vom Haus Levi zur Frau nahm. Sie bringt einen Sohn zur Welt in der Zeit, in der Pharao befohlen hat, alle Söhne, die Israelitinnen gebären, zu töten. Als sie das Kind nicht länger verbergen kann,

> Ex 2,3–10
> *3 … machte sie ein Kästlein von Rohr und verklebte es mit Erdharz und Pech und legte das Kind hinein und setzte das Kästlein in das Schilf am*

30 Vgl. Gott ist ein Freund des Lebens, EKD-Denkschrift, Gütersloh 1989.

Ufer des Nils. 4 Aber seine Schwester stand von ferne, um zu erfahren,
wie es ihm ergehen würde. 5 Und die Tochter des Pharao ging hinab
und wollte baden im Nil, und ihre Gespielinnen gingen am Ufer hin und
her. Und als sie das Kästlein im Schilf sah, sandte sie ihre Magd hin und
ließ es holen. 6 Und als sie es auftat, sah sie das Kind, und siehe, das
Knäblein weinte. Da jammerte es sie und sie sprach: Es ist eins von den
hebräischen Kindlein. 7 Da sprach seine Schwester zu der Tochter des
Pharao: Soll ich hingehen und eine der hebräischen Frauen rufen, die
da stillt, dass sie dir das Kindlein stille? 8 Die Tochter des Pharao
sprach zu ihr: Geh hin. Das Mädchen ging hin und rief die Mutter des
Kindes. 9 Da sprach die Tochter des Pharao zu ihr: Nimm das Kindlein
mit und stille es mir; ich will es dir lohnen. Die Frau nahm das Kind
und stillte es. 10 Und als das Kind groß war, brachte sie es der Tochter
des Pharao, und es ward ihr Sohn und sie nannte ihn Mose; denn sie
sprach: Ich habe ihn aus dem Wasser gezogen.

Diese Geschichte ist die Rettungsgeschichte eines Kindes. Es ist auch die Rettungsgeschichte einer Mutter. Mirjam, die Schwester des Mose, hat den Mut, das ausgesetzte Kind zu begleiten und zur Mutter – nun als Amme – zurückzuführen. Sie eröffnet eine Perspektive für die leibliche Mutter und für die Adoptivmutter und für das Kind.
Eine solche Perspektive will das Netzwerk eröffnen für Kinder und für ihre Mütter, ihre leiblichen Mütter und ihre Adoptivmütter. Dieses Netzwerk ist zusammengesetzt aus bereits vorhandenen diakonischen Einrichtungen. Das Diakonische Werk unserer Landeskirche hat die Trägerschaft übernommen. Hinzu kommen die Evangelische Jugendhilfe, die Adoptions-Beratungsstelle, der Birkenhof als Unterkunftsmöglichkeit, das Friederikenstift als möglicher Entbindungsort, das Landeskirchenamt für rechtliche Beratung und das Annastift als Hilfestellung bei Kindern mit Behinderungen (nicht zuletzt dazu ein Versicherungsangebot der PAX-Familienfürsorge für diesen Fall). Sie alle sind bereits engagiert in der Beratung und Hilfe für werdende Mütter als Netzwerk, das Frauen im Schwangerschaftskonflikt auffangen will. Es reicht nicht aus, ihnen in der Beratung Mut zu geben für das Kind. Sie müssen gehalten, getragen und getröstet werden. Es geht darum, ihnen ganz praktische Hilfe anzubieten: Wohnmöglichkeit mit dem Kind. Ausbildungsmöglichkeit mit dem Kind, eine Adoptionsvermittlung. Vor allen Dingen gibt es ein 24-stündiges Notruftelefon, das von Ehrenamtlichen bedient wird.
Damit wird im 21. Jahrhundert die alte klösterliche Tradition neu aufgenommen, in der unerwünschte Kinder vor die Klostertür gelegt werden konnten. Das ist die gleiche Tradition, in der jenes Kästlein gebastelt wurde, ein Weidenkörbchen, mit dem die Mutter Moses ausgesetzt hat und es begleiten ließ durch Mirjam in der Hoffnung, dass das Kind eine gute Zukunft findet. Ein solches Körbchen wurde in Hannover installiert. Bei aller Kritik von Seiten Adoptierter, die durchaus ver-

ständlich ist, entstand hier eine Vernetzung und eine Möglichkeit, Frauen und Kindern in Not zu helfen. Denn: 40 Kinder werden jedes Jahr in der Bundesrepublik Deutschland ausgesetzt in der Hoffnung, dass sie gefunden werden. Es überleben im Schnitt lediglich 20 von ihnen. Zudem gibt es zwei Dutzend getötete Neugeborene, die jährlich in Deutschland aufgefunden werden. Die Dunkelziffer der getöteten Säuglinge wird 40-mal höher eingeschätzt.[31]

Viele haben sich bereit erklärt, das Netzwerk Mirjam und das Baby-Körbchen zu unterstützen. Ohne ihre finanzielle Unterstützung wäre es nicht möglich, dieses Netzwerk für das Leben entstehen zu lassen. Ausdrücklich will ich nennen: die Klosterkammer unter der Präsidentin Martha Jansen, den Johanniter-Orden, die Soroptimistinnen, die Johanniter-Unfallhilfe und die Bruderhilfe. Sie alle unterstützen das Projekt finanziell, weil sie wollen, dass Kinder leben können und Mütter diese Chance für das Leben ihrer Kinder wahrnehmen. In den ersten zwei Jahren konnte das Netzwerk 23 Frauen im Konflikt ganz konkret helfen. Bis auf fünf gaben alle ihre Anonymität auf, waren nach Gesprächen bereit, ihre Kinder in offene oder anonyme Adoption zu geben oder haben mit Unterstützung einen eigenen Weg mit dem Kind gefunden. Zu zwei von drei Müttern, die ihr Kind anonym abgegeben haben, besteht inzwischen Kontakt.

Oder nehmen wir die sogenannte Adventskampagne. Im Jahr 2000 hat mich außerordentlich gestört, dass in Hannover bereits vor dem Ewigkeitssonntag Lichterketten brannten, eine Weihnachtspyramide aufgestellt wurde und ein Adventsmarkt vor dem Bahnhof eröffnet war. Auf einen Leserbrief in der Hannoverschen Allgemeinen Zeitung habe ich derart viele Reaktionen erhalten, dass wir gemeinsam mit unserer Pressesprecherin überlegt haben: Das Thema sollten wir weiterverfolgen. Daraufhin habe ich den Deutschen Städtetag, die Schaustellerverbände, die Einzelhandelsverbände zu einem Gespräch eingeladen. Ebenso habe ich das Gespräch mit dem Oberbürgermeister von Hannover gesucht. Wir haben eine gewisse Übereinstimmung darin gefunden, dass es den christlichen Vorstellungen und auch dem kulturellen Empfinden der nichtchristlichen Bevölkerung abträglich ist, die Rhythmen von Fastenzeit und Feierzeit zu zerstören. Nunmehr haben sich drei große Landeskirchen der Kampagne angeschlossen, es fanden mit Hilfe der EKD hierüber Gespräche auf dem Deutschen Städtetag statt, der die Aktion unterstützt, und auch Kontakte mit dem Einzelhandelsverband sowie den Schaustellerverbänden wurden hergestellt.

Es geht nicht um Verbote, um erhobene Zeigefinger oder Konsumverzicht, sondern darum, dass Advent von der Ankunft Christi handelt, um Respekt vor den Rhythmen von Trauerzeit und Festzeit und um einen Widerstand gegen eine gnadenlose Vermarktung christlicher Themen. Zum anderen geht es aber auch um ein Empfinden, das weit über die aktiven Kirchenmitglieder hinausgeht. Es nervt so manchen und so manche, wenn „Stille Nacht …" bereits im November dudelt. Wenn viele Einzelne sich beschweren als Käuferinnen und Käufer, dann bin ich

---

31 Der Spiegel 42/2000, 135.

überzeugt, werden diese Perversionen, Verdrehungen sind es nämlich, abgestellt. Das gilt auch für Weihnachtsmärkte in Kaufhäusern, die von großen Ketten zentral gesteuert werden.
Anderes kann die Person im kirchenleitenden Amt von Ferne fördern und anregen. Nehmen wir zum Beispiel den Bereich Kinder- und Jugendarbeit, der mir sehr am Herzen liegt, im bischöflichen Amt aber nicht obenauf liegt auf der Tagesordnung. Ich kann SMS-Gottesdienste gegen Kritik verteidigen. Oder ich kann für den Bereich Kirchenpädagogik die Schirmherrschaft übernehmen und sie dadurch fördern. Sie geht mit großem haupt- und ehrenamtlichen Engagement neue Wege und schafft Kindern über den Kirchenraum Zugänge zum christlichen Glauben. Ein weiteres Beispiel im Bereich Kinder: In der Gemeinde Nikolausberg (bei Göttingen) habe ich drei Kinderbischöfe mit installiert, weil dies dort ein herausragendes Projekt von Arbeit mit Kindern ist und habe auch an der entsprechenden Kinderakademie in Loccum teilgenommen, auch wenn das nicht in die „normalen" Entscheidungskategorien für Zusagen und Absagen passt. Manches kann auch nur von Weitem gefördert und begleitet werden, ohne dass ich selbst intensiv beteiligt bin. Ich denke etwa an die „Nacht der Kirchen", die in Hannover 2003 stattfinden wird, oder an das Kloster Wennigsen, das mit neuem Konzept neue Adressaten findet.
Schließlich geht es bei Kirchenleitung heute vor allem auch darum, Menschen Mut zu machen, von der eigenen Frömmigkeit zu reden. Was bedeutet uns das Wort Gottes? Was heißt Auferstehung für mich? Wo habe ich Widerstände gegen die biblische Botschaft? Ist Jesus mir Vorbild? Die tiefe Sprachlosigkeit in Glaubensfragen ist eine Grundursache der Krise der Volkskirche. Zu einer praktizierten Frömmigkeit gehört eine tiefe Spiritualität: das Gebet, die Zeit zur Meditation des Wortes, getanzte Liturgie. Was die Kirche tut und sagt, vollzieht sich nicht nur in der Predigt. Es geht darum, wie sie anderen begegnet, auf sie eingeht, zuhört. Wenn Menschen vertrauen können, weil sie Integrität spüren, dann werden sie sich auch öffnen und ihre Verletzungen zeigen. Bei meiner Antrittspredigt habe ich versucht zu verdeutlichen, dass der Glaube des Thomas auch einen Grund darin hatte, dass Jesus sich ihm öffnete, indem er seine Wunden offenbarte. Dazu gehört vor allem auch kommunikative Kompetenz.

Unternehmen Kirche?

In letzter Zeit war viel davon die Rede, dass die Kirche lernen sollte von den Marketingstrategien moderner Unternehmen. Besonders McKinsey und die Analyse der bayerischen Landeskirche von dieser Perspektive her haben dabei für Aufmerksamkeit gesorgt. Das wäre ja ganz leicht: Die Kirche verschafft sich ein neues öffentliches Image, und schon haben wir die Reform! Aber das ist meines Erachtens ein großer Kurzschluss. Die Erneuerung der Kirche ist ein geistlicher Prozess. Die Kirche ist kein Unternehmen, Effizienzgesichtspunkte können nicht das erste Kriterium sein. Wie viel beispielsweise ein Gottesdienst kostet, rechnen wir Pastorenzeit, Organistin, Küster, Heizung ein, wird kaum über die Sinnhaftigkeit des Gottesdienstes entscheiden können. Allerdings ist eine solche Frage inzwischen offensichtlich im Raum, wenn mir ein Diakon mit Blick auf das Pastorengehalt vorrechnet, dass er es billiger machen könnte. Die Aufrechnung des Verhältnisses von Gottesdienstvorbereitung zu jedem Gottesdienstteilnehmer und seiner Steuerzahlung steht im Gegensatz zu: „Wo zwei oder drei in meinem Namen versammelt sind ..."

Wenn die Pastorin eine sterbende Frau begleitet und über Wochen mit hohem Zeitaufwand besucht, wäre das Zahlenverhältnis völlig durcheinander gebracht. Ihr müsste unter Managementgesichtspunkten gekündigt werden! Aber nach Matthäus 25 hat sie Jesus selbst besucht. Nein, allein unter Kosten- und Effizienzgesichtspunkten kann Kirche nicht existieren, kann Theologie nicht getrieben und Seelsorge nicht geleistet werden! Dies gilt auch für die Diakonie, das Diakonische Werk. Pflege in evangelischen Krankenhäusern und Altenheimen kann allein unter Kostengesichtspunkten nicht mit eigenem Profil geschehen. Unsere Kirche will Menschen im Sterben begleiten. Uns liegt daran, im Krankenhaus bei den Menschen zu sein! Das sollten wir vielleicht als Werbestrategie benutzen! Unsere Gemeinden müssten ein Raum werden, der Freiheit von der totalen Kommerzialisierung unserer Zeit, von der totalen Macht des Geldes offensichtlich macht.

Allerdings muss auch gesagt werden, dass es der Kirche an der einen oder anderen Stelle durchaus gut täte, straffer zu organisieren, der Verzettelung oder auch Überbürokratisierung Einhalt zu gebieten. Ein paar Beispiele für Lernmöglichkeiten aus dem Bereich der Wirtschaft:

- Kirchliche Mitarbeiterinnen und Mitarbeiter sollten zu ihrer Kirche stehen. Da geht es für die Kirchenleitung zentral um die Fragen von Motivation und Identifikation. Kein Unternehmen kann es sich leisten zu ignorieren, dass die eigene Belegschaft sich ständig öffentlich von ihm distanziert (nach dem Motto: Andere bauen viel bessere Autos ...).
- Entscheidend ist, dass der „Kunde" vom Nutzen des Unternehmens und des Produktes überzeugt ist. Es geht darum, um die Menschen zu ringen, zu werben, sie zu überzeugen, dass ihre bestehende Mitgliedschaft sinnvoll ist, sie stolz darauf sein können, sie selbstverständlich ihren Beitrag leisten und andererseits anderen Möglichkeiten des Zugangs eröffnen.
- Delegation ist ein zentraler Punkt, den das Management lehren kann! Die Kirche braucht mündige Mitarbeiterinnen und Mitarbeiter. Das sind nicht nur die Diakoninnen und Diakone, die Prädikantinnen und Prädikanten, das sind auch alle Ehrenamtlichen, die sich beteiligen. Wenn die evangelische Kirche das Priestertum aller Getauften proklamiert, dann muss die Kirchenleitung auf allen Ebenen auch Macht abgeben, delegieren, anderen Entscheidungen zutrauen, Buntheit zulassen. Aus meiner Kirchentagserfahrung kann ich nur sagen: Partizipation ist der Schlüssel zu einer lebendigen Kirche!
- Und schließlich: die bereits genannte Personalführung und Personalentwicklung! Hier beginnt unsere Landeskirche gerade als Pilotprojekt mit Personal-

entwicklungsgesprächen. Diese Perspektive wird auch den Blick auf Visitation erweitern können. Insgesamt ist zudem eine Kultur von Kritik und Anerkennung notwendig, die bisher kaum entwickelt ist (nach dem Motto: Nicht getadelt ist genug gelobt ...).

- Und die Kirche kann von der Wirtschaft noch etwas lernen: Es muss Firmen- und Produktentwicklung geben. Theologisch gesehen haben die Reformatoren das schon formuliert: Ecclesia reformata semper reformanda est, d.h. wir müssten neu auf veränderte Situationen eingehen. Experimentierfreudigkeit, meine ich. Warum in allen Innenstadtkirchen Hannovers am Sonntag um 10 Uhr Gottesdienst nach Agende I? Könnte es nicht unterschiedliche Zeiten und Schwerpunkte geben? Hier die gesungene Abendmahlsliturgie mit Bachchor, dort die Taizé-Form? Hier der Gospelgottesdienst um 18 Uhr, da die Familienkirche mit anschließendem Mittagessen? Noch immer sind Landeskirchen zu sehr fixiert auf die Ortsgemeinde – auch weil Personalgemeinden Konkurrenz bedeuten? Noch immer will jede Gemeinde alles abdecken: Jugendarbeit, Kinderarbeit, Altenarbeit etc., und doch sind die zufriedenen Gemeinden diejenigen, die sich konzentrieren, Schwerpunkte setzen. Als Bischöfin kann ich immer wieder hierzu nur ermutigen.

Nun ist klar: Das Evangelium ist kein Produkt, die Kirche keine Firma und die Mitglieder keine Kunden. Aber Kirchenleitung ist verantwortlich auch dafür, sich innovativen Ideen aus anderen gesellschaftlichen Bereichen nicht zu verschließen. So hat sich der genannte Leitbildprozess im Landeskirchenamt in Hannover als außerordentlich hilfreicher und die Gemeinschaft im Haus, das Selbstverständnis und die Identifikation fördernder Vorgang erwiesen. LKA soll nicht mehr für „lange keine Antwort“ stehen, sondern für „leistungsstark, kreativ aufgeschlossen“. Da spielten inhaltliche wie praktische Fragen eine Rolle: Worin besteht das christliche Profil der eigenen Arbeit? Wie können wir eine andere Briefkultur in der offiziellen Korrespondenz pflegen? Telefontraining wurde angeboten.

Ein anderes Beispiel: Im Jahr 2003 startet – gegen manche Widerstände – ein Mentoringprozess in der Landeskirche, der durch den Kontakt und Austausch zwischen erfahrenen und jüngeren Mitarbeitenden die nächste Generation in Leitungskompetenz hineinwachsen lässt und vor allem Frauen fördern soll. Auch dies gründet sich auf Erfahrungen aus der Unternehmenswelt. Ohne das kirchliche Proprium aufzugeben, kann also mancher Reformprozess auf Erfahrungen außerhalb der Kirche zurückgreifen.

Herausforderungen für Kirchenleitung heute

Wer über geistliche Leitung in der Kirche spricht, muss die Frage nach dem Konsens stellen. Gibt es ein magnus consensus? Eberhard Jüngel schreibt: „Wehe der Kirchenleitung, die sich – um des lieben Friedens willen oder gar um der eigenen Bequemlichkeit willen – darum drückt, im Falle des Falles, jene ‚Lehre, so dem Evangelio entgegen zu verwerfen‘. Natürlich wird man in unserer pluralistischen

Gesellschaft über eine Kirchenleitung, die sich um diese ihre Aufgabe *nicht* drückt, mit der ganzen das ‚finstere Mittelalter' heraufbeschwörenden Metaphorik herfallen … Dergleichen muss nun freilich tapfer ertragen werden. Evangelische Kirchenleitung darf sich jedenfalls nicht von der Aufgabe dispensieren, die kirchliche Verkündigung auf die in ihr vertretene Lehre und die entsprechenden Lehraussagen auf ihre Konsensfähigkeit hin zu prüfen und im Fall des Falles auch die Konsensunfähigkeit solcher Aussagen solemniter festzustellen."[32] Das heißt, Ordnungen sind zwar sekundär, CA 28 stellt sie auch unter den Punkt der Einsicht, wir müssen aber heute die Frage der Lehre ganz deutlich im Auge behalten und können uns davor nicht drücken.

Beispiele für das Ringen um magnus consensus sind etwa die Themen Gentechnologie und Homosexualität. Beide haben nahezu kirchenspaltenden Charakter. Mit dem Kongress zur Gentechnologie in Berlin Anfang 2002 (vgl. Andacht S. 96) hat die Evangelische Kirche in Deutschland ihre Ablehnung der Forschung an Embryonen sowie der Präimplantationsdiagnostik klar dargelegt. Der Einspruch einiger Professoren gegenüber dieser Position etwa von Klaus Tanner: „Die Behauptung, die Verschmelzung von Ei- und Samenzelle sei der Beginn menschlichen Lebens und eines absoluten Würdeschutzes, ist zum neuen ökumenischen Dogma der Kirchenleitung (gemeint ist die römisch-katholische und evangelische in Deutschland, d. Verf.) geworden"[33], entspricht dabei einer gut protestantischen Streitkultur. Dieses Ringen gehört zum Protestantismus. Der Rat der EKD hat erst kürzlich erklärt: Der Streit um die Wahrheit ist Teil unserer Kirche, es gibt kein definitives Lehramt, das die Antworten vorgibt. Und: Wer eine Position in Verantwortung wagt, muss sich bewusst sein, dass er oder sie irren könnte – Professoren wie Geistliche und alle anderen auch.

Zum Thema Homosexualität gibt es innerhalb der EKD seit Jahren Auseinandersetzungen einerseits mit Blick auf die Einschätzung des biblischen Zeugnisses und die Praxis etwa von Segenshandlungen. Auf meine Anregung im Bischofsbericht vor der Synode hat der Senat unserer Landeskirche hierzu einen Runden Tisch einberufen, der Vertreter einer strikt ablehnenden Haltung, Vertreter der Organisation HuK (Homosexuelle und Kirche), sowie Vertreterinnen und Vertreter kirchenleitender Organe und der Fakultät in Göttingen an einen Tisch holte, um das biblische Zeugnis zu befragen. Das hat insofern zu einem Ergebnis geführt, als bei aller unterschiedlichen Einschätzung dem Thema – so hoffe ich – die kirchenspaltende Kraft genommen wurde. Statt zwischen „Segnen" oder „Nicht-Segnen" zu fundamentalen Auseinandersetzungen zu kommen, wurde ohne formalen Beschluss und ohne heftige öffentliche Auseinandersetzung die Möglichkeit von Fürbittandachten eröffnet, die vom jeweiligen Pfarramt nach Rücksprache mit dem Landessuperintendenten oder der Landessuperintendentin

---

32 E. Jüngel, Indikative der Gnade – Imperative der Freiheit. Theologische Erörterungen IV, 2000, 362.

33 Epd Dokumentation 9/2002, 27.

zu verantworten sind. Hier haben sich meines Erachtens beispielhaft die Diskursfähigkeit und das Zusammenspiel der fünf kirchenleitenden Organe bewährt.

Spannungen

Selbstverständlich gibt es auch Spannungen. Sie treten einerseits auf, wenn inhaltlich unterschiedliche Ansichten, sachliche oder theologische Differenzen bestehen. Da sind auch Vorurteile zu überwinden. So ist die Landesbischöfin qua Amt Vorsitzende des Missionsausschusses des Evangelisch-lutherischen Missionswerks in Hermannsburg. Hier gibt es große traditionelle Unterstützerkreise einerseits und Vorbehalte nach dem – grob überzeichneten – Motto „Mission ist Kolonialismus" andererseits. Das Missionswerk hat sich aber insofern gewandelt, als es längst Teil der weltweiten Ökumene ist und beispielsweise in Äthiopien eine gewichtige Rolle im Friedens- und Aufbauprozess oder auch der Aufklärungsarbeit gegen Genitalverstümmelung spielt. Dies aber ist nun beiden Seiten, den Anhängern wie den Kritikern, erst noch zu vermitteln …

Manches Mal muss das bischöfliche Amt sozusagen in die „Vorhand" gehen, Vorgaben setzen. Das war so beim soeben benannten Thema „Fürbittandacht", das ich in einem Bischofsbericht benannt habe nach vorheriger Rücksprache mit Bischofsrat und Landeskirchenamt. Oder etwa beim Thema „Flutgewinnler". Als bekannt wurde, dass die Steuerreform für 2003 um ein Jahr verschoben wird zugunsten der Flutschäden in Sachsen, wurde klar, dass dadurch auch die Kirchensteuereinnahmen 2003 über den eingeplanten Schätzung liegen. Hier würde es schnell zu innerkirchlichen „Begehrlichkeiten" oder außerkirchlicher Kritik kommen, so dass im kleinen Kreis überlegt wurde, sogleich damit zu reagieren, dass die Kirche in keinem Fall „Flutgewinnler" sein wolle, sondern die zusätzlichen Gelder selbstverständlich den geschädigten Kirchen in Sachsen, aber auch in anderen Ländern zur Verfügung stellen wird. Das war notwendig, erregte aber verständlicherweise auch Ärgernis.

Mit Blick auf die nahezu 25 000 hauptamtlich Mitarbeitenden muss Kirchenleitung zwischen Aufsicht und Fürsorge agieren. Pastorinnen und Pastoren sollen beispielsweise, so heißt es in der Urkunde, „in ihren Rechten geschützt" werden. Manches Mal ist das in der Tat notwendig, und in Gesprächen mit dem Pfarrerausschuss wird manches Lamento formuliert. Aber oft muss eben Pastor und Pastorin auch klar gemacht werden, dass sie zwar die Ehekrise nicht anzeigen, aber dringend bearbeiten müssen, oder dass sie in der Gemeinde zur Spaltung beitragen würden und deshalb die Stelle wechseln sollten, anstatt den Konflikt zu schüren. Oder das Insistieren auf der Residenzpflicht im Pfarrhaus, das manchen verärgert, aber für die Kirche insgesamt m.E. durchzuhalten ist, kann eine entscheidende kirchenleitende Vorgabe sein, die zu Spannungen zwischen verschiedensten Interessen führt.

Das Bischofsamt tut in diesen Zusammenhängen wie in anderen, in denen beispielsweise ein episkopales Machtwort von den verschiedensten Seiten verlangt wird, gut daran, mit den anderen Organen zu kooperieren, vor allem aber die

Ortsebene, die Kirchenkreisebene und die Sprengelebene von Kirchenleitung nicht zu übergehen. Hier gilt es immer wieder, Erwartungen entgegenzutreten, es könne nun „von ganz oben" (was oft bedeutet „von ganz weit weg") entschieden werden.

3. Frauen im geistlichen Amt

Rückblick

Das vergangene Jahrhundert war für evangelische Theologinnen in Deutschland ereignisreich. Nur weniges kann beispielhaft genannt werden, weit davon entfernt, annähernd das zu würdigen, was die ersten Frauen im Amt für den Beruf der Pastorin erhofft, geleistet und erlitten haben. Ein kleiner Rückblick:

- 1900: In Baden darf die erste Frau sich immatrikulieren; sie ist nicht Theologin. Die deutschen Länder öffnen bis 1908 die Hochschulen für Frauen.
- 1908: Mit Carola Barth erwirbt die erste Theologin das Lizentiat. Von kirchlichen Examina bleiben Theologinnen bis in die zwanziger Jahre ausgeschlossen.
- 1925: Auf Initiative von Carola Barth, unterstützt von Ina Gschlössel und Marburger Theologiestudentinnen, wird in Marburg der Theologinnenkonvent unter der Bezeichnung „Verband Ev. Theologinnen Deutschlands" gegründet. Ziele sind: Austausch untereinander, Einflussnahme auf die Gesetzgebung, gegenseitige Hilfe bei der Suche nach Arbeitsstellen. Manches davon ist aktuell bis heute.
- 1930 findet sich in der hannoverschen Landeskirche ein Kirchengesetz über die Anstellung von Pfarramtshelferinnen.
- Das Kirchengesetz über die Dienstverhältnisse von Vikarinnen aus dem Jahr 1955 beschreibt das Dienstverhältnis als Unterstützung des Pfarramtes, insbesondere zur geistlichen Betreuung der Frauen und Kinder durch Unterricht, Seelsorge und Wortverkündigung. Das Recht zur Verwaltung *kann* eingeräumt werden. Es erfolgt eine Einsegnung, keine Ordination.

Und dazwischen? Die Zeit des Nationalsozialismus, seine Diskriminierung der Wissenschaft und sein spezifisches Frauenbild hatten die Chance für die berufliche Gleichstellung der Theologin, ja sogar der Studienmöglichkeiten verringert. Theologinnen haben während des Zweiten Weltkriegs notgedrungen ihre Bewährungsfähigkeit in den pfarramtlichen Diensten unter schwierigsten Bedingungen bewiesen. Alarmsirenen und das Aufsuchen von Schutzräumen unterbrachen die Gottesdienste, die nicht selten bespitzelt wurden. Konfirmandenunterricht war zu halten neben Hitlerjugend und BDM. Familien waren seelsorgerlich und sozial zu betreuen, die ihre Männer, Söhne, Brüder oder ihr Hab und Gut verloren hatten. Oft waren Theologinnen für mehrere Gemeinden zuständig, ihnen stand nur ein kleines Zimmer zur Verfügung, sie waren mit dem Fahrrad unterwegs, manchmal von Tieffliegern angegriffen. Veranstaltungen waren oft nur noch in Kellern durchführbar. Nahrungsmittel und Kleidung wurden knapp. Einen Talar zu tra-

gen, unter dem die dürftige Kleidung – auf dem Friedhof zum Beispiel – versteckt werden konnte, war ihnen untersagt. Das vorgeschriebene schwarze Kleid mussten sie auf ihren privaten Kleiderbezugsschein erwerben.
Sie haben sich bewährt in den schlimmen Kriegsjahren und während der Hunger- und ersten Aufbaujahre. Danach wurden Theologinnen wieder auf die Arbeit an Kindern, Mädchen und Frauen verwiesen, von Kasualien und Sakramentsverwaltung sowie von Hauptgottesdiensten wurden sie ferngehalten. Was uns heute wie männliche Schikane erscheinen muss, wurde damals theologisch zu begründen versucht: Jesus hat nur Männer in die Nachfolge berufen, der Apostel Paulus hat den Frauen geboten, zu schweigen, das Weib sei dem Mann untertan – die Argumente werden Ihnen bekannt sein. Aber die Frauen ließen nicht locker ...
In der hannoverschen Landeskirche stammt das Kirchengesetz über die Rechtsstellung der Pastorinnen aus dem Jahr 1963 und beinhaltet die Verleihung des Rechts zur öffentlichen Wortverkündigung und zur Sakramentsverwaltung, also die Ordination. Es wurden damals besondere Pastorinnenstellen errichtet, wenn hierfür bestimmte Auflagen erfüllt waren. Sollte eine Pfarrstelle durch eine Pastorin versehen werden, so bedurfte es der Zustimmung des Kirchenvorstandes. In dieser Zeit bilden sich die ersten Pastorinnenkonvente, auch der Pastorinnenausschuss. Mit der Eheschließung endeten das Dienstverhältnis und die Anstellungsfähigkeit. (Eine kleine Anmerkung hierzu: Ich kenne die erste Frau, die in der lutherischen Kirche Tansanias ordiniert wurde. Sie hat erzählt, dass sie heiraten *musste*, um ordiniert zu werden. Nach afrikanischer Vorstellung müssten so ihre „Triebe“ sozusagen gelenkt werden, damit sie keine Gefährdung für Männer darstelle. Gleiche Vorstellung über Unreinheit und Versuchung also, aber unterschiedliche Konsequenzen. Soviel zum Thema Kultur und Evangelium ...)
1969 fiel die Unvereinbarkeit in unserer Landeskirche von Ehe und Amt. Die völlige Gleichstellung geschieht in der hannoverschen Landeskirche erst 1978.

Wie sieht es heute aus? Mit Stand vom 16.02.2002 stehen 2030 ordinierte Personen im Dienstverhältnis zu unserer Landeskirche, davon 1514 Männer und 516 Frauen. Mit eingeschränktem Dienstverhältnis davon 438, jeweils 185 Männer und 253 Frauen. Das heißt: Die Frau im Pfarramt ist eine Selbstverständlichkeit, rund ein Viertel der Ordinierten im aktiven Dienst sind Frauen, mehr als die Hälfte von ihnen allerdings im eingeschränkten Dienstverhältnis. Zu den Frauen in kirchenleitenden Ämtern: Eine Bischöfin, drei von acht Landessuperintendenturen mit Frauen besetzt. Im Kirchensenat fünf Frauen, acht Männer, in der Synode 45 Frauen, 55 Männer. Weniger ausgeglichen ist die Bilanz bisher bei den Superintendentinnen: Es sind 9 von 61. Im Landeskirchenamt gibt es zwei Dezernentinnen und 14 Dezernenten, drei Referentinnen und drei Referenten, zwei Oberkirchenrätinnen, drei Oberkirchenräte. Das Haus Kirchlicher Dienste wird von einer Frau geleitet, ebenso das Zentrum für Gesundheitsethik und das Amt für Bau- und Kunstpflege. Bis auf das Superintendentenamt und die Dezernenten also ein durchaus positives Bild der Beteiligung von Frauen an Kirchenleitung. Ersteres könnte mit den Schwierigkeiten des Amtes insgesamt in der Spannung zwischen geistlichen Aufgaben und denen des Dienstvorgesetzten zusammenhängen, letzteres wird m.E. eine Frage der Zeit sein.

Außenerwartungen und Wahrnehmungen, Selbsteinschätzung und Berufsbild

Das Pfarrer- und Pfarrerinnenbild hat sich in den letzten Jahrzehnten verändert, einmal dadurch, dass neue funktionale Arbeitsfelder dazu gekommen sind; zum anderen durch neue Strukturen und Formen des Pfarrdienstes, insbesondere durch die eingeschränkten Dienstaufträge. Frauen haben an beiden Aspekten der Veränderung entscheidenden Anteil.[34]

„Die Tätigkeit in einem evangelischen Pfarramt ist über Jahrhunderte geprägt vom Berufsbild des Pfarrers. Demzufolge ist eine geschlechtspezifische Ausprägung dieses Amtes unvermeidlich: Von Männern sind die Strukturen, Normen, Arbeitsanforderungen geformt. Treten Frauen in den Beruf, werden plötzlich Selbstverständlichkeiten in Frage gestellt. Die Hardliner einst im Streit um die Frauenordination konnten sich nicht vorstellen, dass Frauen in solch ein Amt passen. In den 60er Jahren sagte der damalige Thüringer Landesbischof: ‚Ich sehe darin, dass man einfach die Frau in dieselbe Tätigkeit hineinstellt, eine gewisse Geringachtung der Art der Frau. Das Amt gibt es noch nicht, wo sie sich ihren Fähigkeiten entsprechend einbringen kann.'"[35] Offenbar war es nicht das Pfarramt. Und auch Frauen selbst hatten Zweifel. So wurde nach mündlicher Überlieferung bei einem Treffen von ordinierten Frauen in den 1950er Jahren diskutiert, ob sie das Abendmahl austeilen können während ihrer Menstruation. Derart tief saßen demnach die eigenen Zweifel an Eignung, die Urteile über Reinheit und Unreinheit. In der nächsten Pastorinnengeneration war das längst Normalität. Allerdings erinnere ich mich persönlich, dass es anlässlich meines Ordinationsgespräches Rückfragen gab, was es bedeuten könnte, eine Schwangere zu ordinieren. Da schwingt offensichtlich doch manches Mal noch die Frage nach dem Weihestatus mit …

Zunächst ging es also um besondere Arbeitsbereiche und das Pflichtzölibat. Und auch als die Gleichstellung kam, waren Frauen in den Augen der Kollegen und Gemeinden noch lange nicht gleichwertig. Viele Theologen hatten Angst, mit der Frau könnte sich eventuell auch das Pfarramt verändern. Damit hatten sie nicht Unrecht. Nur, zu fürchten ist das nicht. Pastorinnen waren und sind einem hohen Erwartungsdruck ausgesetzt – auch durch sich selbst. Auf der einen Seite sollen sie gleich sein wie ihre männlichen Berufskollegen, auf der anderen Seite signifikant anders als diese. Und die Normen für das Amt haben über Jahrhunderte Männer gesetzt.

Die ersten Frauen im Pfarramt wollten zeigen, dass sie in der Lage sind, ein

---

34 E. Reichle, Frauenordination, in: Frauen auf neuen Wegen, Gelnhausen/Berlin 1978, 103–180.

35 G. Weber, „Wie verändert die Pfarrerin das Pfarrerbild?" Deutsches Pfarrerblatt 10/2000.

Pfarramt ebenso kompetent zu führen wie ein Mann und haben bald gemerkt, dass die männlichen Strukturen ihren Möglichkeiten und Fähigkeiten nicht entgegenkamen und vor allem auch nicht der Gemeinde dienten. Manche haben das leidvoll erfahren müssen, sagen: „Das Bild vom Pfarrer stimmt mit mir nicht überein. Die herkömmliche Theologie und Umsetzung zwingt mich zu verstandes- und gefühlsmäßigen Zugeständnissen. So baue ich nicht die Gemeinde."[36] Viele sehen sich weniger eng konfessionell geprägt, in der Verkündigung emotionaler, nicht nur im Amtszimmer über kirchliche Themen ansprechbar. Authentisch leben wollen sie. Die besten Gespräche über Glauben – so berichtet eine – mit Kindern und Jugendlichen hat sie, wenn sie mit ihnen kocht oder backt. Eine andere beklagt das Beharrungsvermögen des lutherischen Traditionalismus und eine verkrampfte und unterkühlte Atmosphäre. Wie viel stimmiger könnte so etwas gestaltet werden! Um ein Berufsfeld anders zu füllen, muss ich allerdings wissen, wer ich bin und welche Ziele ich habe. Noch eine Meinung dazu: „Nachdem ich lernen musste, dass Leistung mich nicht zum Heil führt, habe ich begonnen, nach meiner eigenen Identität als Frau zu suchen. Ich habe gelernt, meinen eigenen Rhythmus ernst zu nehmen. Es ist hilfreich, sich auf andere Frauen beziehen zu können."

Immer mehr Pastorinnen haben sich nicht nur nach Männern als Vorbild für ihre Arbeit umgesehen, sondern auch nach Frauen. Für viele hat die feministische Theologie eine Horizonterweiterung gebracht, die seit Beginn der 1980er Jahre vor allem über die großen Foren auf Kirchentagen ihren Weg in die Gemeinden fand. Allen gemeinsam ist die Suche nach Wegen zu den Menschen, nach einer Sprache, die von Außenstehenden verstanden wird, die nicht ausgrenzt, sondern einlädt. Gerade Sprache verrät. Verstehen Pastorinnen sich eher als Partnerinnen denn als Amtspersonen? Reden sie in der Sprache, die die anderen sprechen oder kopflastig abgehoben? Vielen Pastorinnen liegt der autoritäre Führungsstil fern. Sie arbeiten lieber mit anderen zusammen, beziehen Gemeindeglieder als gleichwertig in die Arbeit ein und finden im Team zu großer Kreativität. Ihre Kommunikationsgabe erhöht die Kommunikationsmöglichkeiten in der Gemeinde. Und genau so kann sich das Pfarrerbild ändern.

Verändert hat sich durch Pastorinnen auch das sogenannte evangelische Pfarrhaus.[37] Von ihm ging über Jahrhunderte eine Vorbildwirkung aus: Die intakte evangelische Familie mit dem Pfarrer als Oberhaupt, der Pfarrfrau, die im Hintergrund alle anfallenden Arbeiten erledigte, dem Ehemann dadurch den Rücken frei hielt für seine „eigentlichen" pfarramtlichen Tätigkeiten und die darüber hinaus durch ehrenamtliche Arbeit seinen Dienst unterstützte. In unserer Landeskirche gibt es alleinerziehende, alleinlebende, verheiratete und geschiedene Pas-

---

36 Vgl. hierzu und zum Folgenden: Kinder, Kirche und Karriere. Von der berufstätigen Mutter im Dienst des Herrn. Erfahrungsberichte, Berlin 2000.

37 Vgl. C. Köhle-Hezinger, Frauen im Pfarrhaus. Kulturgeschichtliche Anmerkungen zum Wandel einer Institution, in: Theologinnen in der Männerkirche, hg. v. G. Bartsch, Stuttgart 1996, 176ff.

torinnen. Oft scheint es so, als ob sich das Pastorinnenbild am Bild von der Gemeindepastorin orientiert. Doch viele Frauen suchen gerade auch übergemeindliche Stellen, um so besser außerhäusliche Berufsarbeit und Familienarbeit in Einklang zu bringen. Oft sind es Stellen mit eingeschränktem Dienstauftrag, verbunden mit dem Wunsch nach einer deutlicheren Abgrenzung von Berufs- und Privatleben. Es wird gerade in unserer Landeskirche diskutiert über eine Handreichung, die genauer klären soll, was eingeschränkter Dienstauftrag bedeutet, die es durchsichtiger machen soll, sowohl für diejenigen, die diese Stellen ausfüllen, wie auch für die Gemeinden und Kirchenvorstände.
Festzuhalten ist, dass es Teil des Amtsverständnisses aller evangelischen Landeskirchen in Deutschland ist, Frauen und Männer zu ordinieren.

Bischöfin – Ein erstrebenswertes Amt?
1992 wurde in Deutschland mit Maria Jepsen in Hamburg die erste Frau zur Bischöfin gewählt, zudem die erste lutherische weltweit. Bereits seit Anfang der 1980er Jahre gab es in der methodistischen, der presbyterianischen, ja, sogar in der anglikanischen Kirche bereits Bischöfinnen jenseits Großbritanniens. In Deutschland entstand um jene Wahl eine heftige Auseinandersetzung. Bereits in drei Anläufen zuvor war versucht worden, eine Frau zu einer ernsthaften Kandidatur zu führen. Zunächst 1988 bei der Wahl von Bischof Horst Hirschler in Hannover, wo die Neutestamentlerin Luise Schottroff antreten wollte, vom Senat allerdings nicht als Kandidatin vorgeschlagen wurde. Anschließend war Bischofswahl für einen der drei Bischofssitze der nordelbischen Kirche in Lübeck, wo Käthe Mahn gegen Bischof Karl-Ludwig Kohlwage antrat und unterlag. Bei der nächsten Wahl in Nordelbien in Schleswig unterlag Rut Rohrandt Bischof Hans-Christian Knuth. Bei dem dritten Anlauf in derselben Landeskirche hat es dann schließlich geklappt. Sofort aber begannen die Auseinandersetzungen, so dass der Rat der Evangelischen Kirche in Deutschland sich tatsächlich zu einer klärenden Stellungnahme veranlasst sah. Die Kammer für Theologie hat anschließend eine Stellungnahme erarbeitet, die im Juli 1992 veröffentlicht wurde. Sie beginnt mit dem programmatischen Satz-: „Die Wahl einer Frau zur Bischöfin von Hamburg ist in voller Übereinstimmung mit den theologischen und rechtlichen Grundsätzen der evangelischen Kirche erfolgt.“ Und dann folgen die bekannten Argumentationen um biblische Textstellen, um die Geschichte unserer Kirche und anderes mehr.
Zu meinen persönlichen Erfahrungen: Als ich 1999 im Februar erstmals davon hörte, dass auf einer Versammlung in Hannover meine Name als mögliche Bischofskandidatin genannt werde, habe ich herzlich gelacht. Mir schien die Vorstellung, für ein solches Amt in Frage zu kommen, eher fremd, wenn nicht gar komisch. Bei jener Tagung der Gruppe Offene Kirche hat Professor Matthias Kroeger aus Hamburg einen Vortrag gehalten.[38] Darin hat er einige Kriterien für

---

[38] Vgl. M. Kroeger, Bischof oder Bischöfin? Was braucht die Kirche? Was braucht die Zeit?, bisher unveröffentlicht.

eine Person im Bischofsamt genannt, die mir bis heute hilfreich erscheinen. Ich nenne beispielsweise

- theologisch wie geistlich und religiöses klares Profil
- Komplementarität von Konfessionalität und Distanziertheit, sowie Komplementarität zwischen verschiedenen theologischen Positionen („Die reformatorischen Grundlagen dürfen durch nichts verletzt und unterschritten werden, aber über sie muss im Umfang des geistlichen theologischen Vermögens weiter- und hinausgeschritten werden.“)
- Öffentlichkeitsfähigkeit und -willigkeit,
- Einsamkeitsfähigkeit.

Anschließend geht Kroeger auf die spezifischen Argumente für eine Frau im Amt ein. Ich nenne verkürzt:

- wünschenswert in den bisher patriarchalisch geprägten Strukturen
- Hereinholen des menschlichen und geistlichen Reichtums einer ganzen Menschheitshälfte in dieses Amt.

Allerdings erklärt er, eine Frau in diesem Amt müsse auch durchsetzungs- und aggressionsfähig, kollegial, teamfähig und delegierend sein sowie Erfahrung mit sich selbst in kirchenleitender Funktion haben. Zudem hat Kroeger auch deutlich gemacht hat: „Es ist wünschenswert, dass eine Frau Bischof wird, aber nicht notwendig.“ Er hat besonders hervorgehoben, dass mit Frauen im Amt auch eine „Botschaft des Herzens“ wünschenswert sei. Die Gruppe Offene Kirche hat im Anschluss daran in ihrer öffentlichen Versammlung am 20. Februar 1999 eine Resolution an Senat und Synode der Evangelisch-lutherischen Landeskirche Hannovers verfasst, in der zum einen gefordert wird, dass der Senat einen Wahlaufsatz mit wenigstens zwei Personen präsentiert und auch möglichst eine Frau als Kandidatin für die Wahl benennt.

Von all diesen Vorgängen wusste ich nichts – zum Glück. Wenige Wochen später erhielt ich einen Anruf aus Aurich: „Hier spricht der Landessuperintendent des Sprengels Ostfriesland. Frau Generalsekretärin, ich trage Ihnen im Namen des Senates der Evangelisch-lutherischen Landeskirche Hannovers die Kandidatur für das Bischofsamt an.“ Das war ein im Kontext des Kirchentages nahezu unbekannt-förmlicher Stil. Ich habe geantwortet: „Das meinen Sie jetzt richtig ernst, ja?“ „Das meine ich sehr ernst“, hat Volker Jürgens geantwortet. Diese offizielle Anfrage war eine mehrfache Irritation. Generalsekretärin des Kirchentages – das war für mich eine Art „Traumjob“, immer an der Schnittstelle zwischen Kirche und Gesellschaft, immer in Berührung mit kulturellen, politischen, wissenschaftlichen Auseinandersetzungen und außerdem eine lebendige Form kirchlichen Lebens, die sich alle zwei Jahre in einer Großveranstaltung zeigt. Streitkultur, Weltoffenheit, Protestantismus, wie er sich lebendiger kaum präsentieren kann. Dort habe ich mich richtig gefühlt, am richtigen Ort. Aber Bischöfin? Eingebunden in Strukturen? Völlig identifiziert mit der Kirche, ja die Kirche selbst repräsentierend? Meine eigene Person konnte ich mit den Bildern, die ich selbst von Bischöfen im Kopf hatte, nicht in Übereinstimmung bringen. In den kommenden drei Wochen, die ich Bedenkzeit hatte, sind mehrere Menschen „ganz zufällig“ durch Fulda gefahren und haben bei mir geworben für eine Kandidatur, auch eine offizielle Senatsdelegation erschien. „Wenn Sie kandidieren, das wäre ein Signal“, hieß es. Frauenkompetenz könnte gezeigt werden! Und immer wieder die beruhigende Andeutung: „Dass Sie es werden, ist ja ohnehin eher unwahrscheinlich.“

Das Referat von Matthias Kroeger hat mich ermutigt, die von ihm genannten Kriterien zu prüfen. Das Ergebnis war, dass ich sie zumindest ansatzweise erfüllen könnte. Zudem haben mich die „Werbenden“ bei meinem Verantwortungsbewusstsein getroffen: „Wenn Sie nicht kandidieren, gibt es wiederum nur einen Kandidaten, und wir könnten so doch zeigen, dass es kompetente Frauen gibt.“

Also: Ich habe kandidiert. Zweierlei hatte ich nicht erwartet: Sobald die Kandidatur öffentlich wurde, hatte ich mich einerseits einem Sturm öffentlichen Interesses zu stellen. Zum andern: Ich war scharfen Nachfragen nach meiner theologischen Kompetenz ausgesetzt (als ob eine Promotion eine Erstsemesterarbeit wäre), aber noch schärferen Nachfragen nach meiner Verantwortlichkeit als Mutter.

Die Aufmerksamkeit der Medien war hoch und durchaus positiv: Überraschendes aus der Kirche! Sowohl Landessuperintendent Jürgen Johannesdotter als auch ich haben uns der Synode als Kandidaten vorgestellt, haben Interviews gegeben, uns befragen lassen nach Zielen, Vorstellungen und anderem mehr. Ich kannte die hannoversche Landeskirche gar nicht, ja nicht einen Menschen in Hannover. Also habe ich angefangen zu lesen: Welche Sprengel gibt es, was ist ein Landessuperintendent? Ehrlich gesagt, finde ich das im Rückblick eher wagemutig, so uninformiert auf die Sache zuzugehen. Damals fand ich es eher spannend. Allerdings habe ich mich auch mit der Anfrage aus dem Freundeskreis konfrontiert gesehen: „Bischöfin, ist das nicht ein Rückschritt von der Bewegung Kirchentag in die Institution Kirche?“ Und: „Wenn schon, dann doch bitte nicht gerade in Hannover, da würdest du von der Starrheit der konservativen Strukturen gefressen werden.“

Als ich schließlich am 2. Juni zur Synode erschien, spürte ich doch ein gewisses Unbehagen. Die Synodalen waren mir gegenüber etwas befangen, eine enorme Spannung lag in der Luft. Am 3. Juni, meinem 41. Geburtstag, fand um 11.30 Uhr der erste Wahlgang statt: 50 zu 48, also zwei Stimmen Vorsprung vor dem Landessuperintendenten des Sprengels Stade. Schon das galt als kleine Sensation. Viele aber meinten: Die Synode wollte nur mal die Muskeln spielen lassen, sie wusste ja, dass eine Zweidrittelmehrheit im 1. und 2. Wahlgang notwendig ist. Morgen werden sie zur Vernunft kommen.

4. Juni, 2. Wahlgang, wiederum Wahl um 11.30 Uhr, Bekanntgabe 12.30 Uhr. 51 zu 47 Stimmen, die Spannung war enorm, kaum einer folgte den anderen Synodendebatten. Ich habe gehört, dass in der folgenden Nacht noch viele Anrufe getätigt wurden, um Einzelne von diesem „Unfug“ abzuhalten und „eine Katastrophe zu verhindern“. Ob das stimmt, weiß ich nicht. Ich selbst jedenfalls hatte

eine schlaflose Nacht, weil mir plötzlich, ja schlagartig klar wurde: Wenn sie dich tatsächlich wählen, verändert das dein ganzes Leben und das deiner Familie dazu. Bis dahin ging es um eine Kandidatur, jetzt real um das Bischofsamt. Um fünf Uhr morgens bin ich schließlich aufgestanden, habe mich ans Laptop gesetzt und für den Fall (nur für den Fall!) einer Wahl einen kurzen Text entworfen. Das Manuskript habe ich gut versteckt. Allein die Vorstellung: Du wirst nicht gewählt und alle schütten Häme über dich aus nach dem Motto: „... hatte schon die Dankesrede in der Tasche" ... Zum Glück hatte ich nebenbei noch meine Familie zu bedenken – meine älteste Tochter kam gerade von einem einjährigen Aufenthalt aus Südafrika zurück und die Geschäfte des Kirchentages per Handy mit zu lenken, der zehn Tage später in Stuttgart beginnen sollte. Das hat abgelenkt.
Dritter Wahlgang am 5. Juni 1999, 11.30 Uhr. Als die Zählkommission offensichtlich ein Ergebnis hatte, wurde die Unruhe in dem völlig überfüllten Raum so groß, dass sich der Synodalpräsident entschloss, das Ergebnis schon um 12 Uhr bekannt zu geben. Zunächst wurde das 12 Uhr-Läuten abgewartet, dann: 52 zu 45 mit einer Enthaltung. Zunächst Stille, dann die Frage: „Nehmen Sie die Wahl an?" Mit einem leichten Seufzer mit Blick auf diese enorme Herausforderung habe ich geantwortet: „Ja, im Vertrauen auf Gottes Hilfe." Es folgten der Dank des Synodenpräsidenten an Jürgen Johannesdotter sowie die zum Glück vorbereitete Dankesrede, und dann brach der Medienrummel los. Als mein Mann und ich schließlich erschöpft in den ICE stiegen, hatten wir 16 Blumensträuße dabei, und eine Frau fragte mich: „Sind sie Floristin?" Abends waren etliche Menschen in unserem Haus, Tagesschau: erst die Wahl in Hannover, dann ein Bericht über den Papst – 1:0.
Was so eine Wahl in ein kirchenleitendes Amt bedeuten kann, mögen einige Schlagzeilen am kommenden Montag nachempfinden lassen:

- „Große Erwartungen an zierliche Bischöfin" (dpa) (Wer würde je die Statur eines Mannes so kommentieren?)
- „Gegen Vorurteile durchgesetzt" (Deister-Weser-Zeitung)
- „Powerfrau" (Herder Korrespondenz)
- „Ist die neue Bischöfin ein Segen für die Kirche?" (Bild am Sonntag)
- „Ein Zugpferd für Hannover" (taz)
- „Kleines Wunder" (SPIEGEL)
- „Ein Wunder" (Brandenburgisches Amtsblatt)
- „Ein Erfolg für die Frauen?" (FAZ)
- „Ein besonderer Moment für Frauen in der Kirche" (Neue Presse)
- „Jubel und Blumen für die Bischöfin" (HAZ)
- „Wind des Wandels" (Evangelische Kommentare)

Und mein Lieblingskommentar hieß im Deutschen Allgemeinen Sonntagsblatt:

- „Fromm, fröhlich, frei" nach dem Motto: Turnvater Jahn hätte seine Freude an ihr gehabt.

Besonders gern gedruckt wurde ein Foto von mir beim Joggen mit Hund – den einen ein Gräuel, den anderen Verwunderung ...

Ich wurde nun zu Talkshows eingeladen, was eine Debatte nach sich zog, ob das „schicklich" sei. Ich wurde von Fernsehkameras begleitet, interviewt von Zeitungen und Hörfunk. In dieser Zeit gab es eine gewisse Spannung dadurch, dass ich ja immer noch Generalsekretärin des Deutschen Evangelischen Kirchentages war und eine Verantwortung für die Durchführung des Stuttgarter Kirchentages hatte. Es war eine Zeit relativ großer Anspannung. Als ich nach dem Kirchentag mit meiner Familie nach Frankreich in Urlaub fuhr, hatte ich kurz Zweifel: War dieser ja doch lebensentscheidende Schritt eigentlich der richtige? Kannst du Bischöfin sein? Kannst du diese Verantwortung übernehmen, und hast du die Kompetenzen, die notwendig sind, ein solches Amt zu füllen? Wie kannst du deinen Kindern weiterhin gerecht werden?
Die sogenannten „Bibeltreuen Christen" entschlossen sich, eine Notsynode am Tag meiner Einführung durchzuführen. Dazu wurden – so *idea* vom 9. August 1999 – 2000 Christen erwartet. Rudi Weinmann, der Initiator der sogenannten Notsynode, erklärte, meine Einführung in das Bischofsamt sei „aktiver Ungehorsam gegenüber dem Herrn der Kirche" und eine Gefahr für die Kirche: „Das ist unbiblisch. Jesus Christus erkennt die Bischöfin nicht an. Deshalb hat die hannoversche Landeskirche ab dem 4. September keinen Bischof." Diese Auseinandersetzung war recht belastend, da Weinmann und die Seinen niemals das Gespräch mit mir gesucht haben. Vielmehr wurde über mich gesprochen und über mich geurteilt, ohne ein Gespräch mit mir.
Das Landeskirchenamt reagierte mit einer Pressemitteilung des Vizepräsidenten vom 10. August 1999. Dr. Günter Linnenbrink schrieb: „Mit Frau Dr. Käßmann wird zum ersten Mal in der Geschichte der Hannoverschen Landeskirche eine Frau in das Amt einer Landesbischöfin eingeführt. Das ist zwar ein bemerkenswertes Ereignis, aber keine theologische Revolution ... Frau Dr. Käßmann ist darum nach ihrer Einführung in das Amt der Landesbischöfin die rechtmäßige, biblisch und bekenntnismäßig legitimierte Bischöfin unserer Landeskirche. Da mögen selbst ernannte ‚Notsynoden' sagen, was sie wollen."
Der 4. September 1999 war für mich persönlich dann ein überwältigendes Ereignis. Mehr als 5000 Menschen waren bei strahlendem Sonnenschein beim Einführungsgottesdienst, mit dem sich gleichzeitig mein Vorgänger an seinem 66. Geburtstag aus dem Amt verabschiedete. Die Marktkirche war überfüllt mit 1200 Menschen, vor allem geladenen Gästen. Außerhalb der Marktkirche verfolgten ca. 4000 Menschen das Geschehen auf einer großen Übertragungsleinwand. Es gab keinen Sektempfang für geladene Gäste, sondern anschließend Wasser, Saft, Bier und Bratwurst auf dem hannoverschen Marktplatz. Der Gottesdienst wie das Fest waren eine überwältigende Feier, von der die Menschen heute noch sprechen. Das hatte Kirchentagscharakter! An der Notsynode nahmen insgesamt nach Schätzungen zwischen 150 und 300 Personen teil. Leider wurde sie gestört, was ihr zusätzliche Aufmerksamkeit gebracht hat. Von ihr habe ich seitdem nichts mehr gehört.

Erfahrungen aus der Praxis

Inzwischen bin ich mehr als 3½ Jahre Landesbischöfin, das ist doch schon ein Erfahrungsschatz als Frau im kirchenleitenden Amt. Einige Punkte hierzu:

- Weiterhin gibt es ein Interesse am Privat-Sein der Bischöfin. „Wie geht das mit den vier Kindern, hält der arme Ehemann das aus? Ist es tatsächlich wahr, dass Sie zuhause die Wäsche waschen?" Ich denke nicht, dass es einen Bischof gibt, der sich so oft mit solchen Fragen konfrontiert sieht. Andererseits beantworte ich die Fragen auch gern und habe nicht zuletzt deshalb ein Buch über Kindererziehung geschrieben[39], weil ich glaube, eine Bischöfin hat hier auch eine besondere Chance, Grundüberzeugungen weiterzugeben. Meinen Mann und meine Kinder schütze ich eher, sie haben keine Lust, ständig in der Öffentlichkeit zu stehen und fotografiert zu werden. Das ist ihr legitimes Recht. Ich bin ihre Mutter bzw. Ehefrau und nicht ihre Bischöfin. Und deshalb werden die vielen herzlichen Einladungen: „Bringen Sie doch Ihre ganze Familie mit" in der Regel freundlich abgelehnt. Es muss ein ausbalanciertes Verhältnis von Distanz und Nähe, von öffentlich und privat geben.
- Die Vereinbarkeit von Familie und Beruf ist für Frauen in leitenden Ämtern natürlich tatsächlich ein Thema. Manches Mal, wenn ich mir morgens eine Bluse bügele, frage ich, welcher andere Bischof in Deutschland das wohl sonst noch tut. Es gibt Situationen, in denen es ein schlechtes Gewissen gibt. Zum Glück sind meine Kinder nicht mehr klein. Aber welcher Bischof achtet wohl darauf, dass der Hautarzttermin der einen Tochter eingehalten wird, die andere noch Englisch-Vokabeln lernt und die dritte das Geschenk für den Geburtstag der Freundin besorgen muss? Das ist kein Thema einer Bischöfin allein, aber eine Erfahrung aller berufstätigen Familienfrauen, die sich auch im bischöflichen Amt spiegelt. Zeiten der Stille, der Spiritualität, des Theologietreibens und auch für Sport müssen in das Netzwerk von Sitzungen, Synoden, Verpflichtungen eingebaut werden.
- Das Medieninteresse hat nicht nachgelassen. Allerdings bin ich inzwischen froh, dass ich nicht mehr nur nach meinen Familienkompetenzen gefragt werde, sondern dass inhaltliche Themen nach dem ersten Jahr die Oberhand über Privates gewonnen haben. Dabei wird immer wieder deutlich: Von einer Bischöfin wird erwartet, dass sie sich in den unterschiedlichsten Bereichen auskennt. Das geht von theologischen Fragen über eine Stellungnahme zur Gentechnologie bis zu Fragen von „Outsourcing", von Haushalts- und Personalfragen über das Thema Nachhaltigkeit bis zu Zukunftsvisionen, von der Bestattungskultur bis zum Adoptionsrecht. Da ist es wichtig, Schwerpunkte zu bilden, Zuarbeit in Sachfragen zu erhalten und auch auszuwählen, abzusagen. Eine wichtige Rolle spielen dabei die eigene Kanzlei und vor allem die persönliche Referentin und die Pressesprecherin, überhaupt ein engerer Kreis, in dem schnell und unkompliziert Entscheidungen abgewogen werden können.

---

39 M. Käßmann, Erziehen als Herausforderung, Freiburg 2001.

- Mit den katholischen Amtskollegen hat es erfreulicherweise keine besonderen Reibungspunkte gegeben. Bereits im ersten Jahr meiner Amtszeit habe ich beispielsweise mit dem Hildesheimer Bischof Josef Homeyer das Großprojekt Christus-Pavillon auf der Expo 2000 durchgeführt. Wir arbeiten gut und vertrauensvoll zusammen. Ich denke nicht, dass das Frau-Sein da eine entscheidende Rolle spielt. Dass das auch öffentlich wahrgenommen wird, zeigt die gemeinsame Verleihung der Ehrendoktorwürde der Universität Hannover Ende 2002. Allerdings habe ich im Zentralausschuss des Ökumenischen Rates der Kirchen durchaus anderes erlebt. Ein russisch-orthodoxer Vertreter war beispielsweise nicht mehr bereit, mir die Hand zu geben, da ich nach seiner Ansicht das Evangelium verrate. Ein Patriarch meinte, ich solle mich mäßigen, ich hätte als Frau keinerlei Recht, eine Position, die er einnähme, zu kritisieren. Hier müssen wir uns nichts vormachen. Manche Hierarchen der Orthodoxie wie auch anderer, durchaus auch evangelischer Kirchen werden Frauen noch lange nicht als Vertreterinnen des Amtes anerkennen.
- Ich erlebe in meinem Amt eine große Empathie vieler Menschen. Mein Fahrer sagt manchmal, es sei ungerecht, so viele Blumensträuße habe mein Vorgänger nicht erhalten. Das sind die Vorteile einer Frau, und ich genieße sie, freue mich, wie es manchmal blüht in der Kanzlei. Egal ob in Ostfriesland oder im Harz, im Stader Bereich oder in Osnabrück: Die Menschen freuen sich, wenn die Bischöfin kommt. Sei es zum 850-jährigen Kirchenjubiläum, zum Kreislandfrauentreffen oder anderes mehr. Eher ist die Anfrage an öffentliche Beiträge zu groß, es gibt inzwischen eine Absagequote von sechs Absagen zu einer Zusage. Was oft fehlt, ist genügend Zeit zur Vorbereitung bzw. Personen, die entscheidende Vorbereitungsarbeiten für mich übernehmen. Der Stab einer Landesbischöfin ist klein, sonst könnte ich sicher noch mehr leisten. Andererseits schätze ich die hannoversche Situation sehr, in der die Kanzlei der Landesbischöfin außerhalb des Landeskirchenamtes platziert ist und so Wohnen und Arbeiten in einem Haus verbindet, auch wenn das manches Mal zu Abgrenzungsschwierigkeiten führt.
- Und das Rollenbild? Im Flur meiner Kanzlei hängen die vier Porträts meiner Vorgänger: Bischof August Marahrens 1925–1947, Bischof Hanns Lilje 1947–1971, Bischof Eduard Lohse 1971–1988, Bischof Horst Hirschler 1988–1999. Große Vorgänger, verehrte, manchmal durchaus auch umstrittene Persönlichkeiten, jeweils mit Stärken und Schwächen. Eine Chance lag für mich sicher darin, dass ich natürlich wie keiner von diesen sein konnte und kann. Das gibt auch eine gewisse Freiheit in der Gestaltung des Amtes. Ich habe immer die Möglichkeit gehabt, ich selbst in diesem Amt zu sein, Margot Käßmann, die Bischöfin ist und nicht Margot Käßmann, die versucht, das zu sein, was eine Bischöfin sein soll nach dem Motto: Jetzt setze ich mal den anderen Hut auf. Ich erfahre eher eine gewisse Leichtigkeit und auch bei allen Belastungen durchaus Lust an der Gestaltung des Amtes und der Repräsentation unserer Kirche.

- Hinsichtlich des Leitungsstils hat es Gewöhnungsbedarf gegeben. Zum einen waren einige überrascht, dass ich souverän und stringent Sitzungen leiten kann. Das habe ich nun allerdings spätestens beim Kirchentag wahrhaftig gelernt. Überraschend für manche auch der Stil. Ab und an sagte mir jemand: „Jetzt hätte Bischof Lilje aber auf den Tisch gehauen." Oder: „Jetzt hätte der Altbischof Pastor X aber zusammengefaltet." Kontrollmechanismen, kantige Durchsetzungsstrategien, das wird von einem Bischof erwartet. Überraschung gibt es dann, wenn deutlich wird, die setzt sich tatsächlich durch, aber auf andere Art: durch Partizipation, Gespräch, Beharrungsvermögen und anderes. Leitungsstile von Männern und Frauen sind tatsächlich sehr unterschiedlich. Und bei den Modellen der pyramidenförmigen Leitung bzw. der netzartigen Leitung ist ja nach Analysen aus dem Bereich der Wirtschaft. das erstere ein wirklich eher männliches, das zweite eher weibliches Leitungsmodell.
- Überraschung gab es schließlich auch, wenn ich bei bestimmten Themen eindeutig Stellung bezogen habe. Dabei kenne ich in manchen Situationen durchaus die Angst, ob ich in der Lage sein werde, eine Position öffentlich durchzuhalten, wenn die Kritik scharf wird. Beispielsweise meine Ablehnung des Afghanistan-Einsatzes der Bundeswehr, meine Befürwortung einer Fürbittandacht für Homosexuelle aus Anlass einer eingetragenen Lebenspartnerschaft oder auch meine Ablehnung des Imports von Stammzelllinien und der Forschung an Embryonen haben zum Teil heftige und kritische Reaktionen ausgelöst. Da gibt es Beschimpfungen per Brief oder Telefon. Für mich schlimmer sind allerdings die hinter vorgehaltener Hand geäußerten hämischen Bemerkungen, die mir nicht offen zugetragen werden, sondern über Dritte „ankommen". Hier mangelt es in der Kirche vielfach an Streitkultur. Für mich ungeheuer wichtig sind Vertrauenspersonen, Beratungen ohne Protokoll – allerdings ist das nicht immer einfach, und die von Matthias Kroeger genannte Einsamkeitsfähigkeit kann ich als Kriterium heute besser verstehen. Allerdings sollte sie nicht zur Einsamkeitssucht ausarten.
- Humor scheint mir eine für das Bischofsamt unabdingbare Gabe zu sein. Wie soll ich denn damit umgehen, dass der Abt des Klosters Loccum bis zur Einführung des Bischofsamtes der oberste Geistliche der Landeskirche war und jene mögliche Spannung dadurch aufgehoben wurde, dass Bischofsamt und Abtamt in Personalunion gesehen wurden. Nun aber versteht sich jenes Kloster, das seit Jahrhunderten nicht mehr von Mönchen bewohnt wird und heute eines unserer Predigerseminare ist, als evangelischer Zisterziensererbe und nimmt keine Frauen in den Konvent auf. Inzwischen bin ich durch den Versuch, das Problem pragmatisch zu lösen, „Mitglied eigenen Rechts". Oder: Der hannoversche Landesbischof ist traditionell Ehrenmitglied des traditionsreichen Rotarierclubs Hannovers. Der nahm aber keine Frauen auf. Schneller als der Konvent des Klosters fand er zu der Lösung: Das Amt ist Mitglied. Als ich dann die erste, traditionelle Bischofsrede dort hielt, sagte der Präsident: „Verehrte Frau Bischöfin, eine so hohe Präsenz habe ich noch nie

erlebt!“ Und: Im Jahr 2001 hat sich der Club entschlossen, Frauen aufzunehmen.

Und schließlich gibt es lustige Überraschungen. Mehrere Honoratioren in Nienburg warteten beim Bürgermeister der Stadt auf meinen Eintrag ins Goldene Buch der Stadt, darunter eine russisch-orthodoxe Gastdelegation. Der Priester hatte sich offensichtlich auf die Begegnung mit dem Landesbischof vorbereitet, eine Rede in der Hand. Er war sichtbar fassungslos, als ihm diese kleine Frau als Bischof vorgestellt wurde, und brachte dann nichts mehr heraus außer, er könne nur noch stammelnd sagen, er wolle mich denn grüßen „wie Lord Nelson zu Lady Hamilton sagte: Madam, Sie sind so schön.“ Der Empfang erstarrte, und die Blicke richteten sich auf mich, ob ich das nun despektierlich fände oder wie ich damit umginge. Ich konnte dann nur in Lachen ausbrechen, und erleichtert lachte der ganze Nienburger Empfang.

Mein vorläufiges Fazit lässt sich wie folgt zusammenfassen:
Eine Frau im Bischofsamt ist in Hannover inzwischen Normalität, ich bin überzeugt, auch in der Evangelischen Kirche in Deutschland insgesamt. Bei zukünftigen Wahlen wird es darauf ankommen, ob die Person ihre Persönlichkeit, wie Kroeger das genannt hat, öffentlichkeitsfähig und öffentlichkeitswirksam, mit Gestaltungswillen nach innen und Überzeugungskraft nach außen, einbringt. Ich habe nicht den Eindruck, dass ich als Frau beurteilt werde, aber ich habe bestimmte Qualitäten als Frau, die sich gut mit männlichen Qualitäten ergänzen. Deshalb bin ich überzeugt, es ist eine Bereicherung für unsere Kirche, wenn Männer und Frauen dieses Amt bekleiden. Gefragt wurde ich inzwischen, ob die Wahl einer Frau ins Bischofsamt ein Signal für den Bedeutungsverlust der Evangelischen Kirche in Deutschland sei. Das halte ich für eine Fehleinschätzung. Die Qualifikation von Frauen ist nicht mehr die Frage, sondern jeweils der Leitungs- und Gestaltungswille einer Person. Ich bin inzwischen gerne Landesbischöfin und auch überzeugt, dass eine Frau das Amt ausfüllen kann. Allerdings wünsche ich mir oft noch mehr Zeit, um genau zu überlegen, welche Prozesse unsere Kirche zukunftsfähig machen werden, um mich einzelnen Menschen und Problemen intensiver widmen zu können. Leider hat der Tag nur 24 Stunden, das ist das, was ich am meisten bedauere

4. Predigt im kirchenleitenden Amt und in gesellschaftlichen Konflikten

Wie nun kann kirchenleitende Predigt in gesellschaftlichen Konflikten aussehen? Sie steht vor mehreren Herausforderungen. Zum einen wird ihr leicht vorgeworfen – und das habe ich immer wieder erlebt –, sich von der Aufgabe der Evangeliumsverkündigung zu entfernen und zu politisieren. Das ist die berühmte Auf-

forderung, beim „Eigentlichen“ zu bleiben. Wie aber kann beispielsweise ein Gottesdienst zum Tschernobylgedenken stattfinden, der nicht die Frage der Atomenergie thematisiert? Kann über einen Text wie Lev 19,33f gepredigt werden, ohne die Situation der Flüchtlinge heute aufzugreifen? Meines Erachtens gibt es eine solche Unterscheidung zwischen „eigentlich“ und „uneigentlich“ für die evangelische Predigt nicht. Es sind die biblischen Texte selbst, die unsere Welt thematisieren. Das Evangelium fordert nicht zur frommen Weltflucht auf, sondern spricht mitten in die Welt. Es zeichnet jene Kontrastgesellschaft, die eine Provokation für die bestehenden Verhältnisse ist.
Wird die Bischöfin in eine besondere Konfliktsituation eingeladen, so wird sie meist gebeten, zu einem bestimmten Text zu predigen. Oder sie sucht einen Text, der in die Situation sprechen kann. Hier muss aufgepasst werden, dass der Text auch für die Predigerin und die Gemeinde ein Gegenüber bleibt und nicht ausschließlich „domestizierte“, der Situation scheinbar angepasste Texte gewählt werden. Zum anderen wird Predigt in gesellschaftlichen Konflikten immer wieder vorgeworfen, sie beziehe einseitig Stellung. Macht das Evangelium tatsächlich eine Vorgabe in Fragen der Gentechnologie? Hier muss deutlich werden: Die Predigerin zieht aus der Bibel, beispielsweise aus dem hieraus entwickelten christlichen Menschenbild, bestimmte Schlussfolgerungen. Sie macht eine Vorgabe. Aber es kann für Christinnen und Christen durchaus andere Schlussfolgerungen geben, wenn sie denn im Licht des biblischen Zeugnisses reflektiert werden. Kirchenleitende Predigt in gesellschaftlichen Konflikten kann einladen zu einer gut evangelischen Streitkultur, die nicht besserwisserisch oder moralisierend argumentiert, sondern einlädt, den eigenen Standpunkt zu finden, der sich vor Gott und der Bibel verantworten lässt. Schließlich kann es auch den Vorwurf geben, nicht klar genug Stellung bezogen zu haben. So wurde beispielsweise in Dannenberg gesagt, der Versuch, als Kirche zwischen Demonstranten und Polizei zu vermitteln, mindere die Glaubwürdigkeit. Dabei wird deutlich, dass es oft schwerer ist, dazwischen zu stehen, zu vermitteln, sich um Mediation zu bemühen, als für „eine Seite“ in einem Konflikt zu argumentieren, was angreifbar ist, aber eben auch viel Beifall finden kann.
Alle drei Schwierigkeiten erlebe ich im Bischofsamt verstärkt. Das Amt soll nicht polarisieren, sondern verknüpfen, „zusammenhüten“, wie es oft mit einem Begriff benannt wird, den ich allerdings etwas pathetisch finde. Und doch ist es ein öffentliches Amt, von dem zu Recht öffentliche Stellungnahme erwartet werden kann. Nun ist die Predigt kein öffentlicher Vortrag. Zuerst kommt der Text, bzw. – mit Blick etwa auf semiotische Homiletik, die den Text gern am Ende sieht – die Predigt entsteht vom Text her. Das unterscheidet sie von jedem anderen Kommentar zur Situation, sie kommt von einem Text her, geht auf einen Text zu oder kreist um einen Text, der von außen in die Situation spricht. Die biblische Vorgabe ist für mich als Grundlage der Predigt entscheidend, damit es nicht beliebige persönliche Rede wird. In der genannten Dreiecksbeziehung zwischen Text, Predigerin und Hörenden spielt der Kontext in diesem Geschehen selbst-

verständlich eine entscheidende Rolle. Das geschieht in dem faszinierenden Bewusstsein, dass über diesen Text im 3. wie im 10. wie im 20. Jahrhundert gepredigt wurde. Die Unterschiede in der Predigt entstehen durch den Kontext, aus dem heraus Predigerin bzw. Prediger und Gemeinde hören und verstehen.
Immer wieder wird mir deutlich, dass der Erosionsprozess in Glaubensfragen nicht unterschätzt werden darf. Selbst wenn im Bereich der hannoverschen Landeskirche vielerorts noch eine stabile volkskirchliche Situation vorhanden ist, kennen viele Menschen grundlegende Texte nicht mehr. Jeder vierte Jugendliche in Deutschland weiß nicht, was der Grund für Weihnachten ist. Eine Pfingstpredigt wird daher erst einmal versuchen müssen, Pfingsten grundsätzlich verständlich zu machen. Wenn ein Prediger, wie ich es kürzlich erlebt habe, ständig über das Damaskuserlebnis spricht, muss er sich klar machen, dass viele der Hörenden nicht wissen, was das ist. Schnelle Vereinnahmungen wie: „Wir alle wissen doch" oder „Wie wir Christen glauben" sind nicht hilfreich in einer Zeit, in der viele eher fragen als wissen, eher zweifeln als glauben.
Predigt gibt in dieser Situation besonders auch die Chance der Lehre. So können wir die Zehn Gebote verstehen. Das Vaterunser ist ganz aktuell. Die bettelnde Frau kann ganz neu als Lehrerin Jesu verstanden werden. Und: Das Bemühen um Sprache ist dabei von entscheidender Bedeutung. Meines Erachtens muss die Predigt Alltagssprache sprechen, wenn sie alltagsrelevant sein will. Eine eigene abgehobene oder gar intellektuelle Predigtsprache, die sich eines binnenkirchlichen Vokabulars bedient, kann nur eine Sonntagsrede sein, wie Otto Waalkes sie einst trefflich karikiert hat. Zudem: Begriffe wie Gnade, Rechtfertigung etc. sind längst nicht mehr für alle Menschen mit Inhalt gefüllt. Deshalb kann eine Predigt ein guter Ort sein, zum Beispiel das Verständnis von Sünde neu zu erläutern.

5. Öffentlichkeit und Volkskirche

Auch wenn die Kirche vielerorts „totgesagt" wird, hat sie immer wieder einen integrierenden Charakter. Exemplarisch hat sich das am 11. September 2001 gezeigt, als viele Menschen sich spontan in Kirchen versammelten. Wohin sonst können sie denn gehen in solchen Situationen? Die Versammlung an einem Ort, in einem kirchlichen Raum, schafft Gemeinschaft bei feierlichen Anlässen, seien sie trauriger oder fröhlicher Natur. Es ist ein gewisser Luxus der Predigt im Bischofsamt, dass sie in der Regel in sehr gut besuchten Gottesdiensten, ja bis auf wenige Ausnahmen in Festgottesdiensten stattfindet. Da wird mancher Pastor und manche Pastorin vor Ort sagen: Wenn sie mal mit zehn Besucherinnen und Besuchern sonntags durchhalten müsste, sähe das anders aus. Tatsächlich aber ist es doch erstaunlich, wie viele Menschen bundesweit Sonntag für Sonntag Gottesdienste besuchen, es sind Millionen – da steht auch die Bundesliga zurück …
Und zu so manchem Fest gehört selbstverständlich eben auch ein Gottesdienst. In diesem Gottesdienst sitzen dann auch der Ortsbürgermeister, die Landtagsabge-

ordnete, der Hochschuldirektor, die Unternehmerin vor Ort. Hier hat unsere Kirche eine ganz besondere Chance. Sie kann zeigen, dass sie Kirche mitten im Volk und Kirche für das Volk ist auch in einer Zeit, in der die Selbstverständlichkeit der Kirchenmitgliedschaft oder gar des Kirchgangs nicht mehr gegeben ist.

Predigt ist öffentliche Rede, offen für alle, die kommen wollen. Sie hat keine Nischenexistenz und vermittelt keine Geheimbotschaft, sondern sie sagt das Evangelium, Gottes Wort in unsere Zeit. Dabei wird sie manches Mal anecken, denn die Bibel zeichnet gar oft eine Kontrastgesellschaft gegenüber dem Vorhandenen. Das will klar gestaltet werden. Dazu gehört aber immer auch eine gewisse Gelassenheit und Heiterkeit, damit nicht verkrampft und mit Blick auf die Uhr gehört wird, sondern mit Spannung und im Dialog mit eigenen Vorstellungen. Es ist mir wichtig wahrzunehmen, dass die Zuhörenden mitgehen, mitdenken, aufhorchen. Die Predigt hat die Aufgabe der Ermutigung, Lebensbestärkung, ein Ansprechen auf die eigenen Fähigkeiten.

Gerhard Ebeling hat einmal erklärt: „Jede rechte Verkündigung ist im Grunde ein Beten-Lehren.“[40] Wer sich damit auseinandersetzt, wird fragen müssen, ob nicht jede Predigt in die „Frage nach der persönlichen Lebensgewissheit verwoben“[41] ist. Wer predigt, ist bemüht, den Menschen die großen, existentiellen Fragen nahe zu bringe, von denen unsere Welt permanent ablenkt. Predigerin oder Prediger wollen doch stets Gott als Gegenüber, als Gesprächspartner, dem ich mich anvertrauen kann, erschließen. Aber durchaus auch Gott als Korrektiv, als Herausforderung für mein Leben. Die Predigt redet vom offenbaren Gott, dem, was wir aus dem biblischen Zeugnis erkennen können. Sie redet durchaus auch von dem, was verborgen bleibt. Insofern ist jede Verkündigung in der Tat eine Anregung zum Gebet: Da ist Gott, da ist die biblische Botschaft, nun lass du dich darauf ein. Ja, du kannst Gott ansprechen. Du kannst dich Gott anvertrauen. Aber: Wir können nicht alles erklären, manches bleibt uns in dieser Welt verborgen.

Besonders spannend finde ich Gottesdienste mit einer Geh-Struktur, die außerhalb der vertrauten Gebäude stattfinden wie etwa am Strand (S. 100ff), in der Mensa (S. 104ff), auf dem Marktplatz (S. 141ff), in der Werft (S. 126ff) oder der Messehalle (S. 40ff; 174ff). Am säkularen Ort Gottesdienst zu halten, ist eine besondere Herausforderung für Inhalt und Sprache. Da kommt nicht nur Ortsgemeinde, sondern auch Neugierige, Passanten. Dasselbe gilt für Gottesdienste, die im Fernsehen (S. 158ff) oder im Rundfunk (S. 126ff; 137ff) übertragen werden. Welch eine ungeheure Chance, aber auch eine große Übung in zeitlicher Disziplin.

Ein letztes: Die Weltausstellung 2000 in Hannover war für unsere gesamte Landeskirche ein mehrfaches Experiment. Zum einen hat sich seit der Weltausstellung in Montreal 1963 erstmals die Kirche wieder mit einem eigenen Pavillon auf

---

40 G. Ebeling, Vom Gebet. Predigten über das Unser Vater, Tübingen 1996, 6.

41 K. Schilling, „Beten, das die Predigt lehrt“, in: Deutsches Pfarrerblatt 9/2002, 435–437.

einer Weltausstellung präsentiert. In ganz ungewohnter Weise musste etwa mit der EXPO-Leitung diskutiert werden, dass die Kirche auf die EXPO-Plaza gehört wie die Kirche ins Dorf. Mit Sponsoren musste darum gerungen werden, ein solches Projekt zu unterstützen. Und schließlich ging es um die ökumenische Zusammenarbeit. Mit Blick auf einen Zukunftsentwurf macht es nur Sinn, gemeinsam aufzutreten. Ein Wermutstropfen für die Evangelischen war, dass der Vatikan als Staat einen eigenen Pavillon platzierte. Somit war das Gebäude Christuspavillon protestantisch, das gesamte Programm aber evangelisch und römisch-katholisch gemeinsam getragen. Stündlich fand im Pavillon eine ökumenische Andacht in deutscher und englischer Sprache statt.
Die Liturgie für die gemeinsamen Gottesdienste wurde intensiv von einer ökumenischen Gruppe erarbeitet.[42] Die Erfahrungen waren so positiv, dass unsere Landeskirche Pastor Fritz Baltruweit mit halbem Auftrag im Haus Kirchlicher Dienste beschäftigt, um für besondere Anlässe eine kreative Liturgie zu entwickeln, die neue Elemente wie etwa die Wasserstichorgel oder die Pantomime integriert. Drei Beispiele solcher Liturgien wurden aufgeführt (S. 40ff, 165ff, 187ff). Sie werden nicht nur für zentrale Veranstaltungen erarbeitet, sondern möglichst in eine Form gebracht, die auch in den Sprengeln und Gemeinden übernommen werden kann. Für den Gottesdienst am Buß- und Bettag beispielsweise wurde ein ganzes Heft mit unterschiedlichen Entwürfen für verschiedene Zielgruppen, z.B. Schulgottesdienste, konzipiert. Ähnliches wurde für das Jahr der Bibel vorbereitet. Es hat sich als lohnend erwiesen, neben der traditionellen Liturgie für besondere Anlässe die Liturgie ganz gezielt thematisch zu gestalten und dabei künstlerische Elemente aufzunehmen. Das kann nicht jeder Pastor, jede Pastorin vor Ort je neu leisten, und so sind jene Vorlagen hilfreiche Muster. Das genannte neue Institut für Gottesdienst und Kirchenmusik in Hildesheim wird hierbei hilfreich mitwirken können. Auch das ist kirchenleitendes Handeln: Vorgaben, Vorarbeiten, Anregungen für die Gemeinden vor Ort, damit wir als Volkskirche Kirche für das Volk und Kirche mit dem Volk sein können an den unterschiedlichsten Orten.

Ohnehin: Die Kirchenmusik spielt eine große Rolle. So gibt es in der Marktkirche Hannover oft ein Zusammenspiel mit dem Bachchor, in dem wir eine Kantate mit der Predigt und der Liturgie abstimmen. Nicht zu Unrecht wird Bach der „fünfte Evangelist genannt". Hier taucht etwas auf von der Verkündigung in verschiedenen sinnlichen Wahrnehmungen. Der Knaben- und der Mädchenchor Hannover prägen so manchen meiner Gottesdienste. In vielen Gemeinden gibt es den Versuch, bei den Festgottesdiensten neuere Kirchenmusik wie Gospelchöre und traditionelle zu verbinden. Es ist immer ein Gewinn, das in die Gottesdienstgestaltung aufzunehmen.

---

42 F. Baltruweit, D. Haite, J. Hellwig (Hg.) 2001.

Ausblick

Predigen bleibt eine Herausforderung, und zwar jeden Sonntag, jede Woche neu. Aber diese Arbeit am biblischen Text in Beziehung zum gesellschaftlichen und lokalen Kontext ist für mich auch eine ungeheure Bereicherung, vielleicht das Herzstück des eigenen Nachdenkens, gerade auch im kirchenleitenden Amt. Jede Predigt reflektiert die persönliche Situation, die Auseinandersetzung mit dem Text, die Wahrnehmung der Gemeinde vor Ort und die gesellschaftliche Situation, in der wir stehen. Immer wieder werde ich gefragt, ob ich mich nicht auf das Eigentliche konzentrieren könnte. Ich halte das für eine einem Christenmenschen unmögliche Unterscheidung. Wer über Mt 25 predigt und nicht aufnimmt, wo heute die Kranken, die Obdachlosen, die Fremden sind, kann nicht relevant predigen. Wer von der Hoffnung auf das himmlische Jerusalem predigt, kann nicht die Situation des realen Jerusalem ignorieren. So wird die Predigt immer wieder nicht nur zur Reflexion des Kontextes, sondern auch zur Provokation, zur Herausforderung der Dinge, wie sie sind. In der kirchenleitenden Verantwortung ist sie zugleich eine Ermutigung, nicht in Routine zu verfallen, sondern sich je neu dem eigenen Auftrag zu stellen.

Literaturverzeichnis

Baltruweit, F., Haite, D., Hellwig, J. (Hg.), Kirche, die sich öffnet. Modelle und Bausteine für ein neues liturgisches Erleben und Gestalten, Gütersloh 2001

Ebeling, G., Vom Gebet. Predigten über das Unser Vater, Tübingen 1996

Härle, W., Dogmatik, Berlin ²2000

Homiletikbriefe aus dem Kloster Loccum. Hierbei handelt es sich um ein Experiment, das Vikarskurse ermutigt zur Predigtarbeit

Kabel, T., Handbuch Liturgische Präsenz. Zur praktischen Inszenierung des Gottesdienstes, Bd. 1, Gütersloh 2002

Lange, E., Predigen als Beruf. Aufsätze zu Homiletik, Liturgie und Pfarramt, Hg. von R. Scholz, München 1982

Lukatis, W., Wegner, G. (Hg.), Das Christentum auf der EXPO 2000, Würzburg 2001

Nicol, M., To Make Things Happen. Homiletische Praxisimpulse aus den USA. In: Lernort Gemeinde. Zeitschrift für theologische Praxis. Heft 1. 17/1999, 27–30

Schilling, K., „Beten, das die Predigt lehrt", in: Deutsches Pfarrerblatt 9/2002, 435–437

Zusammenstellung der den Predigten zugrunde liegenden Bibelstellen